AF276307

Disfrute gratuitamente **DURANTE UN AÑO** de los eBook y audiolibros de las obras de Editorial Colex*

- ⊘ Acceda a la página web de la editorial **www.colex.es**

- ⊘ Identifíquese con su usuario y contraseña. En caso de no disponer de una cuenta regístrese.

- ⊘ Acceda en el menú de usuario a la pestaña «Mis códigos» e introduzca el que aparece a continuación:

RASCAR PARA VISUALIZAR EL CÓDIGO

Delitos societarios. Paso a paso

- ⊘ Una vez se valide el código, aparecerá una ventana de confirmación y su eBook y/o audiolibro estará disponible **durante 1 año desde su activación** en la pestaña «Mis libros» en el menú de usuario.

---

* Los audiolibros están disponibles en las ediciones más recientes de nuestras obras. Se excluyen expresamente las colecciones «Códigos comentados», «Biblioteca digital» y los productos de www.vademecumlegal.es.

¡Gracias por confiar en nosotros!

La obra que acaba de adquirir incluye de forma gratuita la versión electrónica. Acceda a nuestra página web para aprovechar todas las funcionalidades de las que dispone en nuestro lector.

Funcionalidades eBook

Acceso desde cualquier dispositivo con conexión a internet

Idéntica visualización a la edición de papel

Navegación intuitiva

Tamaño del texto adaptable

 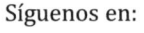

DELITOS SOCIETARIOS

Guía práctica sobre los delitos cometidos
en el seno de las entidades mercantiles

DELITOS SOCIETARIOS

Guía práctica sobre los delitos cometidos
en el seno de las entidades mercantiles

2.ª EDICIÓN 2024

**Obra realizada por el Departamento de
Documentación de Iberley**

Coordinador
Carlos David Delgado Sancho

COLEX 2024

© Editorial Colex, S.L.
Calle Costa Rica, número 5, 3.º B (local comercial)
A Coruña, 15004, A Coruña (Galicia)
info@colex.es
www.colex.es

I. S. B. N.: 978-84-1194-696-4
Depósito legal: C 1547-2024

SUMARIO

ANEXO I.
CASOS PRÁCTICOS

ANEXO II.
FORMULARIOS

1.
INTRODUCCIÓN

Delitos societarios paso a paso

Como punto de partida, resulta interesante señalar que en la actual redacción del Código Penal la figura de la sociedad y de los delitos que se cometen a través de ella tienen especial relevancia. Ahora bien, **¿qué ha de entenderse por «sociedad»?** El **artículo 297** establece que «a los efectos de este capítulo, se entiende por sociedad toda cooperativa, Caja de Ahorros, mutua, entidad financiera o de crédito, fundación, sociedad mercantil o cualquier otra entidad de análoga naturaleza que para el cumplimiento de sus fines participe de modo permanente en el mercado».

Así pues, los delitos societarios son un conjunto de delitos tipificados en los artículos 290 a 297 del Código Penal y todos ellos se cometen en el seno de una empresa o en relación a ella, por lo que, no solo pueden afectar al patrimonio de las personas físicas, como podrían ser los socios de la empresa, sino también al patrimonio de las personas jurídicas, lo que sería la sociedad o empresa en sí misma.

En esta guía se desarrollarán paso a paso todos los delitos contenidos en los preceptos anteriormente mencionados: la falsedad de cuentas anuales del artículo 290, la imposición de acuerdos abusivos del artículo 291, la imposición de acuerdos lesivos por mayoría ficticia del artículo 292, el impedimento del ejercicio de los derechos de los socios contemplado en el artículo 293, entre otros.

Para realizar un análisis amplio de cada uno de ellos, se incidirá, entre otros aspectos, en las características de la conducta típica y en el bien jurídico protegido. Otra cuestión relevante son las penas que conlleva la comisión de estos ilícitos. Así pues, la pena de los mismos es diferente según cuál de ellos se haya cometido:

- Falseamiento de cuentas anuales: prisión de uno a tres años y multa de seis a doce meses.

- Acuerdos abusivos: prisión de seis meses a tres años o multa del tanto al triplo del beneficio obtenido.

- Imposición o aprovechamiento de acuerdos lesivos de mayorías ficticias: prisión de seis meses a tres años o multa del tanto al triplo del beneficio obtenido.
- Negar o impedir el ejercicio de los derechos de socio: multa de seis a doce meses.
- Negar o impedir actuaciones de inspección o supervisión: prisión de seis meses a tres años o multa de doce a veinticuatro meses.

Este manual paso a paso también hace hincapié en las reformas sufridas por el Código Penal, destacando especialmente la supresión del artículo 295 que regulaba el delito societario de la administración desleal. Esta reforma, introducida por la Ley Orgánica 1/2015, tiene su justificación en la propia exposición de motivos de la misma, que establece que:

> «El Código Penal de 1995 había optado por tipificar la administración desleal como un delito societario, a pesar de que se trata en realidad de un delito patrimonial que puede tener por sujeto pasivo a cualquier persona.
>
> La reforma introduce una regulación moderna de la administración desleal, que no es sólo societaria, entre los delitos patrimoniales, cercana a la existente en las distintas legislaciones europeas. Su desplazamiento desde los delitos societarios a los delitos patrimoniales, que es donde debe estar ubicada la administración desleal de patrimonio ajeno, viene exigido por la naturaleza de aquel delito, un delito contra el patrimonio, en el que, por tanto, puede ser víctima cualquiera, no sólo una sociedad. Razones, pues, de sistemática, exigían tal decisión. A través de este delito se intenta proteger el patrimonio en general, el patrimonio de todo aquel, sea una persona individual o una sociedad, que confiere a otro la administración de su patrimonio, o de aquel cuyo patrimonio ha sido puesto bajo la administración de otro, por decisión legal o de la autoridad, sancionándose las extralimitaciones en el ejercicio de las facultades de disposición sobre ese patrimonio ajeno, salvaguardando así que el administrador desempeñe su cargo con la diligencia de un ordenado empresario y con la lealtad de un fiel representante, en interés de su administrado.
>
> La reforma se aprovecha asimismo para delimitar con mayor claridad los tipos penales de administración desleal y apropiación indebida. Quien incorpora a su patrimonio, o de cualquier modo ejerce facultades dominicales sobre una cosa mueble que ha recibido con obligación de restituirla, comete un delito de apropiación indebida. Pero quien recibe como administrador facultades de disposición sobre dinero, valores u otras cosas genéricas fungibles, no viene obligado a devolver las mismas cosas recibidas, sino otro tanto de la misma calidad y especie; por ello, quien recibe de otro dinero o valores con facultades para administrarlos, y realiza actuaciones para las que no había sido autorizado, perjudicando de este modo el patrimonio administrado, comete un delito de administración desleal».

Otro aspecto relevante es la responsabilidad civil que se deriva de los delitos societarios, la cual debe determinarse, también en sede penal, en base a los principios que son propios del derecho privado; es decir, acreditando que concurren determinados presupuestos, tales como:

- Acto ilícito: acción u omisión, culposa o negligente, contraria a la normativa legal, estatutaria o realizada sin la diligencia inherente al cargo.

- Daño o perjuicio.
- Relación de causalidad, entre el acto lesivo y el daño producido.

Es interesante citar en este punto la sentencia del Tribunal Supremo n.º 639/2017, de 28 de diciembre, donde se establece que «estamos ante una responsabilidad civil derivada del delito y por tanto con reglas sobre prescripción diferentes a las reguladas por la normativa específica (artículos 1089, 1093 y 1964 Cciv: vid STS Sala 1.ª de 7 de enero de 1982; o con otro criterio pero igualmente contrario al argumento de los impugnantes, SSTS Sala 2.ª de 9 de febrero de 1998: mientras no prescribe el delito no prescribe la acción civil dimanante del mismo)».

Hemos de cuestionarnos, además, quiénes son los acreedores y deudores con respecto a la responsabilidad civil, así como lo relativo a la deuda o crédito de la misma. En este sentido, esta guía paso a paso dará la respuesta a estas cuestiones y a otras muchas más, con el apoyo de un amplio análisis jurisprudencial, además de esquemas, y una serie de formularios y casos prácticos que ofrecerán al lector una visión más práctica sobre lo relativo a los delitos societarios.

1.1. Clasificación de los delitos societarios: la supresión del artículo 295 por la Ley Orgánica 1/2015

Introducción a los delitos societarios

En la actual redacción de la Ley Orgánica 10/1995, de 23 de noviembre, del Código Penal (en adelante, CP), la figura de la sociedad y de los delitos cometidos a través de la misma, cobra especial relevancia. La crisis sufrida en nuestro país ha hecho que se hayan multiplicado las actuaciones fraudulentas por parte de los miembros de sociedades y corporaciones y, en consecuencia, las querellas criminales contra ellos. Ser efectivo en procedimientos de delitos societarios supone no solamente ser experto en derecho penal, sino disponer de conocimientos amplios y fiables acerca de materias como la contabilidad financiera de las sociedades, la responsabilidad de sus administradores y disponer de toda una serie de colaboradores (expertos contables, expertos en informática forense).

Los delitos societarios son un conjunto de delitos que se engloban en un capítulo común, el capítulo XIII, del título XIII, del libro II del CP, más concretamente en los artículos 290 a 297 —ambos inclusive—, porque todos ellos se cometen en el seno de una empresa o en relación a ella, y que por tanto no solo pueden afectar al patrimonio de personas físicas (como los socios de la empresa), sino también al patrimonio de lo que en derecho se conoce como personas jurídicas (la sociedad o empresa en sí misma considerada).

Estos delitos **solo pueden ser perseguidos si los denuncia la persona afectada**. Pero hay **dos excepciones en que puede denunciar el Ministerio Fiscal**:

- Si el agraviado es un menor o persona con discapacidad necesitada de especial protección.
- Si los hechos afectan a una pluralidad de personas o al interés general.

Mientras tanto, los delitos societarios apenas han sufrido los embates del legislador penal. Las grandes reformas penales, —la operada por la Ley Orgánica 5/2010, de 22 de junio, que introdujo la novedad de la responsabilidad penal de las personas jurídicas, modificada por la Ley Orgánica 1/2015, de 30 de marzo—, casi no han afectado a los delitos societarios, a salvo de la desaparición del capítulo del delito de administración desleal, que pasó a convertirse en un delito patrimonial, de carácter público de más amplio espectro, desapareciendo así una de sus figuras más características. Según ha sido opción legislativa, los delitos societarios no se han visto afectados por el artículo 31 bis, de manera que no pueden ser cometidos por personas jurídicas. Ello, en apariencia, resulta enteramente lógico, pues precisamente es la sociedad la que se ve perjudicada por la conducta del administrador o de los socios mayoritarios. No obstante, el hecho de que puedan ser administradores también las personas jurídicas deja una laguna, quizás no considerada por el legislador de la reforma.

La administración desleal es uno de los delitos con mayor despliegue en el seno de las empresas, pero desde el 1 de julio de 2015 ya no forma parte de los delitos societarios, sino que se integra en los delitos contra el patrimonio.

Clasificación actual de los delitos societarios

|| Falseamiento de cuentas anuales

Este delito de falseamiento de cuentas anuales se regula en el artículo 290 del Código Penal, cuyo tenor literal es el que sigue:

> «Los administradores, de hecho o de derecho, de una sociedad constituida o en formación, que falsearen las cuentas anuales u otros documentos que deban reflejar la situación jurídica o económica de la entidad, de forma idónea para causar un perjuicio económico a la misma, a alguno de sus socios, o a un tercero, serán castigados con la pena de prisión de uno a tres años y multa de seis a doce meses.
>
> Si se llegare a causar el perjuicio económico se impondrán las penas en su mitad superior».

Así pues, se trata de un «delito especial propio», porque solo puede cometerlo una persona concreta: el **administrador de una sociedad**. El administrador puede ser tanto de hecho o de derecho: es administrador de derecho aquel que es elegido formalmente, y cuyo nombramiento está inscrito y publicado en el registro mercantil; y es administrador de hecho el que actúa frente a terceros como un administrador, sin embargo, no ha sido nombrado por el órgano correspondiente ni su cargo ha sido inscrito en el registro mercantil.

El delito, como su nombre indica, consiste en elaborar unas cuentas anuales que son falsas, así como cualquier otro documento que deba reflejar la situación jurídica o económica de la sociedad. Esta falsedad tiene que ser idónea para causar un perjuicio, ya sea a la propia sociedad, a los socios, o a un tercero.

RESOLUCIÓN RELEVANTE

Sentencia del Tribunal Superior de Justicia de Extremadura n.º 19/2024, de 16 de abril, ECLI:ES:TSJEXT:2024:605

«Los delitos de falseamiento de las cuentas (art. 290), impedimento de derechos del socio (art. 293), y obstaculización de la actividad supervisora (art. 294), solo pueden ser cometidos por administradores, de hecho, o de derecho. El resto puede ser cometido por cualquier socio, aunque los administradores normalmente se incluirán en el círculo de sujetos activos, de una forma u otra. El autor de este delito puede ser cualquiera, dándose una ampliación respecto de los demás delitos, pues si bien pueden incluirse tanto los administradores como a los socios, puesto que son los que pueden imponer el acuerdo, también se extiende a cualquiera que se aproveche del referido acuerdo, ya sea para sí, ya sea para un tercero. Aun así, se considera doctrinalmente que es un delito especial propio, ya que los sujetos activos deben ser personas que formen parte del cuerpo social o de los órganos de representación o de administración de la sociedad».

|| Imposición de acuerdos abusivos

El delito de imposición de acuerdos abusivos se tipifica en el artículo 291 del Código Penal, por el que «los que, prevaliéndose de su situación mayoritaria en la Junta de accionistas o el órgano de administración de cualquier sociedad constituida o en formación, impusieren acuerdos abusivos, con ánimo de lucro propio o ajeno, en perjuicio de los demás socios, y sin que reporten beneficios a la misma, serán castigados con la pena de prisión de seis meses a tres años o multa del tanto al triplo del beneficio obtenido».

Se trata de un delito destinado a proteger a los socios minoritarios de una empresa, frente a los socios mayoritarios que pretendan abusar de su situación privilegiada.

Este delito se comete cuando una persona, prevaliéndose o aprovechándose de su situación mayoritaria ya sea en la junta de accionistas o en el órgano de administración, impone un acuerdo que es abusivo.

JURISPRUDENCIA

Sentencia del Tribunal Supremo n.º 359/2022, de 7 de abril, ECLI:ES:TS:2022:1405

«"Prosigue la STS 654/2002 'El artículo 291 parte de la adopción de un acuerdo obtenido lícitamente pero que debe calificarse de abusivo, y aquí radica la esencia del tipo, que conlleva necesariamente la existencia de un ánimo de lucro propio o ajeno (el de los socios que constituyen la mayoría) en perjuicio de la minoría y siempre que ello no reporte beneficios a la sociedad, es decir, es atípica la concurrencia del mencionado ánimo como compatible con un resultado beneficioso para los intereses societarios, con independencia de que la minoría se vea perjudicada. En síntesis, la esencia de la conducta típica está constituida por el abuso de la mayoría en beneficio propio y exclusivo. El delito ha sido calificado como especial y de peligro concreto que no exige la existencia de un perjuicio real (agotamiento), bastando para su consumación la adopción del acuerdo abusivo. La interdicción del abuso se endereza a sancionar aquellos actos que

> *sobrepasen manifiestamente los límites normales del ejercicio de un derecho, con daño para tercero, por su intención, objeto o circunstancias (artículo 7.2 C.C). La distinción entre el abuso que debe ser sancionado en la vía civil o mercantil y el comprendido en el artículo 291C.P. sólo puede establecerse, en primer lugar, teniendo en cuenta los elementos típicos descritos en este último, ya señalados anteriormente. Partiendo de su presencia y de la licitud formal en la adopción del acuerdo, la intención del agente debe responder, además, a un exclusivo ánimo de lucro propio o ajeno. Ello equivaldrá a considerar las circunstancias concurrentes en cada caso concreto para verificar si el ejercicio del derecho sobrepasa manifiestamente sus límites normales".*
>
> *Es decir, habríamos de sustentar en la secuencia fáctica que conforma el relato de hechos probados una actuación de los acusados, proyectada en exclusivo beneficio propio y correspondiente perjuicio de los socios minoritarios, sobrepasando los límites de la buena fe y del ejercicio normal de sus derechos, que no beneficiara a la sociedad. Y los términos en que aparece redactado el factum que hemos transcrito no permiten sin más sostenerlo así.*
>
> *Ninguna mención contiene en la que sustentar los elementos que conforman la tipicidad subjetiva, y que los acusados niegan, en cuanto encuadran su actuación dentro de los contornos de la buena fe, alegando al impugnar el recurso, que si Olegario se opuso al acuerdo fue porque la retribución que su hermano había cobrado como administrador estuvo justificada en el trabajo que desempeñó en beneficio social. Del mismo modo que ofrece una justificación al traspaso de acciones que le colocó en posición mayoritaria, anterior y desvinculada de la convocatoria de Junta en la que se debatió aquel. Explicaciones que, según argumenta, se encontrarían avaladas por la prueba practicada, no solo la documental, sino también pericial y testifical.*
>
> *Es decir, completar la tipicidad exigiría una reevaluación de la prueba personal, que nos está vedada».*

|| Imposición o aprovechamiento de acuerdos lesivos

Este delito se regula en el artículo 292 del CP que, en consonancia con el precepto anterior, reza como sigue:

> «La misma pena del artículo anterior se impondrá a los que impusieren o se aprovecharen para sí o para un tercero, en perjuicio de la sociedad o de alguno de sus socios, de un acuerdo lesivo adoptado por una mayoría ficticia, obtenida por abuso de firma en blanco, por atribución indebida del derecho de voto a quienes legalmente carezcan del mismo, por negación ilícita del ejercicio de este derecho a quienes lo tengan reconocido por la Ley, o por cualquier otro medio o procedimiento semejante, y sin perjuicio de castigar el hecho como corresponde si constituyese otro delito».

Así pues, hace referencia a acuerdos sociales que han sido adoptados de forma irregular porque era una mayoría ficticia. Una mayoría es ficticia cuando:

- Se obtuvo por abuso de firma en blanco.
- Se obtuvo por una atribución indebida del derecho de voto a quienes legalmente carecían del mismo y por ello no podían votar.
- Por negación ilícita del ejercicio del derecho de voto a quienes lo tenían reconocido por ley.
- O cualquier otro medio o procedimiento semejante.

La adopción de un acuerdo de estas maneras supone la comisión del delito, pero también lo es el aprovecharse de ese acuerdo, causando un perjuicio a la sociedad o a sus socios.

RESOLUCIÓN RELEVANTE

Sentencia de la Audiencia Provincial de Madrid n.º 529/2023, de 7 de noviembre, ECLI:ES:APM:2023:17799

«El art. 292 CP castiga con las penas del art. 291 CP a los que impusieren o se aprovecharen para sí o para un tercero, en perjuicio de la sociedad o de alguno de sus socios, de un acuerdo lesivo adoptado por una mayoría ficticia, obtenida por abuso de firma en blanco, por atribución indebida del derecho de voto a quienes legalmente carezcan del mismo, por negación ilícita del ejercicio de este derecho a quienes lo tengan reconocido por la Ley, o por cualquier otro medio o procedimiento semejante, y sin perjuicio de castigar el hecho como corresponde si constituye otro delito.

El bien jurídico protegido es la trasparencia y claridad en el procedimiento democrático de formación de los acuerdos sociales, vinculado a la necesaria relación de confianza que exige el funcionamiento de una sociedad, lo que se traduce en una perfecta formación del sentido del voto, en forma tal que cuantos gocen de dicho derecho tenga la certeza de que su voluntad no va a ser suplantada con maniobras falsarias o procedimientos análogos».

|| Negar o impedir el ejercicio de derechos sociales

El artículo 293 del Código Penal establece que:

«Los administradores de hecho o de derecho de cualquier sociedad constituida o en formación, que sin causa legal negaren o impidieren a un socio el ejercicio de los derechos de Información, participación en la gestión o control de la actividad social, o suscripción preferente de acciones reconocidos por las Leyes, serán castigados con la pena de multa de seis a doce meses».

El socio de una empresa, por el mero hecho de serlo, tiene ciertos derechos que la ley le otorga, por ejemplo el derecho de información, de participación en la gestión o control de la actividad social, o la suscripción preferente de acciones que vendan otros socios. Si se niega o se impide que un socio ejercite sus derechos, se está cometiendo este delito.

RESOLUCIÓN RELEVANTE

Sentencia del Tribunal Superior de Justicia del País Vasco n.º 2/2022, de 14 de enero, ECLI:ES:TSJPV:2022:7

«Sobre este delito de negativa de facilitar información del artículo 293 del código penal ha establecido la STS núm. 91/2013 de 1 de febrero (ROJ: STS 485/2013 - ECLI:ES:TS:2013:485)que 'Se ha dicho de forma bien plástica que el derecho de información no tiene otro objeto que permitir al socio conocer el estado de salud de sus intereses. Con su definición entre los deberes que delimitan el status socii se persigue asegurar los principios de fidelidad y buena fe como presupuestos para el logro del interés común que, por definición, anima toda forma societaria. Precisamente por ello el derecho mercantil regula de forma precisa los términos de ejercicio de ese derecho.(...)

*Pero está fuera de dudas que la amenaza de una pena, asociada al incumplimiento de ese deber definido por la legislación mercantil, sólo adquiere sentido cuando se reserva el derecho penal para las formas más graves de obstaculización del ejercicio de aquel derecho. Las conductas abarcadas por el tipo previsto en el art. 293 del CP no pueden ser definidas a partir de un automatismo en la penalización de todo aquello que no se ajuste a las exigencias del derecho mercantil, sobre todo, cuando éste conoce mecanismos de reparación igual de eficaces y, lo que es más importante, sin los efectos añadidos que son propios de toda condena penal. En definitiva, en la **interpretación*** *del tipo penal que sanciona el menoscabo del derecho de información que asiste a todo socio, no cabe una metodología mimética que se desentienda de la verdadera intencionalidad y trascendencia lesiva de la acción imputada al socio incumplidor.*

"Esta necesidad de una interpretación restrictiva, ajustada a los principios que informan el derecho penal, ha sido destacada por la jurisprudencia de esta Sala. Así nos hemos referido a la relevancia de los derechos básicos de los accionistas que no pertenecen al grupo de control de la sociedad, la gravedad de los ataques de que pueden ser objeto, y la necesidad de una tutela contundente frente a estas agresiones, que sólo puede ser proporcionada por la intervención penal. Sin embargo, asiste la razón a los críticos en la necesidad de restringir los supuestos que justifican la intervención penal, que deben quedar limitados a los comportamientos más abiertamente impeditivos del ejercicio de estos derechos básicos, para diferenciarlos de los supuestos en que lo que se discute es simplemente la suficiencia del modo en que se ha atendido a los derechos de los accionistas, supuestos que están reservados al ámbito mercantil. La restricción debe alcanzarse a través de una interpretación del precepto sujeta a su fundamentación material, en el triple ámbito del objeto, de la conducta típica y del elemento normativo ('sin causa legal'). En el ámbito del objeto material ha de partirse de que los derechos tutelados en el precepto no son absolutos ni ilimitados. Concretándonos al derecho de información, al que se refiere el presente recurso, su extensión y modalidades de ejercicio tiene el alcance concreto que le otorgan las correspondientes normas societarias. Como objeto del tipo penal el ámbito del derecho no alcanza a los supuestos razonablemente discutibles, que deben quedar para su debate en el ámbito estrictamente mercantil, por lo que únicamente serán típicos aquellos supuestos de denegación de información a la que los socios tienen derecho de modo manifiesto, como sucede con los prevenidos en los arts. 112 LSA (derecho de los accionistas a los informes o aclaraciones que estimen precisos acerca de los asuntos que figuren en el orden del día de una Junta General) y 212 LSA (derecho de los accionistas a obtener cualquiera de los documentos que habrán de ser sometidos a la aprobación de la Junta). En el ámbito de la conducta típica ha de considerarse que el precepto no penaliza cualquier comportamiento que meramente dificulte el ejercicio de los referidos derechos del socio, lo que podrá constituir un ilícito mercantil. Se requiere expresamente 'negar', que en este contexto equivale a desconocer dichos derechos, o impedir, que equivale a imposibilitar. En consecuencia cuando el derecho se reconoce y se atiende, proporcionando al socio una información básicamente correcta, las alegaciones sobre demoras, omisiones o simples dificultades quedan al margen del comportamiento típico, sin perjuicio de la responsabilidad que proceda en el ámbito mercantil. (STS 650/2003, 9 de mayo, 796/2006, 14 de julio, 1351/2009, 22 de diciembre). Y también hemos dicho que la conducta delictiva debe restringirse sólo a los comportamientos más abiertamente impeditivos del ejercicio de estos derechos básicos, para diferenciarlos de los supuestos en que lo que se discute es simplemente la suficiencia del modo en que se ha atendido a los derechos de los accionistas, supuestos que están reservados al ámbito del derecho mercantil, habiendo destacado como conducta típica la obstruccionista frente al derecho de los socios, siendo esta cualidad de persistencia en el abuso, lo que por regla general debe determinar la aplicación de la ley penal ((STS 1351/2009, 22 de diciembre)"».

|| Negar o impedir actuaciones de inspección o supervisión

Es necesario comenzar citando el artículo 294 del Código Penal, por el que:

«Los que, como administradores de hecho o de derecho de cualquier sociedad constituida o en formación, sometida o que actúe en mercados sujetos a supervisión administrativa, negaren o impidieren la actuación de las personas, órganos o entidades inspectoras o supervisoras, serán castigados con la pena de prisión de seis meses a tres años o multa de doce a veinticuatro meses.

Además de las penas previstas en el párrafo anterior, la autoridad judicial podrá decretar algunas de las medidas previstas en el artículo 129 de este Código».

A TENER EN CUENTA. El tenor literal del citado artículo 129 del CP es el siguiente:

«1. En caso de delitos cometidos en el seno, con la colaboración, a través o por medio de empresas, organizaciones, grupos o cualquier otra clase de entidades o agrupaciones de personas que, por carecer de personalidad jurídica, no estén comprendidas en el artículo 31 bis, el juez o tribunal podrá imponer motivadamente a dichas empresas, organizaciones, grupos, entidades o agrupaciones una o varias consecuencias accesorias a la pena que corresponda al autor del delito, con el contenido previsto en las letras c) a g) del apartado 7 del artículo 33. Podrá también acordar la prohibición definitiva de llevar a cabo cualquier actividad, aunque sea lícita.

2. Las consecuencias accesorias a las que se refiere en el apartado anterior sólo podrán aplicarse a las empresas, organizaciones, grupos o entidades o agrupaciones en él mencionados cuando este Código lo prevea expresamente, o cuando se trate de alguno de los delitos por los que el mismo permite exigir responsabilidad penal a las personas jurídicas.

3. La clausura temporal de los locales o establecimientos, la suspensión de las actividades sociales y la intervención judicial podrán ser acordadas también por el Juez Instructor como medida cautelar durante la instrucción de la causa a los efectos establecidos en este artículo y con los límites señalados en el artículo 33.7».

Así pues, los administradores de sociedades que estén sometidas o actúen en mercados sujetos a supervisión administrativa tienen la obligación de facilitar el control y supervisión de la administración. Por ello, es delito el negar o impedir la actuación de las personas, órganos o entidades inspectoras o supervisoras. Además de la pena correspondiente, el juez puede determinar otras medidas accesorias:

- Que se clausure la empresa, temporal (hasta cinco años) o definitivamente.
- Que se disuelva la sociedad.
- Que se suspendan las actividades hasta cinco años.
- Que se prohíba realizar ciertas actividades, temporal (hasta cinco años) o definitivamente.
- Que se intervenga la empresa hasta cinco años.

‖ ¿Qué penas conlleva la comisión de estos delitos?

La pena de estos tipos delictivos es diferente según cuál de ellos se haya cometido:

- Falseamiento de cuentas anuales: prisión de uno a tres años y multa de seis a doce meses.
- Acuerdos abusivos: prisión de seis meses a tres años o multa del tanto al triplo del beneficio obtenido.

- Imposición o aprovechamiento de acuerdos lesivos de mayorías ficticias: prisión de seis meses a tres años o multa del tanto al triplo del beneficio obtenido.
- Negar o impedir el ejercicio de los derechos de socio: multa de seis a doce meses.
- Negar o impedir actuaciones de inspección o supervisión: prisión de seis meses a tres años o multa de doce a veinticuatro meses.

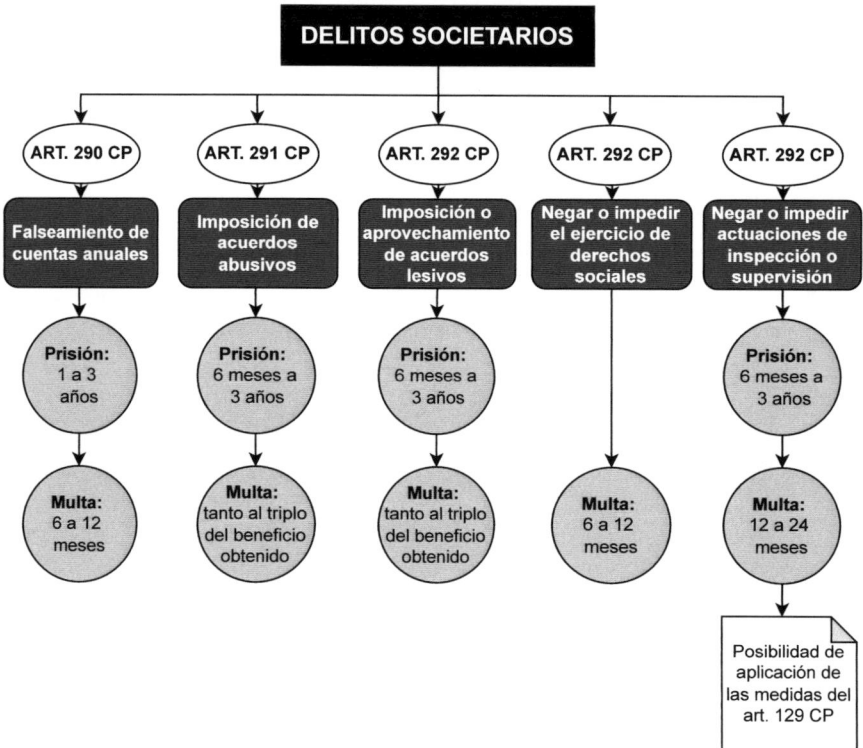

Reforma del Código Penal y supresión del artículo 295

La reforma del CP por medio de la Ley Orgánica 1/2015, de 30 de marzo, supuso la supresión del artículo 295 del CP relativo al delito societario de administración desleal. Dicho artículo establecía:

> «Los administradores de hecho o de derecho o los socios de cualquier sociedad constituida o en formación, que en beneficio propio o de un tercero, con abuso de las funciones propias de su cargo, dispongan fraudulentamente de los bienes de la sociedad o contraigan obligaciones a cargo de ésta causando directamente un perjuicio económicamente evaluable a sus socios, depositarios, cuenta partícipes o titulares de los bienes, valores o capital que administren, serán castigados con la pena de prisión de seis meses a cuatro años, o multa del tanto al triplo del beneficio obtenido».

Dicha reforma incluye la nueva redacción del artículo 252 del CP en el que se regula cualquier administración desleal, no solo la societaria, castigando a los que teniendo facultades para administrar un patrimonio ajeno, emanadas de la ley, encomendadas por la autoridad o asumidas mediante un negocio jurídico, las infrinjan excediéndose en el ejercicio de las mismas y, de esa manera, causen un perjuicio al patrimonio administrado. Así, el tenor literal de dicho precepto es el siguiente:

> «1. Serán castigados con las penas del artículo 248 o, en su caso, con las del artículo 250, los que teniendo facultades para administrar un patrimonio ajeno, emanadas de la ley, encomendadas por la autoridad o asumidas mediante un negocio jurídico, las infrinjan excediéndose en el ejercicio de las mismas y, de esa manera, causen un perjuicio al patrimonio administrado.
>
> 2. Si la cuantía del perjuicio patrimonial no excediere de 400 euros, se impondrá una pena de multa de uno a tres meses».

El motivo de dicha reforma se justifica por razones sistemáticas y de clarificación de los tipos penales de administración desleal y apropiación indebida por la propia exposición de motivos de la Ley Orgánica 1/2015:

> «El Código Penal de 1995 había optado por tipificar la administración desleal como un delito societario, a pesar de que se trata en realidad de un delito patrimonial que puede tener por sujeto pasivo a cualquier persona.
>
> La reforma introduce una regulación moderna de la administración desleal, que no es sólo societaria, entre los delitos patrimoniales, cercana a la existente en las distintas legislaciones europeas. Su desplazamiento desde los delitos societarios a los delitos patrimoniales, que es donde debe estar ubicada la administración desleal de patrimonio ajeno, viene exigido por la naturaleza de aquel delito, un delito contra el patrimonio, en el que, por tanto, puede ser víctima cualquiera, no sólo una sociedad. Razones, pues, de sistemática, exigían tal decisión. A través de este delito se intenta proteger el patrimonio en general, el patrimonio de todo aquel, sea una persona individual o una sociedad, que confiere a otro la administración de su patrimonio, o de aquel cuyo patrimonio ha sido puesto bajo la administración de otro, por decisión legal o de la autoridad, sancionándose las extralimitaciones en el ejercicio de las facultades de disposición sobre ese patrimonio ajeno, salvaguardando así que el administrador desempeñe su cargo con la diligencia de un ordenado empresario y con la lealtad de un fiel representante, en interés de su administrado.
>
> La reforma se aprovecha asimismo para delimitar con mayor claridad los tipos penales de administración desleal y apropiación indebida. Quien incorpora a su patrimonio, o de cualquier modo ejerce facultades dominicales sobre una cosa mueble que ha recibido con obligación de restituirla, comete un delito de apropiación indebida. Pero quien recibe como administrador facultades de disposición sobre dinero, valores u otras cosas genéricas fungibles, no viene obligado a devolver las mismas cosas recibidas, sino otro tanto de la misma calidad y especie; por ello, quien recibe de otro dinero o valores con facultades para administrarlos, y realiza actuaciones para las que no había sido autorizado, perjudicando de este modo el patrimonio administrado, comete un delito de administración desleal».

En esta línea, el **Tribunal Supremo en la sentencia n.º 220/2016, de 15 de marzo, ECLI:ES:TS:2016:1175**, apunta a que la cuestión que se ha plantado con esta reforma es la de sus efectos sobre aquellos procedimientos penales, ya en fase de instrucción, ya en fase de juicio o ya sentenciados, en los que se investigaba, enjuiciaba o condenaba por conductas anteriores a esta reforma subsumibles en el tipo penal de administración desleal del artículo 295 del C.P., y respecto de los cuales se había solicitado el sobreseimiento, la libre absolución o la revisión de la condena, precisamente por suprimirse el citado artículo 295 y entender que tal supresión llevaba aparejada una destipificación de tal conducta. La jurisprudencia del Alto Tribunal clarifica esta cuestión considerando que no se ha dado tal destipificación, pues considera que las reformas legales sólo determinan la atipicidad de los hechos cuando los declarados probados, calificados con arreglo a la norma vigente al tiempo de los hechos, no resulten subsumibles en la nueva redacción de las normas que sustituyen a las anteriores, de tal forma que la supresión del artículo 295 del C.P. no implica atipicidad de las conductas subsumibles en el delito de administración desleal del artículo 252 del C.P. tras la reforma por Ley Orgánica 1/2015.

A pesar de que parecía lógico pensar que el legislador no había querido destipificar ni amnistiar las conductas societarias defraudatorias cometidas con anterioridad a dicha reforma, no todos los operadores jurídicos lo tenían claro, y esta sentencia viene a aportar pacífica claridad a la cuestión.

CUESTIÓN

¿Qué se entiende por sociedad?

Establece el artículo 297 del Código Penal que «a los efectos de este capítulo, se entiende por sociedad toda cooperativa, Caja de Ahorros, mutua, entidad financiera o de crédito, fundación, sociedad mercantil o cualquier otra entidad de análoga naturaleza que para el cumplimiento de sus fines participe de modo permanente en el mercado».

A modo de conclusión, es interesante citar el artículo 296 del Código Penal, que establece lo siguiente:

«1. Los hechos descritos en el presente capítulo, sólo serán perseguibles mediante denuncia de la persona agraviada o de su representante legal. Cuando aquélla sea menor de edad, persona con discapacidad necesitada de especial protección o una persona desvalida, también podrá denunciar el Ministerio Fiscal.

2. No será precisa la denuncia exigida en el apartado anterior cuando la comisión del delito afecte a los intereses generales o a una pluralidad de personas».

JURISPRUDENCIA

Sentencia del Tribunal Supremo n.º 316/2022, de 30 de marzo, ECLI:ES:TS:2022:1185

«(...) la jurisprudencia ha aclarado algunos aspectos. En primer lugar, al precisar que el resultado de la acción es precisamente el perjuicio causados a los socios (entre otros) y que "El bien jurídico protegido, el valor necesariamente dañado por la conducta delictiva, es pues, el patrimonio de tales personas" (STS n.º 121/2008, de 26 de febrero). En el mismo sentido, se decía en la STS n.º 512/2018, de 29 de octubre, que "Esta Sala ha expresado en otras ocasiones que la referencia al agraviado que se recoge en el artículo 296 del Código Penal, no tiene por qué coincidir necesariamente con los perjudicados (STS 620/2004, de 4 de junio), sino que lo que la regla prosecutoria impone es la existencia de una denuncia o querella de quienes soportan efectivamente los perjuicios (STS 425/2016, de 19 de mayo), lo que no es sino el concreto reflejo de una protección penal orientada a aquellos que ostentan posiciones minoritarias en el capital o el entramado social".

Y también, en cuanto al perjuicio "directo", al señalar que" 'Este delito es de resultado, exige expresamente un perjuicio que la norma califica de directo, en directa alusión a una relación de causalidad y de imputación objetiva entre la acción de disposición o asunción de obligaciones y el perjuicio; donde además este perjuicio debe ser económicamente evaluable, es decir con significado patrimonial cierto, con viable concreción económica". (STS n.º 693/2019 de 29 de abril)».

1.2. Concepto de administrador: de derecho y de hecho

Concepto de administrador

La Ley de Sociedades de Capital dedica el título VI a la administración de la sociedad. El artículo 212 de la LSC establece que los administradores de la sociedad de capital pueden ser tanto personas físicas como jurídicas y, salvo disposición contraria en los estatutos, para ser nombrado administrador no se va a requerir la condición de socio.

Por otra parte, a tenor de lo dispuesto en el artículo 212 bis de la LSC, en caso de que una persona jurídica sea nombrada administrador, es necesario que ésta designe a una sola persona natural para el ejercicio permanente de las funciones propias del cargo.

> **A TENER EN CUENTA.** La revocación de su representante por la persona jurídica administradora no va a producir efecto en tanto no se designe a otra persona que le sustituya. Esta designación habrá de inscribirse en el registro mercantil en los términos que prevé el artículo 215 de la LSC.

La condición de administrador puede ejercerse de diversas formas dentro de una sociedad mercantil:

- Administrador único.
- Varios administradores solidarios.
- Varios administradores mancomunados.
- Consejo de administración (mínimo 3 miembros y máximo 12).

Este cargo se puede ejercer tanto por personas físicas como por personas jurídicas. En el segundo de los casos, el representante persona física de la persona jurídica administrador será responsable solidario junto con la persona jurídica.

La delimitación de los sujetos que pueden ostentar la calificación de administradores puede resultar más discutible. En el análisis de los tipos de delitos societarios, suele ser habitual pasar revista a las diferentes formas de administrar las sociedades, desde el entendimiento de que se está en presencia de tipos penales en blanco. Sin embargo, es relevante matizar que en derecho penal más que a un concepto de autoría formal en los delitos especiales, se acude a criterios funcionales del dominio del hecho, lo que en estos casos resulta más justificado desde el momento en que se admiten, como se ha visto, formas corporativas que no se estructuran con una administración formal, o que no se plasman en una clara diferenciación de las funciones de gestión o administración.

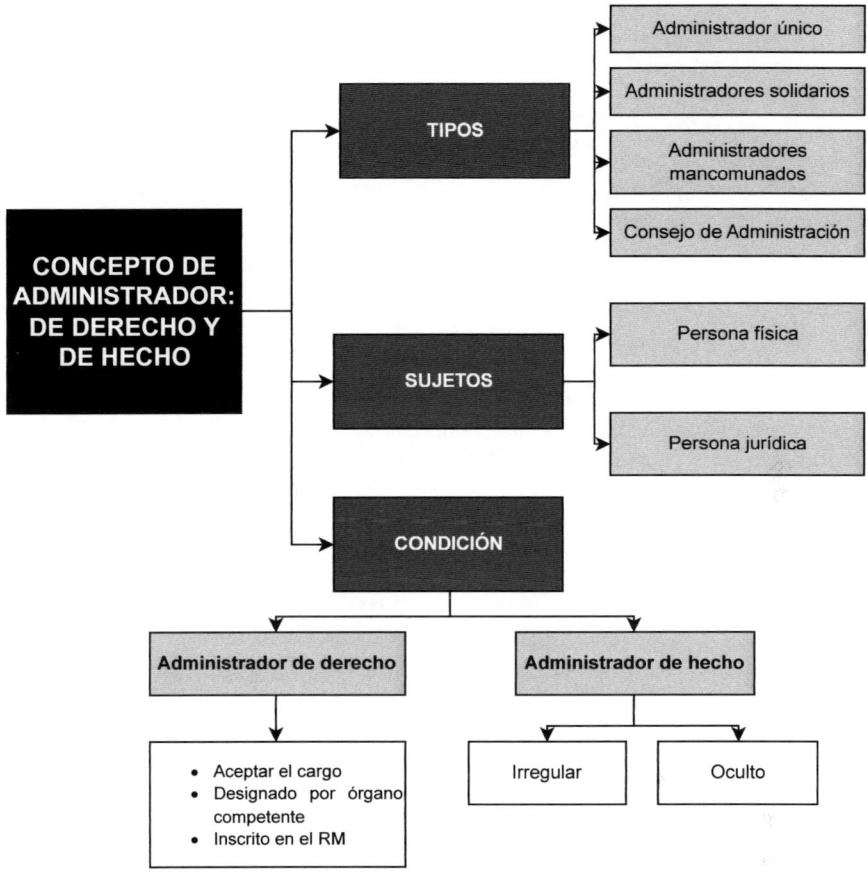

¿El cargo de administrador es gratuito?

Sí, así lo establece el artículo 217 de la Ley de Sociedades de Capital, que señala que será gratuito, **salvo que** los estatutos sociales establezcan lo contrario determinando el sistema de remuneración.

El mencionado precepto estipula que dicho sistema de remuneración establecido ha de determinar el/los concepto/s retributivo/s que percibirán los administradores por su condición de tales. Asimismo, apunta que los mismos podrán consistir, entre otros, en uno o varios de los siguientes:

- Asignación fija.

- Dietas de asistencia.

- Participación en beneficios.

- Retribución variable con indicadores o parámetros generales de referencia.

- Remuneración en acciones o vinculada a su evolución.

- Indemnizaciones por cese, siempre y cuando el cese no estuviese motivado por el incumplimiento de las funciones de administrador.

- Sistemas de ahorro o previsión que se consideren oportunos.

Además, este artículo establece que «el importe máximo de la remuneración anual del conjunto de los administradores en su condición de tales deberá ser aprobado por la junta general y permanecerá vigente en tanto no se apruebe su modificación. Salvo que la junta general determine otra cosa, la distribución de la retribución entre los distintos administradores se establecerá por acuerdo de éstos y, en el caso del consejo de administración, por decisión del mismo, que deberá tomar en consideración las funciones y responsabilidades atribuidas a cada consejero».

A TENER EN CUENTA. Se menciona, además, en este precepto lo siguiente: «la remuneración de los administradores deberá en todo caso guardar una proporción razonable con la importancia de la sociedad, la situación económica que tuviera en cada momento y los estándares de mercado de empresas comparables. El sistema de remuneración establecido deberá estar orientado a promover la rentabilidad y sostenibilidad a largo plazo de la sociedad e incorporar las cautelas necesarias para evitar la asunción excesiva de riesgos y la recompensa de resultados desfavorables».

Pese a ello, sigue resultando útil realizar algunas consideraciones sobre el alcance del estatuto jurídico de los administradores societarios, particularmente para comprender la razón de su incriminación, y para delimitar el contorno de la infracción penal.

El procedimiento de toma de decisiones en el seno de una sociedad se estructura sobre una división elemental de poderes: de un lado, los socios se reúnen en la junta o asamblea general, como órgano soberano y decisor, y en ella adoptan sus acuerdos por mayoría de votos, siguiendo un elemental principio democrático basado en la titularidad de una determinada cuota del capital; de otro lado, los administradores representan a la sociedad, y son el órgano ejecutor de las decisiones de la junta.

Esta división elemental no resulta siempre clara desde el punto de vista empírico, pues en función del tipo de sociedad, la articulación de los poderes de la junta y del órgano de administración puede presentar matices: así, por ejemplo, la junta general de las sociedades de capital puede impartir instrucciones a los administradores en materia de gestión (artículo 161 de la LSC); de otra parte, en las sociedades cerradas, el socio mayoritario suele intervenir o asumir directamente la administración, mientras que en las sociedades abiertas resulta insólito que el socio significativo, —o cualquier otro *dominus*, titular de intereses particulares—, intervenga directa o indirectamente, designando a los consejeros dominicales del órgano de administración.

La **titularidad del poder de gestión** que ostentan los administradores sociales presenta una **doble proyección, externa e interna**:

a) El poder de gestión faculta a los administradores sociales para la adopción y ejecución de las decisiones que exija el ordinario funcionamiento de la sociedad, sin necesidad de su previa adopción por la junta.

b) El poder de gestión implica también que los administradores sean los gestores del contrato social, pues resultaría inviable que los socios ejecutaran el contrato por sí mismos, precisamente porque sus decisiones deben adoptarse en un órgano no permanente como es la junta general. Por este motivo, los administradores son los encargados de tomar y ejecutar las decisiones que exija la relación entre los socios y la sociedad (pago de dividendos, modificaciones de capital, exigencia de dividendos pasivos, etc.), y para ello, necesariamente, deben estar dotados de un margen amplio de actuación, de poderes discrecionales, pues las decisiones se adoptarán en un entorno esencialmente cambiante.

Esos poderes de los administradores presentan como contrapartida la imposición de **dos deberes básicos:**

- **Deber de diligencia:** los administradores deben a la sociedad la prestación de sus servicios de una manera diligente, desarrollada con pericia y dedicación, como lo haría un ordenado empresario, con el objetivo de maximizar el valor de la compañía. Este deber general de diligencia implica, al menos, un deber de vigilancia de la marcha de la sociedad, y un deber de información previa a la adopción de decisiones.

- **Deber de lealtad:** los administradores, como representantes orgánicos de la sociedad dotada de personalidad jurídica, ostentan una posición fiduciaria: deben actuar en interés de la sociedad, y no en el suyo propio. La relación entre los administradores y la sociedad tiene su fundamento en un vínculo de fidelidad (fiel representante).

La diferencia entre ambos deberes no resulta sencilla en la práctica. Existen zonas de intersección en las que una misma conducta es susceptible de ser analizada desde las dos perspectivas: como conducta desleal o como infracción de un deber de diligencia en la administración.

En los delitos societarios, el deber de diligencia no tiene relevancia de ilicitud penal. No se contemplan supuestos imprudentes en los delitos societarios. Todos los tipos exigen su comisión dolosa, (en algunos se identifican incluso elementos subjetivos del injusto), y en todos ellos subyace, en mayor o menor medida, la infracción del deber de lealtad (sea por los administradores, sea el particular deber de lealtad de los socios), exigente además de la generación de un perjuicio económico a la sociedad o a los socios.

El ámbito de la tutela penal de los delitos societarios debe reconducirse en su justa medida, de forma pareja a la intensidad de la protección dispensada por las normas mercantiles. Precisamente, la reforma de la LSC ha señalado como uno de sus objetivos esenciales el establecer un régimen de responsabilidad para los administradores más severo y eficaz. Esto se consigue a través de una configuración radicalmente novedosa del deber de lealtad, y con una agravación del precio de la deslealtad: facilitando la legitimación activa para el ejercicio de acciones de responsabilidad basadas en la infracción de este deber, declarando su compatibilidad con otras acciones civiles (acciones de impugnación de acuerdos, de cesación, de remoción, y de nulidad contractual), y estableciendo una penalidad adicional (la obligación de restituir el enriquecimiento ilícito).

|| El administrador de derecho

La delimitación del administrador formal no debería plantear grandes dificultades, aunque en la práctica no son infrecuentes los supuestos anómalos (nombramiento caducado, nulo, no inscrito, renuncias, etc.) que podrían plantear problemas de delimitación subjetiva a efectos penales. No obstante, el criterio material o amplio del concepto de administrador de hecho normalmente hará que estas distinciones pasen a un segundo plano.

Los **administradores societarios** son las personas, físicas o jurídicas, que han aceptado el cargo, habiendo sido designados por el órgano competente, y una vez inscrito su nombramiento en el registro mercantil. La competencia para el nombramiento es de la junta general, salvo el particular supuesto de la cooptación, de la designación judicial, o en el caso de la designación por los fundadores en el acto de constitución.

Producido el nombramiento de una persona (insistimos, física o jurídica) como administradora, se requiere la aceptación del designado, por cualquier forma, incluso tácitamente, momento a partir del cual surte efectos. Lo habitual es que la aceptación tenga lugar en la misma junta en la que se efectúa el nombramiento, especialmente si el administrador es socio. La inscripción del nombramiento no es constitutiva, aunque sí necesaria para que el cargo surta efectos frente a terceros.

Otros tipos penales, en cambio, delimitan tan solo como sujeto activo al administrador formal (delito de corrupción en los negocios del artículo 286 bis del CP o delito de blanqueo del artículo 302 del CP).

|| El administrador de hecho

La inclusión del administrador de hecho dentro de la categoría de los administradores penalmente responsables fue mérito de la jurisprudencia penal, cuyo camino han seguido otras jurisdicciones. En el ámbito mercantil su introducción en las sociedades de capital vino de la mano en la Ley de Transparencia y su implantación se generalizó en la Ley Concursal. Pero pese a la aparente coincidencia, todavía puede afirmarse que en el ámbito penal rige un criterio propio de delimitación de la figura, que prima el aspecto fáctico o material, de ahí que se incluyan bajo tal concepto sujetos que en el ámbito mercantil difícilmente se calificarían como administradores de hecho (directores financieros, secretarios del consejo de administración, etc.) La principal dificultad para el derecho privado se encontraba en el caso del denominado «administrador oculto».

El artículo 236 de la Ley de Sociedades de Capital, en su apartado 3, dispone:

> «(…) tendrá la consideración de administrador de hecho tanto la persona que en la realidad del tráfico desempeñe sin título, con un título nulo o extinguido, o con otro título, las funciones propias de administrador, como, en su caso, aquella bajo cuyas instrucciones actúen los administradores de la sociedad».

Como puede verse, este precepto incluye los supuestos tradicionales que están en el origen del concepto: administrador con cargo caducado, nulo o extinguido por otra causa (nombramiento viciado por incapacidad o inhabilitación; esta era la primera aproximación formalista a la figura, con la finalidad de conservación de la empresa), y al administrador nombrado que no inscribe, todo con base en criterios formales. Pero también se incluye expresamente (frente a opiniones doctrinales en contra,) la figura del administrador oculto, y la de quienes ostentando otro cargo o «título» no societario (apoderados, directores generales) desempeñen funciones propias del administrador.

Es decir, con esa amplitud de miras, la norma incluye expresamente entre los administradores de hecho no solo a los administradores irregulares, sino también a los administradores ocultos.

- Los administradores irregulares desempeñan las funciones propias de administrador «sin título, con un título nulo o extinguido, o con otro título». Son administradores de facto que carecen de título o cuyo título es defectuoso o está viciado, ya sea porque fueron incorrectamente designados, porque el acuerdo de nombramiento ha sido declarado nulo o porque su cargo ha caducado.

- En cambio, los administradores ocultos son aquellos «bajo cuyas instrucciones» actúan los administradores de la sociedad, es decir, los sujetos que de manera deliberada ocultan su verdadera condición de gestores bajo personas interpuestas a las que instruyen en la gestión y que aparecen como administradores aparentes.

La nota decisiva será, pues, el ejercicio efectivo del cargo sin nombramiento formal válido, incluyendo los supuestos de coexistencia con el administrador formal, siempre que se desempeñen funciones inherentes a la administración de forma autónoma y habitual.

En la **sentencia del Tribunal Supremo n.º 765/2013, de 22 de octubre, ECLI:ES:TS:2013:5037**, se hace mención a quién puede ser considerado administrador de hecho, al señalar:

> «Pues bien, en el caso actual la condición de administrador de hecho del recurrente es manifiesta, pues el mismo ha reconocido que mientras los otros dos socios se dedicaban, respectivamente, a la ingeniería y al laboratorio, él se dedicaba a la administración, constando que fue quien autorizó el pago de las facturas descontadas por la empresa constructora, pese a conocer que no procedían de obra alguna, por lo que es claro que era quien adoptaba las decisiones propias de la administración de la empresa (administrador de hecho),con independencia de que los tres socios pudiesen ser los administradores de derecho».

Lo relevante es el ejercicio de estas funciones, el comportarse «como si» fuera administrador, y no la denominación del cargo. El desplazamiento, sustitución, o suplantación del órgano formal de administración, de una manera sistemática o continuada, con intensidad cuantitativa y cualitativa. Se exige, pues, «cierta calidad» en las decisiones, no bastando con funciones de consejo o asesoramiento, en la fase previa a su adopción. En ocasiones el apoderado general actúa en tal condición, pero debe matizarse que no por el hecho de ser apoderado general se es administrador de hecho, salvo que exista un uso fraudulento de las facultades del apoderamiento y una independencia o falta de subordinación en su ejercicio. La clave de la cuestión estará en muchos casos en identificar una actuación independiente en quien administra de hecho, con autonomía de decisión, actuando con el respaldo de la sociedad.

JURISPRUDENCIA

Sentencia del Tribunal Supremo n.º 721/2012, de 4 de diciembre, ECLI:ES:TS:2012:9191

«53. Ante el silencio de la norma sobre qué debe entenderse por administrador de hecho, esta Sala ha declarado que lo son 'quienes, sin ostentar formalmente el nombramiento de administrador y demás requisitos exigibles, ejercen la función como si estuviesen legitimados prescindiendo de tales formalidades, pero no a quienes actúan regularmente por mandato de los administradores o como gestores de éstos, pues la característica del administrador de hecho no es la realización material de determinadas funciones, sino la actuación en la condición de administrador con inobservancia de las formalidades mínimas que la Ley o los estatutos exigen para adquirir tal condición' (sentencias 261/2007, de 14 marzo, 55/2008, de 8 de febrero, 79/2009, de 4 de febrero., 240/2009, de 14 de abril, 261/2007, de 14 de marzo). Es decir, cuando la actuación supone el ejercicio efectivo de funciones propias del órgano de administración de forma continuada y sin sujeción a otras directrices que las que derivan de su configuración como órgano de ejecución de los acuerdos adoptados por la junta general.

(...)

Conforme a esta jurisprudencia, la noción de administrador de hecho presupone un elemento negativo (carecer de la designación formal de administrador, con independencia de que lo hubiera sido antes, o de que lo fuera después), y se configura en torno a tres elementos caracterizadores: i) debe desarrollar una actividad de gestión sobre materias propias del administrador de la sociedad; ii) esta actividad tiene que haberse realizado de forma sistemática y continuada, esto es, el ejercicio de la gestión ha de tener una intensidad cualitativa y cuantitativa; y iii) se ha de prestar de forma independiente, con poder autónomo de decisión, y con respaldo de la sociedad».

Suele afirmarse que la responsabilidad del administrador de hecho no excluye la del administrador de derecho, si bien en el ámbito civil la afirmación puede resultar matizable. Por el contrario, la amplitud de las formas de la participación penal generalmente permitirá la coexistencia de supuestos. La figura del administrador de hecho incluye también al accionista de control o mayoritario, cuando se inmiscuya de tal forma en las tareas de administración, o incluso al administrador o administradores de la sociedad holding o matriz del grupo, en el bien entendido que la mera existencia del grupo de sociedades no implica necesariamente que la dominante sea administradora de las filiales, sino que resulta exigible identificar un plus de intromisión ilegítima en la gestión de éstas (dirección unitaria y gestión o administración efectiva no son términos equivalentes).

Sin embargo, debe llamarse la atención sobre los excesos en la calificación como administrador de hecho de terceros que lo que buscan es más bien la protección de sus propios intereses (bancos que refinancian, proveedores relevantes…). En estos casos deberá atenderse al hecho de la coherencia o conformidad entre la posición como acreedor o prestador de servicios, y la injerencia asumida en la actividad de la empresa. Si no existe esta coherencia, en términos de lógica jurídica o empresarial, podrá calificarse la conducta como de administración de hecho.

En el análisis de los tipos penales de los delitos societarios resulta generalmente compartido que el administrador de hecho asume responsabilidad incluso por actos realizados con incumplimiento de la normativa interna (formulación de cuentas, no convocatoria de junta, infracciones cometidas en acuerdos sociales). Las relaciones entre el administrador de hecho y de derecho pueden reconducirse, como acaba de señalarse, a las diferentes formas de participación delictiva en función de las circunstancias del caso. Así, si el administrador de derecho actúa bajo las órdenes del administrador de hecho, aquél será autor y éste inductor. Si el administrador de derecho es un mero testaferro, y quien verdaderamente realiza la conducta típica es el administrador de hecho, éste será autor y aquél cooperador necesario o cómplice.

La tipificación expresa del administrador de hecho en los tipos del capítulo XIII conduce a esta interpretación, incluso en aquellos supuestos en los que la conducta sólo pueda ser cometida legalmente por el administrador de derecho, como sucede con el falseamiento de las cuentas o en la obstaculización de actividades supervisoras.

Si se admite esta tesis, la diferenciación de los supuestos de aceptación tácita, falta de publicidad del nombramiento, nulidad del nombramiento, o renuncia, no resultan problemáticos, pues bien como administrador de hecho o de derecho podrá aplicarse el tipo si se ha realizado la conducta.

CUESTIÓN

¿Un apoderado puede ser considerado administrador de hecho?

Los sujetos responsables son los administradores, no los apoderados, por amplias que sean las facultades conferidas a éstos, pues si actúan como auténticos mandatarios, siguiendo las instrucciones de los administradores legalmente designados, no pueden ser calificados como administradores de hecho.

|| El administrador persona jurídica

Como es sabido, el artículo 212.1 de la LSC admite con carácter general que el cargo de administrador pueda venir desempeñado por una persona jurídica, concurriendo idénticos requisitos de forma y capacidad que para las personas físicas. En tal caso, la sociedad administradora deberá designar a una persona física para el ejercicio permanente del cargo. En el ámbito societario la cuestión plantea algunos problemas, en la medida en que pasa a existir una triple relación, entre la sociedad administrada, la persona jurídica administradora, y el representante designado por ésta. Tras la reforma societaria de 2014, todo lo que haga la persona física representante es imputable a la persona jurídica con carácter solidario (artículo 236.5 de la LSC), y el estatuto del administrador representante persona física es el mismo que el de cualquier administrador.

Por ello, no debería haber dificultad para predicar la posible autoría delictiva, sin especialidades, del representante de la persona jurídica administradora, solución a la que también se llega desde la aplicación del principio general de las actuaciones en nombre de otro del artículo 31 del CP. No así de la persona jurídica, pues los tipos de delitos societarios no pueden cometerse por personas jurídicas.

1.3. Responsabilidad de los administradores

Responsabilidad de los administradores

Los deberes de control y vigilancia se manifiestan fuera del marco de la delegación de funciones. Así, nuestra jurisprudencia se refiere a un deber de control del empresario y los máximos directivos sobre su actividad empresarial.

La peculiaridad es que este deber de control no se deriva de una delegación de funciones previas, sino de la posición jurídica que ocupan determinados sujetos en la empresa. Así, excepto cuando tenga lugar una delegación en el seno del órgano de administración, los deberes de control y vigilancia que posea el administrador o empresario responden a su competencia en el ámbito de gestión estratégica o general de la empresa.

Por tanto, el administrador de una sociedad es su representante a todos los efectos, y tiene el máximo nivel en la toma de decisiones. Los administradores responderán frente a la sociedad, frente a los socios y frente a los acreedores sociales, del daño que causen por actos u omisiones contrarios a la ley o a los estatutos o por los realizados incumpliendo los deberes inherentes al desempeño del cargo, siempre y cuando haya intervenido dolo o culpa.

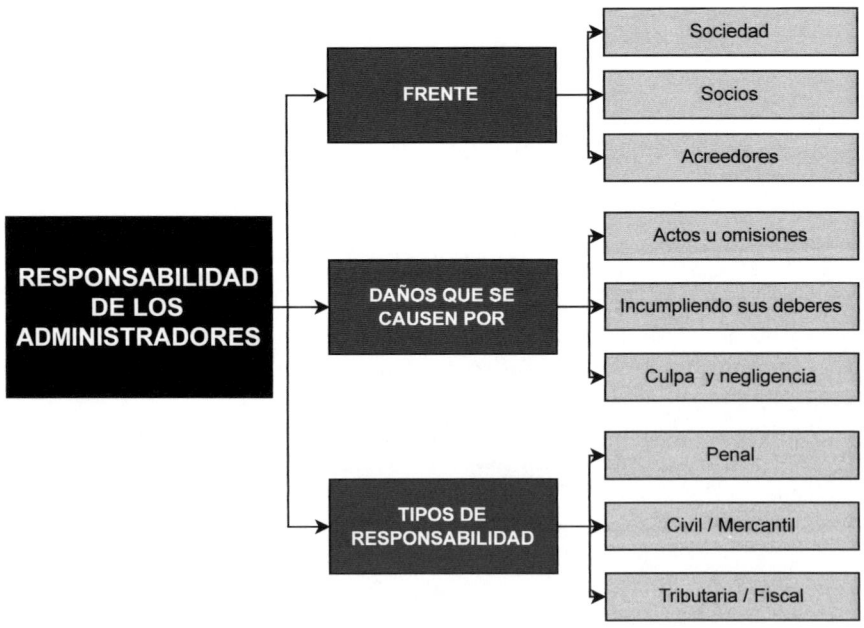

En **función de la norma infringida**, podemos encontrarnos ante **diversos tipos de responsabilidad:**

- Responsabilidad penal.
- Responsabilidad civil y mercantil.
- Responsabilidad tributaria y fiscal.

|| **Responsabilidad penal**

Con anterioridad a las modificaciones introducidas por Ley Orgánica 5/2010, de 22 de junio, por la que se modifica la Ley Orgánica 10/1995, de 23 de noviembre, del Código Penal, la responsabilidad penal se regía por el principio «societas delinquere non potest», por lo que la imputación de la responsabilidad por los delitos cometidos por la sociedad se atribuye al representante legal de la sociedad, es decir, los administradores.

El principio «societas delinquere non potest» tiene el significado de «la sociedad no puede delinquir». Este principio está íntimamente ligado al artículo 31 bis del Código Penal, cuyo tenor literal es el siguiente:

> «1. En los supuestos previstos en este Código, las personas jurídicas serán penalmente responsables:
>
> a) De los delitos cometidos en nombre o por cuenta de las mismas, y en su beneficio directo o indirecto, por sus representantes legales o por aquellos que actuando individualmente o como integrantes de un órgano de la persona jurídica, están autorizados para tomar decisiones en nombre de la persona jurídica u ostentan facultades de organización y control dentro de la misma.
>
> b) De los delitos cometidos, en el ejercicio de actividades sociales y por cuenta y en beneficio directo o indirecto de las mismas, por quienes, estando sometidos a la autoridad de las personas físicas mencionadas en el párrafo anterior, han podido realizar los hechos por haberse incumplido gravemente por aquéllos los deberes de supervisión, vigilancia y control de su actividad atendidas las concretas circunstancias del caso.
>
> 2. Si el delito fuere cometido por las personas indicadas en la letra a) del apartado anterior, la persona jurídica quedará exenta de responsabilidad si se cumplen las siguientes condiciones:
>
> 1.ª el órgano de administración ha adoptado y ejecutado con eficacia, antes de la comisión del delito, modelos de organización y gestión que incluyen las medidas de vigilancia y control idóneas para prevenir delitos de la misma naturaleza o para reducir de forma significativa el riesgo de su comisión;
>
> 2.ª la supervisión del funcionamiento y del cumplimiento del modelo de prevención implantado ha sido confiada a un órgano de la persona jurídica con poderes autónomos de iniciativa y de control o que tenga encomendada legalmente la función de supervisar la eficacia de los controles internos de la persona jurídica;
>
> 3.ª los autores individuales han cometido el delito eludiendo fraudulentamente los modelos de organización y de prevención y
>
> 4.ª no se ha producido una omisión o un ejercicio insuficiente de sus funciones de supervisión, vigilancia y control por parte del órgano al que se refiere la condición 2.ª

En los casos en los que las anteriores circunstancias solamente puedan ser objeto de acreditación parcial, esta circunstancia será valorada a los efectos de atenuación de la pena.

3. En las personas jurídicas de pequeñas dimensiones, las funciones de supervisión a que se refiere la condición 2.ª del apartado 2 podrán ser asumidas directamente por el órgano de administración. A estos efectos, son personas jurídicas de pequeñas dimensiones aquéllas que, según la legislación aplicable, estén autorizadas a presentar cuenta de pérdidas y ganancias abreviada.

4. Si el delito fuera cometido por las personas indicadas en la letra b) del apartado 1, la persona jurídica quedará exenta de responsabilidad si, antes de la comisión del delito, ha adoptado y ejecutado eficazmente un modelo de organización y gestión que resulte adecuado para prevenir delitos de la naturaleza del que fue cometido o para reducir de forma significativa el riesgo de su comisión.

En este caso resultará igualmente aplicable la atenuación prevista en el párrafo segundo del apartado 2 de este artículo.

5. Los modelos de organización y gestión a que se refieren la condición 1.ª del apartado 2 y el apartado anterior deberán cumplir los siguientes requisitos:

1.º Identificarán las actividades en cuyo ámbito puedan ser cometidos los delitos que deben ser prevenidos.

2.º Establecerán los protocolos o procedimientos que concreten el proceso de formación de la voluntad de la persona jurídica, de adopción de decisiones y de ejecución de las mismas con relación a aquéllos.

3.º Dispondrán de modelos de gestión de los recursos financieros adecuados para impedir la comisión de los delitos que deben ser prevenidos.

4.º Impondrán la obligación de informar de posibles riesgos e incumplimientos al organismo encargado de vigilar el funcionamiento y observancia del modelo de prevención.

5.º Establecerán un sistema disciplinario que sancione adecuadamente el incumplimiento de las medidas que establezca el modelo.

6.º Realizarán una verificación periódica del modelo y de su eventual modificación cuando se pongan de manifiesto infracciones relevantes de sus disposiciones, o cuando se produzcan cambios en la organización, en la estructura de control o en la actividad desarrollada que los hagan necesarios».

JURISPRUDENCIA

Sentencia del Tribunal Supremo n.º 862/2009, de 23 de julio, ECLI:ES:TS:2009:5271

«(...) en primer lugar, los principios de culpabilidad, de personalidad de las penas y de responsabilidad individual constituyen un obstáculo muy importante para que se pueda considerar, en nuestro ordenamiento jurídico, como autora de un delito a una persona jurídica. Así lo constata la jurisprudencia que aplica la máxima societas delinquere non potest (SSTS 2052/2001, de 7-11; 1612/2002, de 1-4; y 774/2005, de 2-6). Por lo cual, no resulta factible considerar responsable penal del delito a la entidad Caixa d'Estalvis Laietana como pretenden las partes recurrentes.

> *Si bien es cierto que existe una corriente doctrinal minoritaria proclive a admitir la responsabilidad penal de las personas jurídicas, y que las reformas de los arts. 31.2 y 369.2 del C. Penal en el año 2003 imponen el pago de multas a las sociedades en cuyo marco se han perpetrado determinados hechos delictivos, ello no quiere decir que se haya derogado en nuestro ordenamiento el principio societas delinquere non potest. Pues no parece plausible hablar de una conducta humana atribuible a la propia persona jurídica; ni tampoco realizar un reproche ético social, con base en el principio de culpabilidad, a un ente que no es una persona física; ni resulta muy factible imponerle a una persona jurídica cierta clase de penas ni que cargue con el lastre de cumplir otras por actos que personalmente no ha realizado, sin olvidar las consecuencias indirectas que conlleva la imposición de una pena a sujetos integrantes de una sociedad que no han tomado parte en el comportamiento delictivo».*

En dicho momento los administradores podían ser responsables penalmente por la comisión de tres tipos de delitos:

- Delitos comunes: se trata de delitos cometidos por el administrador como sujeto activo.

- Delitos societarios: se trata de delitos específicos de su cargo. Entre ellos están: los acuerdos abusivos o lesivos, la falsedad documental, la vulneración de derechos de los socios, entre otros.

- Delitos cometidos por la sociedad: se trata de delitos en los que la sociedad es el sujeto activo, pero que son imputables al órgano de administración, como por ejemplo los delitos contra la Hacienda Pública, delitos contra la Seguridad Social, etc. Esto es, en estos casos la responsabilidad es atribuida al administrador, aunque en las condiciones se exige que el delito concurra en la sociedad.

Los administradores societarios responderán por:

- Actos realizados dolosa o imprudentemente.

- Actos realizados por acción u omisión.

- Actos realizados por sí mismos o a través de otros en autoría mediata.

La Ley Orgánica 5/2010 de 22 de junio por la que se modifica la Ley Orgánica 10/1995, de 23 de noviembre, del Código Penal incorporó al ordenamiento español la responsabilidad penal de las personas jurídicas, junto con la de las físicas. Dicha modificación introdujo la necesidad de incorporar nuevos mecanismos de vigilancia y control para la prevención de delitos, aunque no especificó las medidas organizativas a adoptar, y evitar sanciones penales a los administradores de las sociedades y a la persona jurídica, que incluyen, entre otras, desde la suspensión de sus actividades a la disolución de la misma.

La Ley Orgánica 1/2015, de 30 de marzo, por la que se modifica la Ley Orgánica 10/1995, de 23 de noviembre, del Código Penal y que entró en vigor el 1 de julio de 2015, llevó a cabo una mejora técnica en la regulación de la responsabilidad penal de las personas jurídicas, introducida en nuestro ordenamiento jurídico por la Ley Orgánica 5/2010, de 22 de junio, con la finalidad de delimitar adecuadamente el contenido del «debido control», cuyo quebrantamiento permite fundamentar su responsabilidad penal. Asimismo, y además de la jurisprudencia que paulatinamente va perfilando los contornos de esta responsabilidad, deben tenerse en cuenta los criterios interpretativos reflejados en la **Circular 1/2016, de la Fiscalía General del Estado,** sobre la responsabilidad penal de las personas jurídicas conforme a la reforma del Código Penal efectuada por la Ley Orgánica 1/2015.

Con ello, se pone fin a las dudas interpretativas que había planteado la anterior regulación, que desde algunos sectores había sido interpretada como un régimen de responsabilidad vicarial, y se asumen ciertas recomendaciones que en ese sentido habían sido realizadas por algunas organizaciones internacionales. En todo caso, el alcance de las obligaciones que conlleva ese deber de control se condiciona, de modo general, a las dimensiones de la persona jurídica, en aplicación del principio de proporcionalidad.

De este modo, la persona jurídica responderá penalmente de:

- Los delitos cometidos en nombre o por cuenta de la persona jurídica, y en su beneficio directo o indirecto, por sus representantes legales o por aquellos que actuando individualmente o como integrantes de un órgano de la persona jurídica, están autorizados para tomar decisiones en nombre de la persona jurídica u ostentan facultades de organización y control dentro de la misma.

- Los delitos cometidos, en el ejercicio de actividades sociales y por cuenta y en beneficio directo o indirecto de las mismas, por quienes, estando sometidos a la autoridad de las personas físicas mencionadas en el párrafo anterior, han podido realizar los hechos por haberse incumplido gravemente por aquéllos los deberes de supervisión, vigilancia y control de su actividad atendidas las concretas circunstancias del caso.

Asimismo, en relación a lo expuesto con anterioridad, la citada reforma del Código Penal aclara, además, qué tipo de control y medidas debe tener la empresa implantadas para que, si se verifican una serie de requisitos recogidos en el artículo 31 bis del CP, no se la considere penalmente responsable por los hechos cometidos por su personal o por sus representantes legales. Esas condiciones son:

- Que el órgano de administración ha adoptado y ejecutado con eficacia, antes de la comisión del delito, **modelos de organización y gestión** que incluyen las medidas de vigilancia y control idóneas para prevenir delitos de la misma naturaleza o para reducir de forma significativa el riesgo de su comisión. Igualmente, se detalla el contenido de estos modelos o planes de prevención de riesgo penal.

- Que la **supervisión del funcionamiento y del cumplimiento del modelo de prevención implantado ha sido confiado a un órgano de la persona jurídica con poderes autónomos de iniciativa y de control** o que tenga encomendada legalmente la función de supervisar la eficacia de los controles internos de la persona jurídica.

- Que los **autores individuales han cometido el delito eludiendo fraudulentamente los modelos de organización y de prevención** (requisito sólo aplicable en el caso de los delitos cometidos por representantes o personas con facultades de organización y control).

- Que **no se ha producido una omisión o un ejercicio insuficiente de sus funciones de supervisión, vigilancia y control** por parte del órgano establecido a tal efecto por la persona jurídica.

En resumen, los **requisitos para exención de la responsabilidad de las personas jurídicas** son:

- Adopción de un modelo de organización y gestión para la prevención de delitos.
- Creación de un órgano de supervisión y control, con autonomía y recursos suficientes.
- Creación de un canal de denuncias para informar sobre cualquier irregularidad.
- Establecimiento de un sistema disciplinario por el incumplimiento de las medidas del Modelo.
- Verificación periódica del funcionamiento del modelo y, en su caso, actualización y mejora del mismo.

Todas estas circunstancias tienen que darse de forma cumulativa. En el caso de que no fuera así, solo se producirá la atenuación de la pena.

Las sanciones a imponer a la persona jurídica que sea imputada por responsabilidad penal son todas graves, pudiendo consistir éstas en:

- Multa por cuotas o proporcional.
- Disolución de la persona jurídica. La disolución producirá la pérdida definitiva de su personalidad jurídica, así como la de su capacidad de actuar de cualquier modo en el tráfico jurídico, o llevar a cabo cualquier clase de actividad, aunque sea lícita.
- Suspensión de sus actividades por un plazo que no podrá exceder de cinco años.
- Clausura de sus locales y establecimientos por un plazo que no podrá exceder de cinco años.
- Prohibición de realizar en el futuro las actividades en cuyo ejercicio se haya cometido, favorecido o encubierto el delito. Esta prohibición podrá ser temporal o definitiva. Si fuere temporal, el plazo no podrá exceder de quince años.
- Inhabilitación para obtener subvenciones y ayudas públicas, para contratar con el sector público y para gozar de beneficios e incentivos fiscales o de la Seguridad Social, por un plazo que no podrá exceder de quince años.
- Intervención judicial para salvaguardar los derechos de los trabajadores o de los acreedores por el tiempo que se estime necesario que no podrá exceder de cinco años.

La clausura temporal de los locales o establecimientos, la suspensión de las actividades sociales y la intervención judicial podrán ser acordadas también por el Juez Instructor como medida cautelar durante la instrucción de la causa.

Las circunstancias atenuantes serán: confesión, colaboración en la investigación, reparación del daño causado, establecimiento de medidas de prevención.

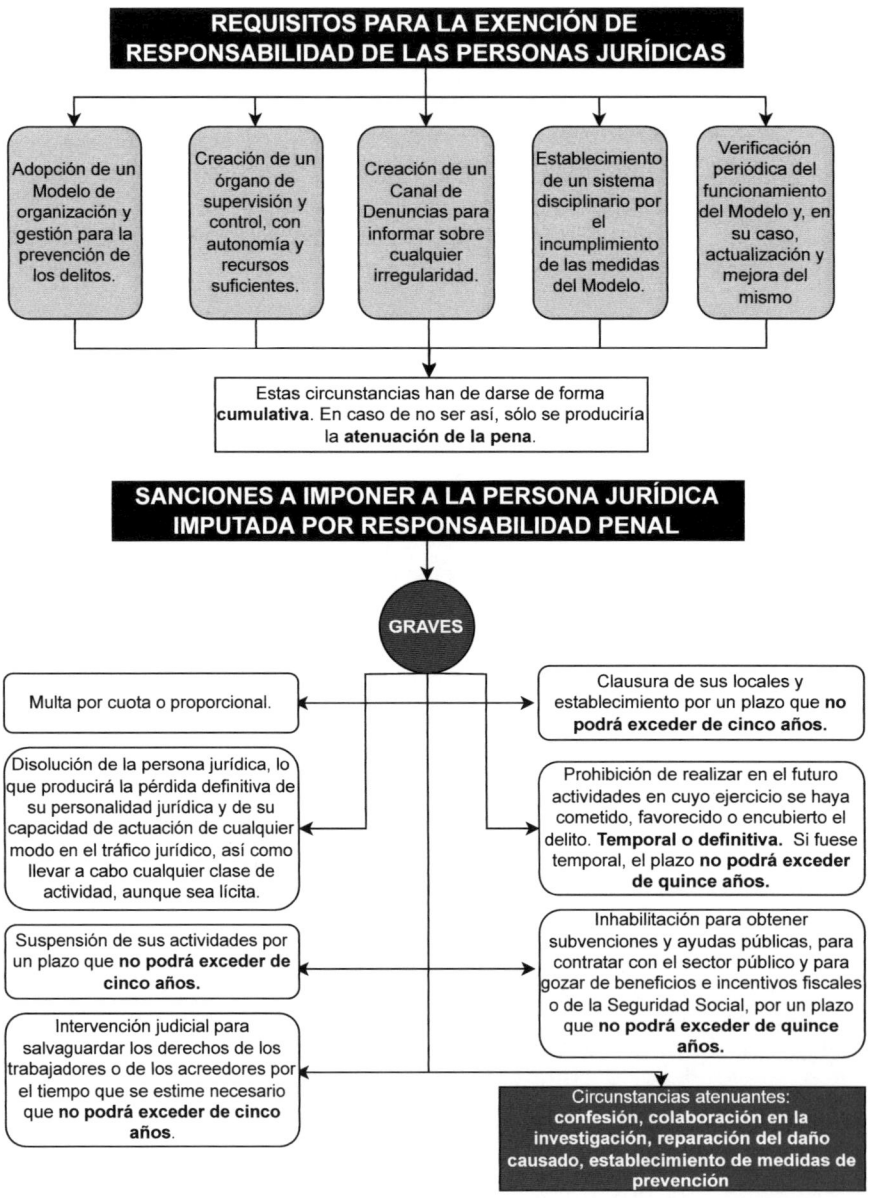

|| Responsabilidad civil y mercantil

El Real Decreto Legislativo 1/2010, de 2 de julio, por el que se aprueba el texto refundido de la Ley de Sociedades de Capital es claro en su **artículo 236** por cuanto dispone en su apartado primero que:

> «Los administradores responderán frente a la sociedad, frente a los socios y frente a los acreedores sociales del daño que causen por sus actos u omisiones contrarios a la ley, a los estatutos o incumpliendo los deberes inherentes a su cargo siempre que haya mediado dolo o culpa.
>
> La culpabilidad se presumirá, salvo prueba en contrario, cuando el acto sea contrario a la ley o a los estatutos sociales».

Los deberes de los administradores se pueden resumir en cumplir con la ley y los estatutos; deber de lealtad, obrando de buena fe y en el mejor interés de la sociedad; deber de discrecionalidad empresarial, sin interés personal en el asunto objeto de decisión, guardar secreto, aún después de cesar en el cargo; actuar con la diligencia de un ordenado empresario y de un representante leal.

El no cumplimiento de estos deberes pueden conllevar el que el administrador pueda tener que indemnizar el daño causado al patrimonio social con sus bienes propios, y devolver a la sociedad el daño patrimonial causado, tanto a la sociedad como a los socios o terceros.

|| La acción social de responsabilidad

El **artículo 238 de la LSC** establece lo siguiente:

> «1. La acción de responsabilidad contra los administradores se entablará por la sociedad, previo acuerdo de la junta general, que puede ser adoptado a solicitud de cualquier socio aunque no conste en el orden del día. Los estatutos no podrán establecer una mayoría distinta a la ordinaria para la adopción de este acuerdo.
>
> 2. En cualquier momento la junta general podrá transigir o renunciar al ejercicio de la acción, siempre que no se opusieren a ello socios que representen el cinco por ciento del capital social.
>
> 3. El acuerdo de promover la acción o de transigir determinará la destitución de los administradores afectados.
>
> 4. La aprobación de las cuentas anuales no impedirá el ejercicio de la acción de responsabilidad ni supondrá la renuncia a la acción acordada o ejercitada».

La legitimación para llevar a cabo la acción social de responsabilidad compete, de forma sucesiva a:

- Junta general, que puede adoptar el acuerdo en cualquier sesión aunque no esté en el orden del día, siempre que no se opongan accionistas con, al menos, el 5 % del capital social o participaciones de la sociedad.

- Los accionistas que representen un 5 % de participación en la empresa pueden entablar conjuntamente la acción en los siguientes supuestos:

  – Los administradores no convocan la junta solicitada a tal fin,

– Cuando el acuerdo de la junta haya sido contrario a la exigencia de responsabilidad,

– Cuando haya transcurrido 1 mes desde el acuerdo de la junta sin que se haya entablado efectivamente la acción.

• Los acreedores de la sociedad pueden entablar la acción social de responsabilidad siempre que el patrimonio social resulte insuficiente para satisfacer sus créditos, y cuando la acción de responsabilidad no haya sido ejercitada ni por la Sociedad ni por los accionistas.

|| La acción individual

El **artículo 241 de la LSC** establece:

«Quedan a salvo las acciones de indemnización que puedan corresponder a los socios y a los terceros por actos de administradores que lesionen directamente los intereses de aquellos».

|| Responsabilidad tributaria y fiscal

La normativa tributaria establece un sistema de derivación de la responsabilidad, determinando que se podrán declarar responsables de la deuda tributaria, junto a los sujetos pasivos o deudores principales, a otras personas, solidaria o subsidiariamente. La responsabilidad será siempre subsidiaria salvo que algún precepto legal establezca expresamente lo contrario.

La diferencia entre estos dos tipos de responsabilidad radica en que mientras que al responsable solidario se le puede exigir el cobro de la deuda en cualquier momento, sin necesidad de haber agotado previamente la acción de cobro contra el deudor principal, frente al responsable subsidiario es necesaria la previa declaración de fallido, esto es que la Administración declare la insolvencia así como la inexistencia de bienes embargables, tanto del deudor principal como de los posibles responsables solidarios.

Por tanto, la responsabilidad del administrador puede hacerle responder con su patrimonio personal de deudas de la sociedad que administra. Es el caso de deudas tributarias, en las que Hacienda intentará ampliar la responsabilidad del administrador reclamándole la deuda si la sociedad no puede pagar por no tener suficientes bienes o estar disuelta en ese momento.

1.4. Concepto de sociedad

De los delitos societarios

La denominación «De los delitos societarios» del capítulo XIII del libro XIII del Código Penal (artículos 290 a 297, ambos inclusive), sugiere que el denominador común de los delitos societarios es la presencia de una sociedad, que se situaría como el entorno, el escenario, o el ambiente natural en el que deberían desarrollarse las conductas tipificadas en los diversos preceptos que lo integran. Más precisamente, la denominación hará alusión al sujeto pasivo de las conductas delictivas, y servirá como elemento de interpretación del bien jurídico tutelado por las normas.

‖ Concepto de sociedad

Su identificación resulta muy relevante, pues cada tipo exige la precisión de su sujeto pasivo, sin que basten referencias generales al bien jurídico mediato de protección del tráfico mercantil. Nótese que, al amparo del artículo 296 del Código Penal, se trata de delitos semipúblicos, de manera que la identificación del sujeto pasivo servirá en muchos casos como requisito de legitimación activa para promover el proceso penal.

El Código Penal optó por incluir una definición auténtica del concepto de sociedad, incluida en el artículo 297, que cierra el capítulo de los delitos societarios.

La vocación de la norma es ampliar la tutela a casi todas las entidades que actúen en el mercado, la definición de los tipos obligará a entender que el sujeto pasivo primario o fundamental son las sociedades mercantiles, y en particular las sociedades de capital.

Así sucede claramente con el delito del artículo 294 del CP (obstaculización de actividades de supervisión), pero también, de una u otra forma, con en el resto de los tipos que integran el capítulo, que tipifican conductas que recaen sobre documentos o estructuras organizativas, o que utilizan elementos normativos que se refieren, casi exclusivamente, al funcionamiento internos de las sociedades de capital.

Al margen de lo anterior, puede decirse que, en una primera aproximación, lo primero que llama la atención del artículo 297 es la falta de precisión técnica del concepto de sociedad, es decir, la opción por un concepto amplio de sociedad, que no se identifica con las concretas tipologías definidas en la legislación mercantil.

> «A los efectos de este capítulo se entiende por sociedad toda cooperativa, Caja de Ahorros, mutua, entidad financiera o de crédito, fundación, sociedad mercantil o cualquier otra entidad de análoga naturaleza que para el cumplimiento de sus fines participe de modo permanente en el mercado».

RESOLUCIÓN RELEVANTE

Sentencia de la Audiencia Provincial de Baleares n.º 199/2019, de 2 de diciembre, ECLI:ES:APIB:2019:2560

«El artículo 297 del Código Penal dispone: "A los efectos de este capítulo, se entiende por sociedad toda cooperativa, Caja de Ahorros, mutua, entidad financiera o de crédito, fundación, sociedad mercantil o cualquier otra entidad de análoga naturaleza que para el cumplimiento de sus fines participe de modo permanente en el mercado".
Convenimos con la juzgadora en la consideración de que el precepto se limita a conceptuar a efectos penales lo que debe entenderse por sociedad, optando por un

> *concepto amplio en tanto en su redacción contempla a "cualquier otra entidad de análoga naturaleza" que para el cumplimiento de sus fines partícipe de modo permanente en el mercado, lo que implica una ampliación de la tutela a todos los entes corporativos que actúen en el tráfico mercantil, aun cuando el sujeto pasivo fundamental identificado en los preceptos penales que regulan estos delitos, sean las sociedades mercantiles y, en particular, las sociedades de capital».*

Un primer criterio de utilidad, que permite aproximarse al concepto amplio de sociedad como sujeto pasivo de los delitos societarios, es el de identificar los tres elementos que caracterizan a las sociedades en el derecho privado:

- Su origen contractual (desde este punto de vista, no son sociedades las comunidades hereditarias, u otras colectividades de formación imperativa, como sucede con la masa pasiva del concurso).
- La existencia de un fin común.
- La contribución de todos los socios a su realización.

A la vista del precepto transcrito, todas las tipologías de sociedades mercantiles se encuentran comprendidas en el concepto que, además, comprende a más sujetos, que no serían sociedades desde un punto de vista puramente mercantil. Se prescinde así de un concepto jurídico-formal de sociedad, que se sustituye por un concepto material, más conforme con los específicos objetivos de la norma penal.

La expresión «participe de modo permanente en el mercado» suele interpretarse como exigencia de llevar a cabo de forma habitual actos de comercio. No bastaría, por tanto, una actuación meramente ocasional, aprovechando una oportunidad de negocio, o la realización de actos de intercambio de bienes o servicios, si no se conciben como una actividad dotada de permanencia o estabilidad. Ello al margen de que la finalidad específica de la entidad sea la de desarrollar precisamente estas operaciones; de este modo, una entidad que carezca de ánimo de lucro (por ejemplo, una fundación, que carece por definición de fin de lucro, según el artículo 2 de la Ley de Fundaciones) puede desarrollar una actividad económica de forma permanente. Igual puede entenderse respecto de las asociaciones, que aunque no se mencionan en el precepto, pueden perseguir un lucro objetivo, —llevar a cabo una explotación económica—, aunque tienen prohibido repartir beneficios. En la medida en que estas entidades desarrollen de forma permanente actividades económicas, pueden entenderse comprendidas en el concepto penal de sociedad.

A TENER EN CUENTA. El artículo 13 de la Ley Orgánica 1/2002, de 22 de marzo, reguladora del Derecho de Asociación, establece en su apartado segundo que «los beneficios obtenidos por las asociaciones, derivados del ejercicio de actividades económicas, incluidas las prestaciones de servicios, deberán destinarse, exclusivamente, al cumplimiento de sus fines, sin que quepa en ningún caso su reparto entre los asociados ni entre sus cónyuges o personas que convivan con aquéllos con análoga relación de afectividad, ni entre sus parientes, ni su cesión gratuita a personas físicas o jurídicas con interés lucrativo».

En lo concerniente a las fundaciones, el **Tribunal Supremo en la sentencia n.º 245/2007, de 16 de marzo, ECLI:ES:TS:2007:2710**, señala que es requisito del tipo que una fundación de interés privado actúe dentro del mercado, tal y como lo prevé el art. 297 del CP, «ya que es claramente un requisito del tipo, ya que los delitos societarios están pensados para entidades con ánimo de lucro en los que se discuten los intereses económicos de sus socios, y se protegen de las malas prácticas de los administradores o gestores del capital».

El artículo 297 debe interpretarse, pues, en relación con los fines perseguidos, ya que de lo contrario la norma incluiría sujetos que claramente deben quedar fuera de su ámbito de protección. Así sucede, por ejemplo, con las comunidades de propietarios, que aunque puedan adquirir de forma habitual bienes o servicios, no participan como agentes económicos en el mercado, aunque ocasionalmente puedan llevar a cabo actividades de intercambio. Por todo ello, si no se trata propiamente de un tipo penal en blanco, sigue resultando necesario detenerse en la consideración de algunos supuestos dudosos.

En cuanto a las comunidades de propietarios, hace mención el **Tribunal Supremo en la sentencia n.° 655/2014, de 15 de octubre, ECLI:ES:TS:2014:4085,** al entender que, éstas (comunidad de propietarios o de usuarios de un aparcamiento, como en el caso que resuelve), no se encuentra incluida en la definición legal del art. 297 del CP:

> «Obviamente ninguna comunidad de propietarios o usuarios —como es el caso— tiene por misión participar de modo permanente en el mercado, como se dice expresamente en el art. 297 Cpenal.
>
> En el art. 297 del Cpenal da una definición legal de qué ha de entenderse por sociedad a los efectos del delito de administración desleal, y se nos dice en dicho art. que por sociedad debe entenderse:
>
> "...Toda Cooperativa, Caja de Ahorros, Mutua, entidad financiera de crédito, Fundación, Sociedad Mercantil o cualquier otra entidad de análoga naturaleza que para el cumplimiento de sus fines participe de modo permanente en el mercado...".
>
> Es obvio que una comunidad de propietarios —o de usuarios de un aparcamiento, como es el caso— no se encuentra incluida en dicha definición legal, por otra parte, el término "administrador" que tiene un sentido equívoco tampoco se aviene al cargo del recurrente que ciertamente era administrador pero lo era de una comunidad de propietarios/usuarios, y tampoco su función era la que se describe en el art. 295 C penal.
>
> El administrador —en el sentido amplio al que se refiere el tipo— de la sociedad a que se refiere el art. 295 Cpenal, ya sea de hecho o de derecho debe actuar con un abuso de las funciones que le corresponden en el organigrama de la sociedad concernida, y desde esa situación disponer fraudulentamente de los bienes o capital de la empresa con el consiguiente perjuicio para ésta.
>
> En definitiva, los tres elementos del tipo de administración desleal, están constituidos por la condición del:
>
> a) El sujeto activo debe ser administrador de hecho o de derecho —o los socios—, es decir con facultades de gestión con capacidad de obligar a la sociedad por el cargo que ocupa en la sociedad.
>
> b) Que exista un quebrantamiento del deber de lealtad, el tipo penal habla de abuso de sus funciones, es decir el acto basta con que sea abusivo,

no es preciso que el acto sea ilegal porque lo abusivo y lo ilegal son dos cosas distintas —STS 91/2010—.

c) Que como delito de resultado exista un perjuicio evaluable, perjuicio que aunque el tipo no exige que sea directamente a la sociedad, ya que se refiere a los socios, depositarios, cuentas, partícipes, etc. etc., no cabe duda que tal concreción, integra y comprende un perjuicio a la sociedad concernida, y

d) Finalmente, se ha de originar como consecuencia de toda esta actividad un beneficio para el sujeto activo del delito o un tercero».

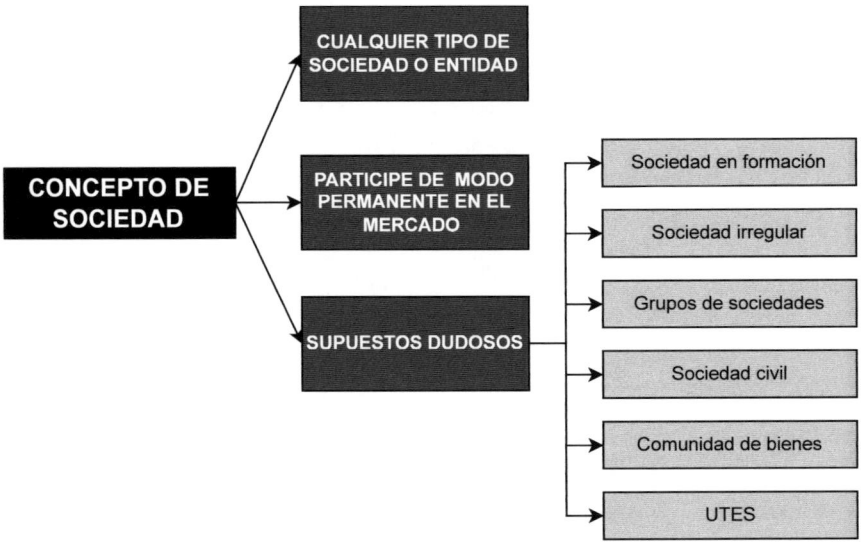

|| Sociedad en formación

Durante el tiempo que transcurre desde el otorgamiento de la escritura pública que documenta el contrato social, hasta el momento de la inscripción en el Registro Mercantil y consiguiente adquisición de la personalidad jurídica, la sociedad se encuentra en formación. A la sociedad en formación aluden expresamente los tipos especiales de delitos societarios, por los que no cabe duda de su inclusión en el ámbito objetivo de la norma comentada.

El artículo 39 de la LSC acota temporalmente la existencia de la sociedad en formación: sociedad en formación es aquella sociedad en proceso de constitución, cuando no se ha producido la inscripción en el Registro, pero existe voluntad de los socios de culminar el proceso fundacional. Existen normas especiales que determinan la responsabilidad por los actos y contratos celebrados en nombre de la sociedad en formación, contenidas en los artículos 36 a 38 de la LSC. Los conflictos que pueden existir dentro de su ámbito se han entendido, por tanto, merecedores de tutela penal.

Tanto las sociedades en formación, como la sociedad irregular, cuentan con personalidad jurídica, suficiente para actuar en el tráfico. En consecuencia, ambas pueden ser sujetos pasivos de estos delitos. En general suele considerarse que la inscripción en el Registro Mercantil sólo es necesaria para que las sociedades mercantiles adquieran su personalidad típica, en relación con el concreto tipo social de que se trate, pero fuera de este efecto limitado, la sociedad no inscrita puede realizar actos en el mercado con relevancia externa.

‖ Sociedad irregular

La sociedad normalmente es un fenómeno externo: la entidad se presenta como tal en el tráfico, como forma normal para el desarrollo de sus fines. Pero las sociedades internas son también sociedades. Pese a que el artículo 1669 del Código Civil establezca que las sociedades irregulares se rigen por las normas de la comunidad de bienes, no significa que no puedan ser sociedades, mucho más a los efectos que aquí nos ocupan.

Las sociedades mercantiles exigen como requisitos de constitución el otorgamiento de escritura pública y su inscripción en el registro mercantil. La sociedad irregular no lo es porque le falte la forma de la escritura pública, sino porque le falta la inscripción. Se trata fundamentalmente de un problema de publicidad o de relevancia externa. Hoy generalmente suele entenderse, por razones de protección del tráfico y de tutela de los acreedores, que la sociedad irregular goza de personalidad jurídica para desarrollar por sí misma relaciones jurídicas externas. Por tanto, en la medida en que interviene en el tráfico, puede ser sujeto pasivo de delitos societarios.

‖ Grupos de sociedades

La presencia de un grupo puede resultar fundamental para definir las conductas, ya sea desde el punto de vista del tipo objetivo, como desde el análisis de los elementos subjetivos, o para identificar las diversas formas de participación delictiva. Una parte relevante de los conflictos que subyacen bajo los delitos societarios se producen en el seno de los grupos.

El ejercicio de la actividad empresarial a través de varias sociedades vinculadas entre sí, constituye la forma habitual en el tráfico. Las fórmulas de colaboración empresarial pueden ser muy variadas. En ocasiones, las sociedades colaboran a través de un contrato, para perseguir un fin que desborda sus capacidades individuales (por ejemplo, en las diversas modalidades contractuales de *joint-ventures*, UTES, cooperativas, agrupaciones de interés económico, etc.), pero en la mayoría de las ocasiones los grupos no tienen un origen contractual, sino que se presentan como una mera realidad fáctica, con o sin apariencia externa.

El grupo de sociedades carece de personalidad jurídica. En el derecho español no existe un concepto de grupo. Incluso cada sector de la jurisdicción puede decirse que maneja un concepto propio. Generalmente la definición del grupo de sociedades se mueve en torno a dos ideas esenciales, según se atienda al elemento de la unidad de decisión en el funcionamiento del grupo, o al elemento del control de unas sociedades por otras. La cuestión tiene relevancia práctica, pues si se define el grupo sobre la base de la forma en que se estructura, atendiendo a la unidad de decisión, pueden incluirse en el concepto los denominados grupos horizontales o de coordinación, en los que no es identificable una única sociedad matriz, supuestos que, por el contrario, quedan excluidos de definirse el grupo a partir de la existencia del control directo o indirecto de una sociedad respecto de otras.

En nuestro derecho, el precepto clave para definir los grupos es el artículo 42 del Código de Comercio. Hasta tal punto ha llegado el valor del precepto, que la propia Ley Concursal, soslayando las discusiones sobre la necesidad de construir un concepto autónomo de grupo a efectos concursales, optó por una remisión general al concepto de dicho artículo.

«1. Toda sociedad dominante de un grupo de sociedades estará obligada a formular las cuentas anuales y el informe de gestión consolidados en la forma prevista en esta sección.

Existe un grupo cuando una sociedad ostente o pueda ostentar, directa o indirectamente, el control de otra u otras. En particular, se presumirá que existe control cuando una sociedad, que se calificará como dominante, se encuentre en relación con otra sociedad, que se calificará como dependiente, en alguna de las siguientes situaciones:

a) Posea la mayoría de los derechos de voto.

b) Tenga la facultad de nombrar o destituir a la mayoría de los miembros del órgano de administración.

c) Pueda disponer, en virtud de acuerdos celebrados con terceros, de la mayoría de los derechos de voto.

d) Haya designado con sus votos a la mayoría de los miembros del órgano de administración, que desempeñen su cargo en el momento en que deban formularse las cuentas consolidadas y durante los dos ejercicios inmediatamente anteriores. En particular, se presumirá esta circunstancia cuando la mayoría de los miembros del órgano de administración de la sociedad dominada sean miembros del órgano de administración o altos directivos de la sociedad dominante o de otra dominada por ésta. Este supuesto no dará lugar a la consolidación si la sociedad cuyos administradores han sido nombrados, está vinculada a otra en alguno de los casos previstos en las dos primeras letras de este apartado.

A los efectos de este apartado, a los derechos de voto de la entidad dominante se añadirán los que posea a través de otras sociedades dependientes o a través de personas que actúen en su propio nombre pero por cuenta de la entidad dominante o de otras dependientes o aquellos de los que disponga concertadamente con cualquier otra persona.

2. La obligación de formular las cuentas anuales y el informe de gestión consolidados no exime a las sociedades integrantes del grupo de formular sus propias cuentas anuales y el informe de gestión correspondiente, conforme a su régimen específico.

3. La sociedad obligada a formular las cuentas anuales consolidadas deberá incluir en ellas, a las sociedades integrantes del grupo en los términos establecidos en el apartado 1 de este artículo, así como a cualquier empresa dominada por éstas, cualquiera que sea su forma jurídica y con independencia de su domicilio social.

4. La junta general de la sociedad obligada a formular las cuentas anuales consolidadas deberá designar a los auditores de cuentas que habrán

de controlar las cuentas anuales y el informe de gestión del grupo. Los auditores verificarán la concordancia del informe de gestión con las cuentas anuales consolidadas.

5. Las cuentas consolidadas y el informe de gestión del grupo habrán de someterse a la aprobación de la junta general de la sociedad obligada a consolidar simultáneamente con las cuentas anuales de esta sociedad. Los socios de las sociedades pertenecientes al grupo podrán obtener de la sociedad obligada a formular las cuentas anuales consolidadas los documentos sometidos a la aprobación de la Junta, así como el informe de gestión del grupo y el informe de los auditores. El depósito de las cuentas consolidadas, del informe de gestión del grupo y del informe de los auditores de cuentas en el Registro Mercantil y la publicación del mismo se efectuarán de conformidad con lo establecido para las cuentas anuales de las sociedades anónimas.

6. Lo dispuesto en la presente sección será de aplicación a los casos en que voluntariamente cualquier persona física o jurídica formule y publique cuentas consolidadas. Igualmente se aplicarán estas normas, en cuanto sea posible, a los supuestos de formulación y publicación de cuentas consolidadas por cualquier persona física o jurídica distinta de las contempladas en el apartado 1 del presente artículo».

Así pues, hay grupo de sociedades cuando una sociedad está en disposición de ostentar el control de otra u otras, directa o indirectamente. No se incluyen por tanto, los supuestos de control externo, basado en un contrato o en una estipulación estatutaria, ni tampoco los casos de control conjunto, con una pluralidad de sociedades dominantes.

‖ Sociedad civil

El bien jurídico protegido de forma inmediata en los delitos societarios es el patrimonio particular y el funcionamiento corporativo, pero estos bienes jurídicos se protegen en la medida en que afectan a un bien jurídico mediato, que suele identificarse con el orden socioeconómico, o con el normal funcionamiento de las entidades como protagonistas principales del tráfico mercantil. Por ello, la distinción tradicional de la parte general del derecho de sociedades entre sociedades civiles y sociedades mercantiles, debe adaptarse a las peculiaridades de los fines de protección de las normas penales.

Los delitos societarios, desde este punto de vista, protegen el funcionamiento de las sociedades que participan en el tráfico mercantil. Si bien es cierto que la sociedad civil constituye el marco general del contrato de sociedad, dentro de él las sociedades mercantiles constituyen una especie. Y dentro del particular ámbito mercantil, la sociedad colectiva constituye el marco jurídico mínimo al que pueden reconducirse todas las formas corporativas que no cuenten con una regulación típica especial. Por tanto, todas las formas sociales de entidades que persiguen una actividad mercantil, que no cuenten con una regulación típica, se reconducen a la sociedad colectiva. Este será el marco jurídico de referencia a la hora de identificar cada una de las conductas tipificadas en los llamados delitos societarios.

En este sentido, si las entidades, —potenciales sujetos pasivos de los delitos—, actúan sujetos al régimen jurídico típico de alguna forma social mercantil, —que por definición determinan la mercantilidad del fin—, no se plantearán problemas. Si se apartan de este régimen típico, pero participan en el mercado, se encuentran igualmente comprendidos en la tutela penal, y en sus relaciones jurídicas se someterán a las reglas de la sociedad colectiva, como tipo mercantil básico.

Debe tenerse en cuenta, que por razones de diversa índole, en nuestro derecho existen actividades que tradicionalmente se han adscrito al ámbito civil, aunque se desarrollen en el mercado a través de formas corporativas. Es el caso de las actividades agropecuarias o de algunas actividades desarrolladas por profesionales liberales. Aunque estas actividades se persigan por una sociedad que responda al tipo de la sociedad civil, en la medida en que se trate de actividades que supone una participación de modo permanente en el mercado, se encontrarán incluidas en el artículo 297 del CP.

|| Comunidades de bienes

Las comunidades de bienes carecen de personalidad jurídica, pero ya hemos dicho que este dato en sí mismo no es relevante a los fines que ocupan. La sociedad es un contrato, y las comunidades de bienes se conciben simplemente como una forma de titularidad colectiva sobre ciertos objetos patrimoniales, aunque gocen de subjetividad fiscal. La sociedad es un fenómeno que se presenta hacia el exterior, como una organización personificada. El supuesto conflictivo, donde ambos fenómenos pueden coexistir, es en el ámbito de la sociedad interna, cuando la sociedad no se presenta como tal. Si una comunidad se manifiesta al exterior como forma de explotación de una empresa, participa de modo permanente en el mercado, y en consecuencia se le deben aplicar las normas de la sociedad colectiva, porque se trata de una sociedad mercantil irregular. En tal caso estarían comprendidas en la norma comentada.

|| UTES

Las uniones temporales de empresas son uniones contractuales de empresarios que se asociación para acometer una determinada actividad, por causas diversas (abaratamiento de costes de explotación, acometimiento de inversiones que rebasan las capacidades individuales de los asociados, reparto de riesgos, etc.). Suponen la forma más sencilla de grupo de empresas (los empresarios, para los fines anteriores, pueden formar otras entidades de tipo mutualista, como cooperativas o agrupaciones de interés económico). Las UTES cuentan con una regulación parcial, de tipo fiscal, en la Ley 18/1982, de 26 de mayo, sobre régimen fiscal de agrupaciones y uniones temporales de Empresas y de las Sociedades de desarrollo industrial regional. Como forma de asociación entre empresarios, y pese a que carezcan de personalidad jurídica, las UTES, por definición, participan en el mercado. La mayoría de la doctrina atiende al elemento de la temporalidad para afirmar su incompatibilidad con la exigencia de permanencia en el ejercicio de una actividad económica, de modo que no pueden ser sujetos pasivos del delito societario. A nuestro juicio, este dato es secundario, lo relevante para negar la posibilidad de que pueda ser sujeto pasivo de estos delitos es la falta de una organización común y de un patrimonio separado, así como de órganos específicos de administración en sentido propio (el gerente de la UTE no es un administrador). Lo que, está claro, es que no impide que las conductas delictivas cometidas en su seno puedan tipificarse como delitos diversos (por ejemplo, la conducta desleal del gerente, como factor común, puede integrar el delito de administración desleal).

> **CUESTIÓN:**
>
> **¿Pueden las sociedades en formación ser sujetos pasivos de los delitos societarios?**
>
> El criterio económico debe prevalecer sobre el meramente jurídico, de haber cumplido con todos los requisitos legales para desarrollar una concreta actividad. De ahí, por ejemplo, que en la definición de los tipos se use indistintamente la expresión de sociedad «constituida o en formación». La sociedad en formación no ha completado el proceso para llegar a gozar de personalidad jurídica, pero en la medida en que intervenga en el mercado puede ser sujeto pasivo del delito.

1.5. Delitos penales en blanco

Delitos penales en blanco

La utilización de leyes penales en blanco puede suponer una vulneración del principio de legalidad en derecho penal. El principio de legalidad penal conlleva cuatro exigencias: *lex scripta, lex certa, lex previa* y *lex stricta*, es decir, ley escrita, cierta, previa y estricta. Las dos primeras exigencias pueden verse afectadas por la existencia de las normas penales que hacen un reenvío a normas de rango menor.

Asimismo, también implica una vulneración del principio de separación de poderes, puesto que habilita al poder ejecutivo para que instituya prohibiciones penales, lo cual debería estar reservado al poder legislativo.

Los denominados «Delitos societarios», incluidos en el capítulo XIII del título XIII del Código Penal, constituyeron una relevante novedad del Código de 1995, en un momento en el que ciertos escándalos financieros habían acentuado la demanda de la represión penal de la delincuencia económica, a la que se consideraba impune frente a los tipos tradicionales de los delitos contra el patrimonio.

A pesar de ello, desde su origen, la forma de seleccionar y tipificar estos comportamientos a través de la técnica de las leyes penales en blanco resultó polémica, abriéndose incluso el debate sobre la conveniencia de la existencia misma de estos delitos. Se objetaba por cierto sector de la doctrina que la mayoría de las conductas descritas en el capítulo podían subsumirse en tipologías generales ya existentes como falsedades, coacciones, desobediencia, apropiación indebida, entre otros.

Desde un punto de vista más pragmático, se subrayaba el aspecto disfuncional de estos tipos delictivos, susceptibles de ser utilizados en ocasiones de forma espuria, a través de la instrumentalización del derecho penal para la consecución de fines diversos. No puede negarse que la práctica gratuidad de la justicia penal —la imposición de costas al denunciante o al querellante resulta un hecho insólito— y su efecto estrepitoso —el proceso como instrumento de estigmatización pública—, especialmente en sectores particularmente sensibles a la confianza del público, ha constituido un campo abonado para denuncias o querellas interesadas. La propia configuración de las conductas delictivas mucho nos tememos que ha contribuido a este resultado.

El principio de legalidad penal determina que las leyes penales son las que tienen que recoger los comportamientos que se pueden considerar como delitos y las sanciones que se pueden imponer a los mismos y afirma que la ley tiene que recoger con exactitud los mismos.

Sin embargo, en la práctica la precisión de las leyes respecto a los delitos y sus sanciones no siempre es perfecta y es en este momento, donde adquieren relevancia las denominadas como **normas penales en blanco**.

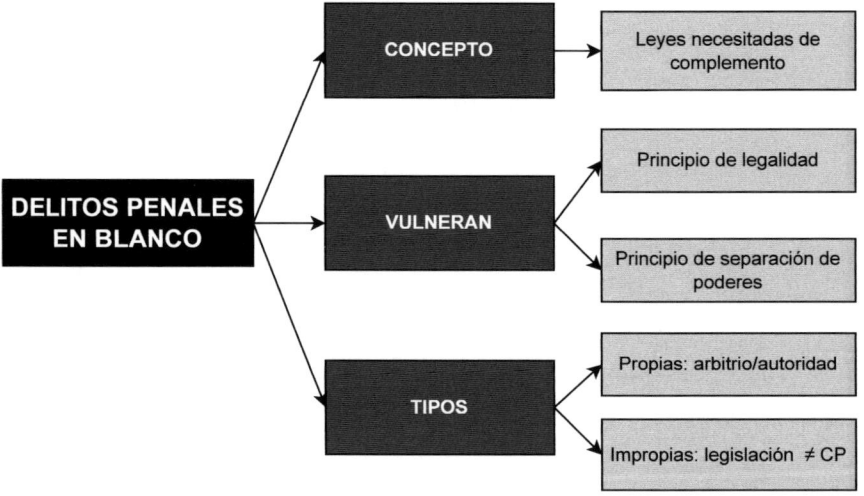

CUESTIÓN

¿Cuándo es probable que se den las normas penales en blanco?

- En el caso en que la descripción de la conducta que puede ser considerada como delito se realiza en una disposición contenida dentro de la misma ley penal (pero en otro precepto distinto al de la sanción de la misma), caso que en realidad se da cuando hablamos de leyes penales en blanco impropias.

- En el caso en el que el comportamiento considerado como delito se recoge en una ley diferente pero que también emana de la misma instancia legislativa.

- En el caso de que el comportamiento que se considera como delito se recoja en una norma diferente, norma que puede tener rango superior o rango inferior a la ley penal.

Dentro de la familia de este tipo de norma podemos discernir entre dos tipos:

- **Propias**: cuyo contenido queda al arbitrio de la autoridad correspondiente. Esto quiere decir que el legislador deja un campo más abierto a la autoridad competente a la hora de juzgar un caso, ya sea en la interpretación o en el modo de enmarcar los supuestos tipificados.

- **Impropias**: en este caso este tipo de normas remiten a otra legislación distinta al Código penal, ya sean otras leyes de la misma instancia o convenios internacionales.

Las normas penales en blanco son una figura muy necesaria y recurrente en nuestro ordenamiento ya que evita invalidez de la ley. Su fundamento descansa sobre la idea de ligar los supuestos de hecho relacionados con otras ramas del ordenamiento en las que la actividad legislativa es continua debido al carácter cambiante de las materias que son objeto de regulación.

Los problemas respecto a las normas penales en blanco surgen de los dos últimos casos, por ser el primero realmente un caso de leyes penales en blanco consideradas como impropia y es más, respecto a la problemática de las mismas, algunos autores consideran incluso que el problema se reduce simplemente a aquellos casos en los que el comportamiento humano considerado como delictivo esté recogido en una norma de rango inferior a la ley penal y sólo en este caso (respecto a esto lo que sí hay que decir es que son los casos en los que se plantean mayores problemas, pero no son los únicos).

El problema de que la conducta delictiva se recoja en una norma de rango inferior al legal tiene como primer problema el relacionado con la necesidad de conocimiento de la antijuridicidad por los individuos a los que dicha norma va destinada, puesto que los mismos pueden conocer que una determinada conducta tenga como consecuencia jurídica una determinada sanción, pero de recogerse dicha conducta en una norma inferior a la legal, no tienen por qué tener conocimiento de que dicha conducta constituye realmente un delito (es el caso de que la conducta considerada delito se contenga en una norma administrativa).

Por una parte, el **Tribunal Constitucional en la sentencia n.º 127/1990, de 5 de julio, ECLI:ES:TC:1990:127**, expone lo siguiente en cuanto a las leyes penales en blanco:

> «(...) es posible la incorporación al tipo de elementos normativos (STC 62/1982) y es conciliable con los postulados constitucionales la utilización legislativa y aplicación judicial de las llamadas leyes penales en blanco (STC 122/1987); esto es, de normas penales incompletas en las que la conducta o la consecuencia jurídico-penal no se encuentre agotadoramente prevista en ellas, debiendo acudirse para su integración a otra norma distinta, siempre que se den los siguientes requisitos: que el reenvío normativo sea expreso y esté justificado en razón del bien jurídico protegido por la norma penal; que la ley, además de señalar la pena, contenga el núcleo esencial de la prohibición y sea satisfecha la exigencia de certeza o, como señala la citada STC 122/1987, se dé la suficiente concreción, para que la conducta calificada de delictiva quede suficientemente precisada con el

complemento indispensable de la norma a la que la ley penal se remite, y resulte de esta forma salvaguardada la función de garantía de tipo con la posibilidad de conocimiento de la actuación penalmente conminada».

Por otro lado, la **Audiencia Provincial de Madrid en la sentencia n.º 193/2008, de 16 de abril, ECLI:ES:APM:2008:4485,** señala que «por leyes penales en blanco se deben entender aquellas que sólo contienen una amenaza penal para la infracción de otra norma a la cual remiten».

Otro de los problemas, quizá considerado como el más importante, es el que trata de la seguridad jurídica que se entronca con lo que sería el principio de legalidad penal. Y esto es así porque si se permite a la Administración crear esas normas, realmente se va en contra del principio de legalidad que consideraba al legislador como el único que podía considerar que comportamientos eran delitos y las sanciones que podían imponerse a los mismos. Además, si se deja a merced de la Administración la creación o modificación de tipos penales, se va en contra de la seguridad jurídica, que aboga por seguir los procedimientos legislativos ordinarios a la hora de considerar determinadas conductas como delictivas.

No se iría en contra del principio de legalidad penal, en cambio, si la ley se remite para fijar un determinado comportamiento considerado como delito a una norma de rango inferior a la ley. Sin embargo, hay que destacar que, para cumplir perfectamente con dicho principio de legalidad, es necesario que, aunque este recoja una conducta que puede ser delictiva, realmente el delito y las sanciones que se pueden imponer al mismo, se recojan en una ley penal.

Si existen estos problemas respecto a la norma penal en blanco, hay que explicar entonces el porqué de la utilización de dichas normas.

La misión de las mismas se encuentra principalmente en el hecho de que constituye una técnica legislativa que es necesaria para expandir el derecho penal a otros ámbitos de regulación distintos a los ordinarios que empiezan a surgir (caso del medio ambiente, derecho urbanístico) actuando como un mecanismo de integración respecto a estos nuevos ámbitos.

|| Finalidad de la incriminación de los delitos societarios

La tipificación del año 1995 de los delitos societarios parecía obedecer a los siguientes fines:

- **Cubrir lagunas de punibilidad:** el legislador recogía en el Código Penal nuevas formas de agresión contra el patrimonio que se podían subsumir en los tipos patrimoniales clásico y que, sin embargo, consideraba merecedoras de castigo penal. Estas formas de criminalidad resultan posibles gracias a que en las sociedades existe generalmente una disociación entre titularidad y gestión del patrimonio (socios-órgano de administración), así como una división del patrimonio en diversos titulares (socios), de manera que generan situaciones en las que los socios-administradores deciden sobre los intereses de los demás socios y, al hacerlo, pueden lesionar los deberes de lealtad que rigen esas relaciones.

- **Intervenir en ámbitos reservados al derecho mercantil**: el legislador del año 1995 tipificó algunos tipos societarios con la finalidad adicional de intervenir en ámbitos reservados hasta dicha fecha exclusivamente al derecho mercantil. Así, por ejemplo, el artículo 293 del CP, el cual tipifica el impedimento o negación al socio del ejercicio de determinados derechos sociales, constituye una intervención del derecho penal en un ámbito en el que, hasta la promulgación del Código Penal, solo existía respuesta en el derecho privado (derecho mercantil).

- **Proteger bienes jurídicos supraindividuales**: con estos nuevos tipos delictivos lo que se trataba era de proteger el buen funcionamiento de las sociedades. Con todo, debemos destacar que este bien jurídico protegido no tiene repercusiones prácticas en la interpretación de los tipos penales concretos, sino que solo se recurre a él para justificar la tipificación de los nuevos delitos.

- **Recurrir al derecho penal como refuerzo del ejercicio de las funciones de control del Estado**: en este sentido, el artículo 294 del CP, el cual tipifica la obstaculización de la actividad inspectora de la Administración por parte de los administradores de entidades sometidas a supervisión administrativa, sugería que el legislados del año 1995 quiso utilizar el derecho penal como refuerzo de las funciones de control del Estado sobre determinadas clases de sociedades especialmente importantes.

1.6. Delimitación del ilícito entre la jurisdicción civil y la penal

Delimitación del ilícito entre la jurisdicción civil y la jurisdicción penal

Es altamente ilustrativo el **auto de la Audiencia Provincial de Salamanca n.º 237/2017, ECLI:ES:APSA:2017:238A**, que señala lo siguiente:

«(...) la comprobación de hechos objeto de cualquier querella o denuncia exige la existencia de una mínima apariencia de tipicidad penal, deducible de las imputaciones o simples informaciones fácticas deducidas por quien intenta a través de dicho mecanismo iniciar el proceso penal, lo que comporta, por definición, un primer juicio de valor sobre verosimilitud y tipicidad criminal de los referidos hechos, referido lógicamente a los propios hechos contenidos en la denuncia sin cuestionar en esa primera fase su completa credibilidad, pero sí el tema atinente a si revisten o no suficiente apariencia de tipicidad penal; en definitiva, se trata de determinar lo que ha sido denominado la "fundabilidad" en grado suficiente de la querella conforme al artículo 313 de la Ley de Enjuiciamiento Criminal, pues aunque se comparta el criterio general de un genérico deber procesal de instrucción expresado por el Tribunal Constitucional, también tiene declarado dicho Tribunal que la puesta en marcha de una pretensión punitiva exige un extremado juicio de ponderación sobre su admisibilidad; en otras palabras, debe analizarse si los hechos en que se sustenta toda denuncia o querella no sólo soportan un inicial juicio crítico de verosimilitud sino que además suponen indicios, por mínimos o difusos que sean en este momento inicial, de que tales hechos revisten caracteres delictivos llegado el caso de que se confirmen».

Es importante señalar que estos problemas no deben confundirse con las cuestiones de prejudicialidad, ni con los problemas de concurrencia de resoluciones contradictorias emanadas de órganos judiciales de los diversos órdenes, a resolver por la vía del amparo constitucional.

Como es sabido, el derecho constituye un instrumento formal que el Estado tiene a su disposición para la resolución de conflictos sociales. También es sobradamente conocido que el derecho se divide en diferentes ramas, y que cada una de ellas resuelve los conflictos sociales de un modo diferente. Así, por ejemplo:

- El derecho civil se encarga de restablecer la situación que se ha visto afectada por el conflicto a su estado anterior, haciendo recaer la carga de reparar el daño a quien lo ha causado, o a quien se ha beneficiado de su causación. Es decir, el derecho civil repara el daño causado.

- El derecho penal, en cambio, pretende evitar mediante la imposición de la pena que en el futuro vuelva a producirse el conflicto social que motiva su intervención. Es decir, el derecho penal castiga con penas para evitar la comisión futura de delitos.

En muchas ocasiones, la realización de una conducta delictiva ocasiona daños o perjuicios patrimoniales o morales en la víctima o en terceras personas. Sensible a esta circunstancia, y con el objeto de evitarle la llamada «peregrinación de jurisdicciones», el derecho penal español permite a la víctima del delito solicitar en el procedimiento penal tanto la responsabilidad penal por el hecho como la reparación del daño. Ello se debe a que nuestro ordenamiento jurídico-penal contempla, junto a las penas y las medidas de seguridad, la responsabilidad civil derivada de delito como tercera posible consecuencia jurídica que puede acarrear la comisión de un delito.

En esta línea, el **art. 116** de la Ley de Enjuiciamiento Criminal dispone que:

«La extinción de la acción penal no lleva consigo la de la civil, a no ser que la extinción proceda de haberse declarado por sentencia firme que no existió el hecho de que la civil hubiese podido nacer.

En los demás casos, la persona a quien corresponda la acción civil podrá ejercitarla, ante la jurisdicción y por la vía de lo civil que proceda, contra quien estuviere obligado a la restitución de la cosa, reparación del daño o indemnización del perjuicio sufrido».

En base al citado precepto, puede concluirse que el perjudicado podrá reservarse el derecho de solicitar la reparación del daño por parte del responsable civil en un procedimiento civil. Ante este escenario, en el que, por una parte, puede no estar claro si un hecho es, o no, constitutivo de delito o mero ilícito civil, y, por otra, la víctima puede solicitar la responsabilidad civil *ex delicto* tanto en la vía penal como en la civil.

RESOLUCIÓN RELEVANTE

Auto del Tribunal Supremo, rec. 91/2019, de 15 de marzo de 2022, ECLI:ES:TS:2022:3865A

«La acción civil dimanante de delito no cambia por el tipo de jurisdicción ante la que se ejercite. Las características que rodean la acción penal, derivadas de las consecuencias que se anudan a ella (afectación de derechos básicos como la libertad), no son trasplantables automáticamente y sin razones especiales a la acción civil dimanante de delito o a otras pretensiones no penales que el legislador permite ventilar en el proceso penal.

La presunción de inocencia, por ejemplo, juega solo respecto de los aspectos penales y no de los civiles. Por eso el art. 116LECrim permite que tras el proceso penal se pueda ejercitar una acción civil basada en hechos que la jurisdicción penal no ha considerado probados, sin que al legislador le inquiete que se llegue a decisiones no congruentes entre sí.

Eso es algo afirmado en los dos precedentes de esta Sala que se invocaban. Ciertamente en esos casos las repercusiones penales del juicio fáctico revisado o no existían o eran sorteables en cuanto no era obligado —aunque sí factible— Incrementar las penas. Pero no tendría sentido decir que solo cabe revisar los aspectos civiles o, en general, no penales (en este supuesto los estrictamente tributarios no sancionatorios) cuando carecen de repercusión punitiva y no en los demás casos. En último término, la sentencia lo que hace es considerar probadas las cuantías defraudadas que se derivan del informe cuyas premisas —y por tanto sus conclusiones— se acogen, aunque eludiendo su proyección en el ámbito punitivo por cuanto poderosas razones procesales lo impiden, en concreto la imposibilidad de empeorar por vía de recurso la situación penal —que no la civil— del acusado».

Así pues, el derecho penal es la rama del ordenamiento jurídico que representa una mayor restricción para la libertad del individuo, y que, por esta razón, debe reservarse para los conflictos sociales más graves. En un Estado social y democrático, el Estado no debe intervenir penalmente todo lo posible, sino lo mínimo indispensable. Así lo impone el llamado **principio de intervención mínima del Derecho penal**. Pero ¿cuáles son los conflictos sociales más graves? Aquéllos que vienen provocados por las conductas más peligrosas para los intereses sociales más importantes. Así lo determinan dos de los principales principios derivados del carácter social de nuestro modelo de Estado: el principio de protección exclusiva de bienes jurídicos y el de fragmentariedad del derecho penal.

Uno de los intereses que mayor solapamiento suscita entre el derecho civil y el derecho penal es el **patrimonio**.

El **Tribunal Supremo en la sentencia n.º 434/2014, de 3 de junio, ECLI:ES:TS:2014:2392**, incide en la **distinción entre dolo civil y el dolo penal**.

«Asimismo en sede teórica procede recordar la distinción entre dolo civil y el dolo penal. En STS. 16.10.2007 se indicaba que: "la línea divisoria entre el dolo penal y el dolo civil en los delitos contra el patrimonio, se sitúa la tipicidad, de modo que únicamente si la conducta del agente se incardina en el precepto penal tipificado del delito de estafa o apropiación indebida es punible la acción, no suponiendo ello criminalizar todo incumplimiento contractual, porque el ordenamiento jurídico establece remedios para restablecer el imperio del Derecho cuando es conculcado por vicios puramente civiles..." En definitiva la tipicidad es la verdadera enseña y divisa de la antijuridicidad penal, quedando extramuros de ella el resto de las ilicitudes para las que la "sanción" existe pero no es penal. Solo así se salvaguarda la función del derecho penal, como última ratio y los principios de legalidad y de mínima intervención que lo inspira».

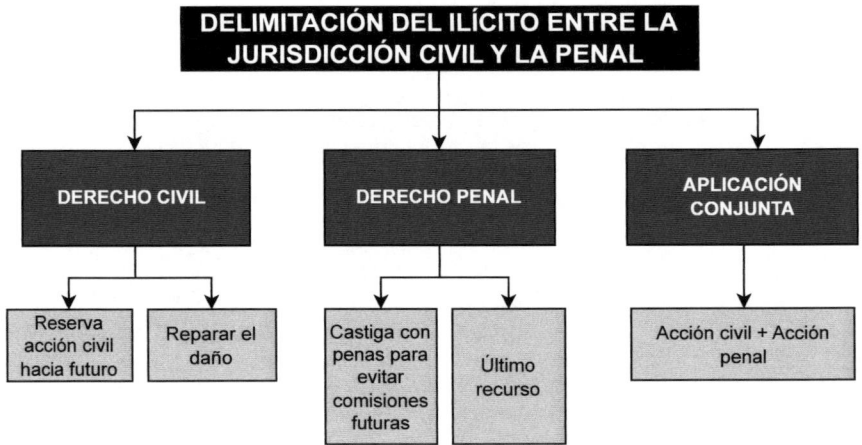

1.7. Condición de perseguibilidad

Artículo 296 del Código Penal: la perseguibilidad en los delitos societarios

Conviene referirse brevemente a los antecedentes prelegislativos del precepto:

- El Proyecto de 1980 ya establecía en su artículo 297, correspondiente al 296 actual, el sistema de persecución especial, relegando la acción pública y decantándose por una acción semipública, ya que la intervención del Ministerio Fiscal quedaba limitada a supuestos muy concretos.

- El Proyecto de 1983 escindía la rúbrica del título y dedicaba uno específicamente a los delitos socioeconómicos, dentro de los cuales incluyó, bajo la denominación de delitos financieros, varias figuras delictivas semejantes a los actuales delitos societarios, sin hacer una mención específica a la forma de persecución, inclinándose, por tanto, por el sistema de persecución pública sin matizaciones o especificaciones.

- El Proyecto de 1992 volvió a la rúbrica de delitos contra el patrimonio y contra el orden socioeconómico y estableció un sistema mixto en cuanto a su perseguibilidad, decantándose por la querella de los perjudicados o del Ministerio Fiscal, que la interpondrá solamente, cuando se aprecie peligro para intereses de terceros o generales.

- El sistema propugnado por el Proyecto de 1994 y que mantiene el actual Código Penal de 1995 combina la persecución privada, que parece prioritaria, con la semipública, encomendando al Ministerio Fiscal la defensa de los intereses de los incapacitados y los de carácter general o de una pluralidad de personas.

El artículo 296 del CP establece que:

> «1. Los hechos descritos en el presente capítulo, sólo serán perseguibles mediante denuncia de la persona agraviada o de su representante legal. Cuando aquélla sea menor de edad, incapaz o una persona desvalida, también podrá denunciar el Ministerio Fiscal.
>
> 2. No será precisa la denuncia exigida en el apartado anterior cuando la comisión del delito afecte a los intereses generales o a una pluralidad de personas».

La jurisprudencia ha tratado de aclarar algunas cuestiones. La **sentencia del Tribunal Supremo n.º 620/2004, de 4 de junio, ECLI:ES:TS:2004:3869**, justifica la existencia de esta condición objetiva de perseguibilidad, que convierte en semipública la persecución de estos delitos, diciendo «que viene a ser una consecuencia del principio de intervención mínima del Derecho Penal, que en los delitos societarios puede tener una especial incidencia en la medida que el ejercicio de acciones en vía civil, pudiera ser suficiente para conseguir la tutela de los derechos de los asociados, evitando criminalizaciones innecesarias». Este presupuesto tiene aplicación retroactiva desplegando su eficacia en el caso de que se estimase aplicable el anterior Código Penal.

La jurisprudencia del Tribunal Supremo ha señalado que el elemento típico integrante del ilícito penal es la existencia del perjuicio, y precisamente como consecuencia de tal elemento, es por lo que únicamente son activables (perseguibles) mediante denuncia de los **agraviados** (salvo cuando afecten a los intereses generales o a una pluralidad de personas). En consecuencia, si no hay perjuicio, no hay delito.

Señala el Supremo en **sentencia n.º 512/2018, de 29 de octubre, ECLI:ES:TS:2018:4034**, que «la referencia al agraviado que se recoge en el artículo 296 del C.P., no tiene porqué coincidir necesariamente con los perjudicados (STS 620/2004, de 4 de junio), sino que lo que la regla prosecutoria impone es la existencia de una denuncia o querella de quienes soportan efectivamente los perjuicios (STS 425/2016, de 19 de mayo), lo que no es sino el concreto reflejo de una protección penal orientada a aquellos que ostentan posiciones minoritarias en el capital o el entramado social».

De conformidad con el citado precepto, los delitos societarios solamente son perseguibles previa denuncia de la persona agraviada, salvo que la comisión del delito afecte a los intereses generales o a una pluralidad de personas.

La condición de perseguibilidad ha recibido una dura crítica por parte de la doctrina porque la lógica de la perseguibilidad a instancia de parte, a saber, la de dejar la persecución penal en manos de una persona individual afectada por el comportamiento, no es compatible con la idea de que los delitos societarios protegen bienes jurídicos supraindividuales. Ante esto, hay quienes han intentado salvar el obstáculo de la siguiente manera; partiendo de la identificación de intereses generales con bienes jurídicos supraindividuales, han sostenido que la denuncia no será individual (para el buen funcionamiento de las sociedades).

En los delitos societarios que no son delitos de lesión resulta difícil determinar quién es el agraviado. Para evitar que la inexistencia del perjudicado haga imposible la persecución penal, se interpreta que el agraviado incluye a aquél cuyos intereses se podrían haber visto sometidos a un peligro, con independencia de que haya sufrido o no un perjuicio efectivo. Sin embargo, en estos casos, en los que resulta difícil determinar un agraviado solamente queda la vía del Ministerio Fiscal si se constata afectación de los intereses generales o pluralidad de personas.

Asimismo, en este tipo de delitos operan las denominadas prohibiciones de proceder. Según dispone el artículo 103 de la LECrim:

> «Tampoco podrán ejercitar acciones penales entre sí:
> 1.º Los cónyuges, a no ser por delito o falta cometidos por el uno contra la persona del otro o la de sus hijos, y por el delito de bigamia.
> 2.º Los ascendientes, descendientes y hermanos por naturaleza, por la adopción o por afinidad, a no ser por delito o falta cometidos por los unos contra las personas de los otros».

Conforme a este precepto no pueden ejercitar acciones penales entre sí ni los cónyuges, ni los ascendientes, descendientes y hermanos por naturaleza, por adopción o por afinidad a no ser por delitos cometidos por los unos contra las personas de los otros.

Esta prohibición implica que el familiar afectado por el delito puede denunciar, pero no ejercitar la acción penal en el proceso.

Asimismo, dicha prohibición no afecta a los delitos contra las personas, sino solo a los delitos contra el patrimonio.

RESOLUCIÓN RELEVANTE

Sentencia del Tribunal Superior de Justicia de Castilla y León n.º 6/2022, de 20 de enero, ECLI:ES:TSJCL:2022:268

«Como dice la sentencia del Tribunal Supremo de 28 de septiembre de 2018, este precepto normativo pone de manifiesto, como subraya gran parte de la doctrina, que la simple detentación de la condición de pariente, al menos de un determinado grado de parentesco, origina una desprotección casi absoluta en la posible conculcación del derecho a una tutela judicial efectiva', sentencia que también manifiesta que la relación sobrino-tío no entra en el ámbito de acción

del precepto, y así razona *"Como expresamente reconoce el recurrente la falta de legitimación procesal de una de las acusaciones puede ser suplida si otra acusación, que no ostente tales impedimentos por razón de parentesco, formula acusación correctamente, como ocurre en el presente supuesto, en el que también se formuló acusación contra el recurrente por Adolfina, hija de África y sobrina del recurrente —por tanto, unidos por una relación de parentesco colateral de segundo grado—, y no siendo de aplicación en esa relación entre acusación y acusado ni el artículo 103 de la Ley de Enjuiciamiento Criminal, ni el artículo 268 del Código Penal".*

Por lo demás, incidiendo en la virtualidad de este artículo 103 LECRIM, estamos de acuerdo con la sentencia cuando, razona que evidentemente es distinta naturaleza y operatividad de los artículos 103 LECr y 268 del CP, en cuanto que el primero opera en el ámbito procesal de la constitución de la relación jurídico procesal, excluyendo la capacidad para constituirse en parte acusadora contra determinados parientes sin afectar a la legitimidad del Ministerio Fiscal para sostener la acusación, mientras el segundo opera en el ámbito material excluyendo la punibilidad si se dan los requisitos para ello. Ambos preceptos difieren en su ámbito objetivo y no coincidir totalmente en el subjetivo, pero también es cierto, como dice la STS 933/2010, que la exégesis del uno no puede hacerse con absoluta independencia del otro. Como indica la sentencia de instancia, la reciente STS de 12 de diciembre de 2018, abundando en esta idea, que declara al respecto de las consecuencias lleva consigo el artículo 103 L.E.Crim, entre otras ....que debe aplicarse por el juez de instrucción y no debe esperarse a que tenga que pronunciarse el órgano de enjuiciamiento, y que quienes se encuentren dentro del ámbito de las relaciones familiares contempladas en el art. 103 carecerán de acción penal que poder ejercer contra los infractores, ..., la acción penal ha de tenerse por inexistente, y faltando un requisito inexcusable de procedibilidad, unido a la falta de acusación, la persecución no podrá realizarse. No debe admitirse la acusación particular en estos casos y si el Ministerio Fiscal no formula acusación, aunque pueda haber denuncia, debe archivarse la causa respecto del afectado...Nótese que lo que se veta es la legitimación para ejercer la acusación particular, ... Pero no puede olvidarse que, y también lo declarara esa sentencia que 'se incide por la doctrina en que el art. 103 LECrimno afecta para nada a la facultad para denunciar y a la eficacia procesal de la denuncia, si bien ésta quedará condicionada a que bien por el Ministerio Fiscal como defensor del orden público en los delitos perseguibles de oficio, o bien por tercera persona, se ejercite la acusación'. Y en el presente caso, la circunstancia de que unos sean los acusadores —los sobrinos— y otra sea la perjudicada —la tía y hermana del acusado—, se ha convertido en un dato inocuo, desde el momento en el que existe el ejercicio de la acción penal por parte del Ministerio Fiscal. Y como indica la propia sentencia en la que se basa la sentencia de la instancia (12 de diciembre de 2018 (ROJ: STS 4215/2018),en la que después de hacer un profundo estudio de la distinta naturaleza del artículo 103 de la Ley de Enjuiciamiento Criminal y el artículo 268 del Código Penal, que operan en fases distintas y tienen distintos efectos *"Distinto es que aunque concurra el presupuesto prohibitivo del art. 103 LECRIM se efectúe la formulación de una denuncia y que el Fiscal ejercite, en su caso, la acción penal, porque en estos casos la excusa absolutoria se aplicaría, o no, atendiendo a si concurren los presupuestos que requiere el art. 268 CP, y que se aplica a los cónyuges que no estuvieren separados legalmente o de hecho o en proceso judicial de separación, divorcio o nulidad de su matrimonio y los ascendientes, descendientes y hermanos por naturaleza o por adopción, así como los afines en primer grado si viviesen juntos, por los delitos patrimoniales que se causaren entre sí, siempre que no concurra violencia o intimidación, o abuso de la vulnerabilidad de la víctima, ya sea por razón de edad, o por tratarse de una persona con discapacidad"».*

CUESTIONES

1. En caso de que el administrador de la sociedad (hermano de los socios) cometa un delito societario, ¿podrán presentar denuncia sus hermanos?

De conformidad con el artículo 103 de la LECrim, los hermanos, socios del administrador de la sociedad, pueden presentar la denuncia en el ámbito penal por la comisión de delitos societarios.

2. Y qué pasa cuando los cónyuges están separados de hecho o se ha presentado la demanda de separación o divorcio, ¿es posible la acción penal?

Según la jurisprudencia del Tribunal Supremo resultaría un contrasentido que la persecución de hechos delictivos no amparados en ninguna excusa por razón del parentesco fuera sometida por el legislador a limitaciones que no guardan relación con el fundamento mismo de la exención. Si el ataque al patrimonio de uno de los cónyuges ya no puede resultar impune por desbordar los límites del artículo 268 del CP —separación de hecho o demanda de separación, nulidad o divorcio— carecería de lógica que, con el cuestionable fundamento de la fidelidad a una interpretación estrictamente literal del artículo 103 de la LECrim, la víctima no pudiera promover el ejercicio de la acción penal con el fin de reparar la ofensa sufrida por el delito. En definitiva, cualquier delito cometido entre cónyuges, en ausencia de los presupuestos que justifican la aplicación de la excusa absolutoria prevista en el artículo 268 del CP, podrá ser perseguido por la víctima, sin limitaciones derivadas de la literalidad del artículo 103 de la LECrim, cuyo contenido ha de ser interpretado en estrecha relación con el fundamento y los presupuestos de la exención.

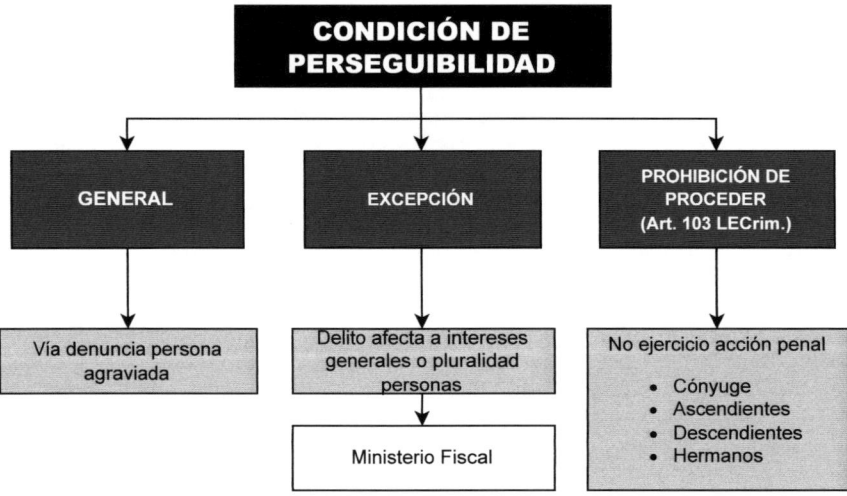

2.
FALSEDAD DE CUENTAS ANUALES

2.1. Conducta típica del artículo 290 del Código Penal

Delito del artículo 290 del Código Penal

El artículo 290 del CP establece que:

> «Los administradores, de hecho o de derecho, de una sociedad constituida o en formación, que falsearen las cuentas anuales u otros documentos que deban reflejar la situación jurídica o económica de la entidad, de forma idónea para causar un perjuicio económico a la misma, a alguno de sus socios, o a un tercero, serán castigados con la pena de prisión de uno a tres años y multa de seis a doce meses.
>
> Si se llegare a causar el perjuicio económico se impondrán las penas en su mitad superior».

Así pues, se trata de un delito de los llamados de peligro en los que la consumación se produce cuando se crea una situación idónea para causar perjuicio a la sociedad.

RESOLUCIÓN RELEVANTE

Sentencia de la Audiencia Provincial de Salamanca n.º 50/2021, de 14 de diciembre, ECLI:ES:APSA:2021:769

«El objeto material sobre el que debe recaer este delito se determina en la definición legal con un "numerus apertus" en el que solo se singularizan, a modo de ejemplo, las cuentas anuales, esto es, "las que el empresario debe formular al término de cada ejercicio económico y que comprenden el balance, la cuenta de pérdidas y ganancias y la memoria".

Entre los demás documentos, se encontrarán, sin que esto signifique el cierre de la lista de los posibles objetos del delito, "los libros de contabilidad, los libros de actas, los balances que las sociedades que cotizan en Bolsa deben presentar a la Comisión

Nacional del Mercado de Valores, los que las entidades de crédito deben presentar al Banco de España" y, en general, todos los documentos "destinados a hacer pública, mediante el ofrecimiento de una imagen fiel de la misma, la situación económica o jurídica de una entidad que opera en el mercado" (STS 1458/2003, de 7-11).

El delito se comete cuando se falsean las cuentas "de forma idónea para causar un perjuicio económico". Y en todo caso, se distinguen dos subtipos: "uno de mera actividad" (la falsedad documental para subsumirse en esta figura delictiva) cuando el perjuicio no llega a producirse (Párr. 1º), y "otro de resultado", cuando se ha producido (Párr. 2º).

La doctrina señala como bienes jurídicos a tutelar tanto "el tráfico mercantil como los intereses económicos de las sociedades, de sus socios y de las personas que se relacionan con ellos".

La condición de sujeto activo la define "el dominio sobre la vulnerabilidad jurídico-penalmente relevante del bien jurídico", lo que exige considerar que, en este tipo de delitos especiales, la característica constitutiva es "el dominio que los sujetos activos ejercen sobre la concreta estructura social en la que el bien jurídico se halla necesitado de protección y el Derecho penal, a través de semejantes tipos, protege".

Y en cuanto al núcleo de la conducta típica, dice la sentencia 655/2010, falsear en el sentido del art. 290, es "mentir, es alterar o no reflejar la verdadera situación económica o jurídica de la entidad en los documentos que suscriba el administrador de hecho o de derecho", porque así es como "se frustra, además, el derecho de los destinatarios de la información social(sociedad, socios o terceros) a obtener una información completa y veraz sobre la situación jurídica o económica de la sociedad".

Hay que tener en cuenta que ocultar o suprimir datos es una forma "de faltar a la verdad en la narración de los hechos", y por otra, "que el administrador tiene el deber jurídico de cumplir con su cometido con la diligencia de un ordinario empresario y de su representante leal" (art. 127.1 LSA y 61 LSRL), lo que, implícitamente, y en términos generales, le obliga "a ser veraz con la información que suminista sobre la sociedad"».

El delito se comete cuando se falsean las cuentas de forma idónea para causar un perjuicio económico. Y en todo caso, se distinguen dos subtipos:

- Uno de mera actividad: cuando el perjuicio no llega a producirse.
- Otro de resultado: cuando se ha producido.

|| Conducta típica del delito de falseamiento de cuentas anuales

La acción castigada a través del citado precepto está constituida por la actividad de falsear las cuentas anuales u otros documentos que deban reflejar la situación jurídica o económica de una sociedad constituida o en formación, de forma idónea para causar un perjuicio económico a la misma. Los elementos del tipo son los siguientes:

- **Falsear.** La acción falsaria tiene que ser alguna de las previstas en el artículo 390 del CP, es decir, tiene que consistir en:
  - Alterar un documento en alguno de sus elementos o requisitos de carácter esencial.
  - Simular un documento en todo o en parte, de manera que induzca a error sobre su autenticidad.
  - Suponer en un acto la intervención de personas que no la han tenido, o atribuir a las que han intervenido en él declaraciones o manifestaciones diferentes de las que hubieran hecho.

- Faltar a la verdad en la narración de los hechos. A esta última categoría corresponderá el mayor número de hechos incluibles en este tipo penal en la forma de la manipulación contable o «maquillado» de cuentas para ocultar determinados apuntes contables o hacer aparecer una conclusión en el balance positiva o negativa, según los intereses del autor del hecho.

- La falsificación tiene que ser idónea, susceptible de aparentar legitimidad. Una falsedad, sobre todo la material (firmas, alteración de partes de un documento legítimo, etc.), que sea burda e incapaz de aparentar legitimidad no podría considerarse una acción idónea para obtener el resultado. Además la falsedad, si es material sobre algún documento, tiene que recaer sobre partes o aspectos esenciales del mismo.

- **Sociedad constituida o en formación** El artículo 297 del CP, establece que «a los efectos de este capítulo se entiende por sociedad toda cooperativa, Caja de Ahorros, mutua, entidad financiera o de crédito, fundación, sociedad mercantil o cualquier otra entidad de análoga naturaleza que para el cumplimiento de sus fines participe de modo permanente en el mercado». Se da un concepto muy amplio de sociedad y se hace una ejemplificación al enumerar una serie de supuestos a modo de lista abierta a otros, al terminar con la cláusula «o cualquier otra entidad de análoga naturaleza.

  Si está claro que están incluidas todas las llamadas sociedades mercantiles, se discute si están incluidas formas societarias civiles como asociaciones, comunidades de propietarios, sociedades civiles, o incluso entidades o agrupaciones que no tienen personalidad jurídica propia (capacidad de actuar en el tráfico jurídico con independencia de sus integrantes o componentes) como son las comunidades de bienes, los patrimonios separados, etc. La opinión mayoritaria está en la línea de exigir, al menos, personalidad jurídica independiente al ente para poder considerarse sociedad a efectos penales.

  En cuanto a la expresión «constituida o en constitución» nos lleva este requisito a las normas que rigen la forma y constitución del ente societario en cuestión y qué acto le confiere personalidad jurídica, como por ejemplo lo es la inscripción en el Registro Mercantil de la escritura de constitución en una Sociedad Limitada.

  Estaríamos ante una sociedad en formación en el período de tiempo existente entre el concurso de voluntades de los socios para formar la sociedad y el efectivo nacimiento a la vida jurídica, período en el cual el funcionamiento de esa sociedad «en formación», es decir, en proceso de nacimiento formal, puede originar efectos para los socios y terceros, en cuya actividad se puede cometer el delito estudiado.

- **Perjuicio valorable económicamente.** Si el perjuicio llega efectivamente a producirse, el párrafo segundo del artículo 290 del CP castiga los hechos con una pena superior. Ese perjuicio ha de ser de naturaleza objetivamente valorable desde el punto de vista económico, lo que no quiere decir que sea directamente dinerario, pues pueden ser perjuicios en la buena imagen de la sociedad, perjuicios comerciales y otros inmateriales pero que tienen un reflejo en la cuenta de resultados de la sociedad o reflejo económico objetivo.

‖ Sujeto activo del delito de falseamiento de cuentas

Solo pueden ser los administradores de derecho y de hecho. Se trata de un delito llamado especial propio por cuanto no puede ser cometido por quien no tenga las especiales características previstas en el tipo penal.

Si en la falsificación intervienen o la realizan quienes no son administradores de hecho o de derecho y falsifican la clase de documentos previstos en el tipo penal, estos extraños (por no ser administradores) son autores —directos, mediatos o coautores—, en su caso, de los delitos comunes correspondientes de falsedad documental.

Como se establece en la **sentencia del Tribunal Supremo n.º 575/2018, de 21 de noviembre, ECLI:ES:TS:2018:3920**:

> «(...) el delito del artículo 290 C.P. exige que en el autor concurra la condición de administrador de hecho o de derecho de una sociedad. No cometen el delito, pues, los socios si en ellos no es apreciable aquella condición. Tampoco el socio que aprueba las cuentas puede ser considerado cooperador necesario cuando, como ocurre en el caso, su intervención es posterior a la consumación del delito».

‖ Sujeto pasivo del delito de falseamiento de cuentas

Puede serlo:

a) La propia sociedad como ente.

b) Los socios individualmente considerados.

c) Terceros que hayan tenido o fueran a tener relaciones mercantiles con la sociedad.

Expone el **Supremo en la sentencia n.º 136/2017, de 2 de marzo, ECLI:ES:TS:2017:471**:

> «En efecto, el delito del art. 290 además de ser un delito especial (solo puede cometerlo el administrador lo que nos llevaría a matizar la pena respecto de uno de los recurrentes: art. 65.3 C.P.), exige que la falsedad tenga idoneidad para causar perjuicio bien a la Sociedad, bien a uno de sus socios, bien a terceros».

‖ Objeto material del delito de falseamiento de cuentas

Son las cuentas anuales u otros documentos que tienen por finalidad reflejar la situación jurídica o económica de la sociedad.

Hay que acudir, por tanto, a la normas del derecho mercantil o civil, según la naturaleza de la sociedad, así como a la legislación fiscal y administrativa, que determinen qué documentación jurídico-contable debe llevar la entidad societaria en cuestión, sobre la que podrá cometerse el delito.

CUESTIÓN:

¿La firma por los socios de las cuentas anuales implica un caso de cooperación necesaria? En caso de que se produzca un delito de blanqueo de capitales, ¿quiénes son los sujetos obligados a denunciar?

El delito de falsedad de las cuentas anuales del artículo 290 del CP, es un delito de peligro hipotético que se consuma cuando los administradores, de hecho o de derecho, formulan las cuentas y éstas pueden ser accesibles por terceros, de manera que pueda afirmarse su idoneidad para causar un perjuicio a la sociedad, a los socios o a un tercero. Tras la formulación de las cuentas, y la auditoría en los casos en los que es necesaria, ya puede valorarse si concurre esa idoneidad, y por lo tanto, el delito se consuma. La firma de las cuentas por los socios o su aprobación por ellos, es un acto posterior a la consumación, por lo que no puede calificarse como un caso de cooperación necesaria, que necesariamente ha de ser anterior o simultánea a la ejecución.

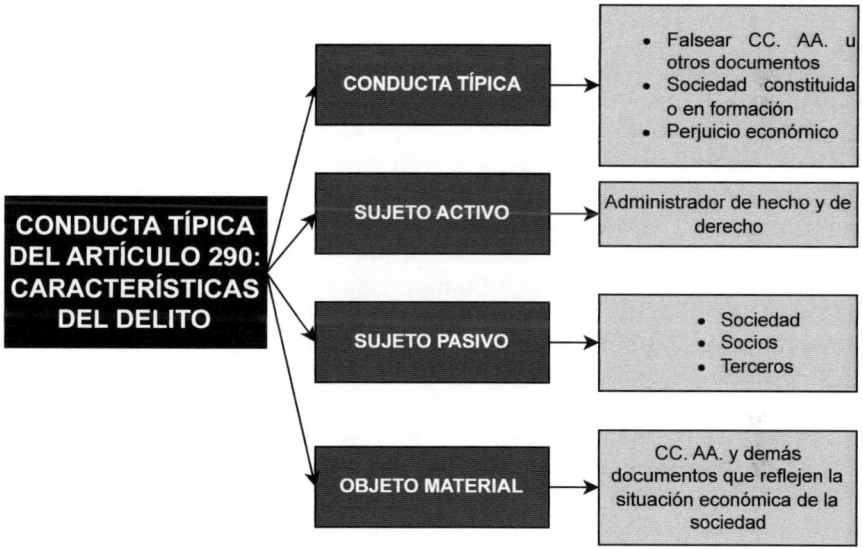

2.2. Bien jurídico protegido

Bien jurídico protegido en el delito de falseamiento de cuentas anuales

El bien jurídico protegido es la transparencia jurídico-contable o imagen fiel de la sociedad, objetivo último de las cuentas anuales, en suma el honor contable, su buen nombre, crédito y fiabilidad, la veracidad de la información contable y social considerado como su activo empresarial más importante.

El bien jurídico protegido se centra en los intereses de la comunidad, pues, como señala el **Tribunal Supremo en la sentencia n.º 867/2002, de 29 de julio, ECLI:ES:TS:2002:8984**, «el bien jurídico protegido por la norma y vulnerado por el infractor, no es el privativo de persona alguna, ni tampoco de modo inmediato al menos, el Estado, sino la sociedad o comunidad, cuya fe en el tráfico y en la actividad empresarial se perturba».

A tenor de lo dispuesto en la **sentencia del Tribunal Supremo n.º 822/2015, de 14 de diciembre, ECLI:ES:TS:2015:5461**, el delito en cuestión supone, por tanto, el reforzamiento de los deberes de veracidad y transparencia que en una libre economía de mercado incumben a los agentes económicos y financieros. En suma, el deber de que la contabilidad empresarial refleje la imagen fiel de la empresa, según lo dispuesto en el artículo 34.2 del Código de Comercio:

> «2. Las cuentas anuales deben redactarse con claridad y mostrar la imagen fiel del patrimonio, de la situación financiera y de los resultados de la empresa, de conformidad con las disposiciones legales. A tal efecto, en la contabilización de las operaciones se atenderá a su realidad económica y no sólo a su forma jurídica».

Por ello, el delito puede cometerse tanto por acción como por omisión, pues tan falsa es la contabilidad que contiene asientos que no se corresponden con la realidad, como la que omite asientos de relevancia. En ambos casos se produce la alteración de la contabilidad, que como tal, ha de dar la imagen fiel de conjunto.

Las **conductas falsarias** previstas en el artículo 290 del CP tan solo adquirirán relevancia penal en la medida en que sean idóneas para causar un perjuicio económico de la sociedad, a algunos de sus socios o a un tercero, sea este acreedor o no.

La tutela penal de la veracidad de la información de la sociedad deviene, por tanto, claramente instrumental de la protección de los intereses patrimoniales de la entidad, de sus socios o de terceros que con ella se relacionan. Es importante a la hora de sugerir una actuación dolosa, determinar el perjuicio que se haya causado.

Dispone la **sentencia del Tribunal Supremo n.º 558/2018, de 15 de noviembre, ECLI:ES:TS:2018:3805**, que «la doctrina señala como bienes jurídicos a tutelar tanto el tráfico mercantil como los intereses económicos de las sociedades, de sus socios y de las personas que se relacionan con ellos».

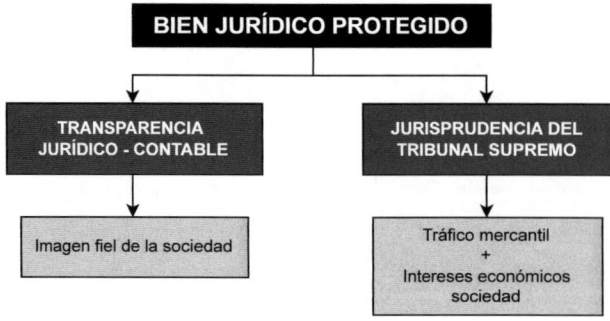

2.3. Distinción con el delito contable y la falsedad documental

¿Qué diferencias existen entre el delito de falsedad documental y el delito contable y del falsedad documental?

La falsedad documental presupone la existencia de un documento verdadero que se altera o falsifica, convirtiéndolo así en falso.

Es por ello que, para comenzar, debe analizarse el concepto penal de documento. Como su propio nombre indica, las falsedades documentales han de recaer sobre un objeto material que tenga la consideración de documento. Es el artículo 26 del Código Penal el que aporta actualmente un amplio concepto penal de documento, según el cual: «A los efectos de este Código se considera documento todo soporte material que exprese o incorpore datos, hechos o narraciones con eficacia probatoria o cualquier otro tipo de relevancia jurídica».

|| Delito documental

La falsedad documental recogida en el artículo 390 del CP supone una intervención física o material sobre el documento que está siempre presente en las conductas de falsificación. Un ejemplo de ello sería la acción de borrar la fecha de un documento para escribir otra en su lugar. Así, el tenor literal del citado precepto es el siguiente:

> «1. Será castigado con las penas de prisión de tres a seis años, multa de seis a veinticuatro meses e inhabilitación especial por tiempo de dos a seis años, la autoridad o funcionario público que, en el ejercicio de sus funciones, cometa falsedad:
>
> 1.º Alterando un documento en alguno de sus elementos o requisitos de carácter esencial.
>
> 2.º Simulando un documento en todo o en parte, de manera que induzca a error sobre su autenticidad.
>
> 3.º Suponiendo en un acto la intervención de personas que no la han tenido, o atribuyendo a las que han intervenido en él declaraciones o manifestaciones diferentes de las que hubieran hecho.
>
> 4.º Faltando a la verdad en la narración de los hechos.
>
> 2. Será castigado con las mismas penas a las señaladas en el apartado anterior el responsable de cualquier confesión religiosa que incurra en alguna de las conductas descritas en los números anteriores, respecto de actos y documentos que puedan producir efecto en el estado de las personas o en el orden civil».

Así pues, las falsedades materiales atentan en todo caso contra la autenticidad del documento y pueden presentarse en dos modalidades:

- La alteración de un documento auténtico, en la que, al modificarse la declaración materializada en el documento, se atribuye a su autor una declaración que no coincide con la suya.

- La simulación total o parcial de un documento, en la que se atribuye el documento a quien no intervino en su formación, dándose así lugar, en todo o en parte, a un documento inauténtico.

‖ Falsedad documental

El artículo 290 del Código Penal establece que:

> «Los administradores, de hecho o de derecho, de una sociedad constituida o en formación, que falsearen las cuentas anuales u otros documentos que deban reflejar la situación jurídica o económica de la entidad, de forma idónea para causar un perjuicio económico a la misma, a alguno de sus socios, o a un tercero, serán castigados con la pena de prisión de uno a tres años y multa de seis a doce meses.
>
> Si se llegare a causar el perjuicio económico se impondrán las penas en su mitad superior».

El delito de falsedad de las cuentas anuales que se encuentra recogido en el citado artículo guarda un parentesco indudable con el delito de falsedad del artículo 390 del CP, no en vano antes de la introducción de estos delitos societarios en el Código Penal de 1995, las conductas que hoy contemplan eran juzgadas con aplicación de los tipos de falsedad en documento, público o privado, que hoy ceden paso al artículo 290 por el principio de especialidad.

Si bien en el delito contable lo normal es que la falsedad sea ideológica, esto es, no tanto por la falsificación formal de un documento como por el faltar a la verdad, por acción u omisión de datos, en cuanto a la realidad de la situación jurídica y/o económica de la empresa.

‖ Delito contable

A diferencia de los otros dos, el delito contable recogido en el artículo 310 del CP supone que el obligado a llevar contabilidad:

- Incumpla absolutamente dicha obligación en régimen de estimación directa de bases tributarias.

- Lleve contabilidades distintas que, referidas a una misma actividad y ejercicio económico, oculten o simulen la verdadera situación de la empresa.

- No hubiere anotado en los libros obligatorios negocios, actos, operaciones o, en general, transacciones económicas, o los hubiese anotado con cifras distintas a las verdaderas.

- Hubiere practicado en los libros obligatorios anotaciones contables ficticias.

A TENER EN CUENTA. El tenor literal del artículo 310 del Código Penal es el siguiente:

> «Será castigado con la pena de prisión de cinco a siete meses el que estando obligado por ley tributaria a llevar contabilidad mercantil, libros o registros fiscales:

a) Incumpla absolutamente dicha obligación en régimen de estimación directa de bases tributarias.

b) Lleve contabilidades distintas que, referidas a una misma actividad y ejercicio económico, oculten o simulen la verdadera situación de la empresa.

c) No hubiere anotado en los libros obligatorios negocios, actos, operaciones o, en general, transacciones económicas, o los hubiese anotado con cifras distintas a las verdaderas.

d) Hubiere practicado en los libros obligatorios anotaciones contables ficticias.

La consideración como delito de los supuestos de hecho, a que se refieren los párrafos c) y d) anteriores, requerirá que se hayan omitido las declaraciones tributarias o que las presentadas fueren reflejo de su falsa contabilidad y que la cuantía, en más o menos, de los cargos o abonos omitidos o falseados exceda, sin compensación aritmética entre ellos, de 240.000 euros por cada ejercicio económico».

Afirma el TS en la **sentencia n.º 760/2015, de 3 de diciembre, ECLI:ES:TS:2015:5105:**

«Así como que tiene declarado esta Sala en diversas resoluciones, como la STS 781/2014, de 18 de noviembre, que el delito de falsedad documental, no es un delito de propia mano que requiera la realización corporal de la acción prohibida y el hecho de que no resulte acreditado que una persona hubiese intervenido materialmente en la falsificación no es óbice para atribuirle la autoría en tales falsificaciones ya que como se expresa en la Sentencia 305/2011, de 12 de abril, para ser autor no se exige que materialmente la persona concernida haya falsificado de su propia mano los documentos correspondientes, basta que haya tenido el dominio funcional de la acción y que otra persona, aún desconocida, haya sido el autor material, de modo que tanto es autor quien falsifica materialmente, como quien se aprovecha de la acción con tal que tenga el dominio funcional sobre la falsificación».

2.4. Responsabilidad de los auditores

Responsabilidad de los auditores en el delito de falsedad contable

Trayendo a colación lo dispuesto por el artículo 290 del Código Penal respecto de delito de falsedad contable, podemos decir que este delito es un —delito— especial del que solamente pueden ser autores los administradores. Por tanto, el auditor que con su actividad contribuya a la comisión del delito, esencialmente, mediante la valoración de las cuentas anuales como correctas cuando le conste que no lo son, podrá ser, como mucho, cooperador necesario.

La actuación del auditor de cuentas es la actuación de un profesional cualificado, independiente y también responsable, en cuanto debe responder de los daños y perjuicios originados por su conducta antijurídica, siendo especialmente relevante la que se deriva de la emisión del informe de auditoría de cuentas. Ello de conformidad con el artículo 5.1 de la Ley 22/2015, de 20 de julio, de Auditoría de Cuentas (en adelante, LAC).

No obstante, a su calificación de cooperador necesario se podría objetar que su aportación es, en realidad, posterior a la consumación del delito. Esto será así cuando con su intervención se produzca en un momento en el que ya se pueda decir de la cuentas falseadas que son idóneas para perjudicar, momento en el que el delito ya se ha consumado.

Por tanto, solo será posible imputar responsabilidad al auditor de las cuentas anuales de dos formas:

- Como partícipe: si se constata la promesa de contribución posterior a la consumación.
- Como eventual autor de unas falsedades comunes (para lo que habrá que examinar el informe de auditoría falso a la luz de lo dispuesto en el artículo del CP.

2.5. Relaciones concursales

Relaciones concursales con el delito de falsedad contable

Entre las posibles relaciones concursales con el delito de falsedad contable tipificado en el artículo 290 del Código Penal, pueden destacarse las siguientes:

- Con los **delitos de falsedades**. El delito de falsedades se regula en el artículo 390 del Código Penal, que establece que se castigará con pena de prisión de tres a seis años, multa de seis a veinticuatro meses e inhabilitación especial por tiempo de dos a seis años, la autoridad o funcionario público que, en el ejercicio de sus funciones, cometa falsedad:

- Alterando un documento en alguno de sus elementos o requisitos de carácter esencial.
- Simulando un documento en todo o en parte, de manera que induzca a error sobre su autenticidad.
- Suponiendo en un acto la intervención de personas que no la han tenido, o atribuyendo a las que han intervenido en él declaraciones o manifestaciones diferentes de las que hubieran hecho.
- Faltando a la verdad en la narración de los hechos.

Así pues, se produce un concurso de leyes que ha de resolverse en favor del artículo 290 del Código Penal, puesto que se trata de una norma especial que abarca todo el injusto de la conducta.

- Con el **delito de estafa**. Existe la posibilidad de que un comportamiento de los regulados en el artículo 290 del CP reúna además los elementos del tipo del artículo 248 del CP. Si se produjese este supuesto, la solución consistiría en apreciar un concurso de leyes que podría resolverse, en virtud del principio de especialidad, en favor del artículo 290 del CP, teniendo en cuenta que el delito de falsedad de cuentas anuales es más específico en cuanto a la forma de engaño, esto es, por escrito y en las cuentas anuales u otros documentos con la función de reflejar la situación económica o jurídica de la sociedad.

- Con el **delito contable**. Cuando se habla de delito contable ha de acudirse al artículo 310 del Código Penal, por el que se establece que será castigado con la pena de prisión de cinco a siete meses quien, estando obligado por la ley tributaria a llevar la contabilidad mercantil, los libros o registros fiscales:

  - Incumpla absolutamente dicha obligación en el régimen de estimación directa de bases tributarias.
  - Lleve contabilidades distintas que, referidas a una misma actividad y ejercicio económico, oculten o simulen la verdadera situación de la empresa.
  - No hubiese anotado en los libros obligatorios negocios, actos, operaciones o, en general, transacciones económicas, o los hubiese anotado con cifras diferentes a las verdaderas.
  - Hubiese practicado en los libros obligatorios anotaciones contables ficticias.

En el caso en que el falseamiento del artículo 290 del Código recaiga sobre las cuentas anuales y, por lo tanto, pueda ser, además, constitutivo del tipo delictivo contemplado en el artículo 310 del Código Penal, pueden darse dos situaciones diferentes:

  » Si el único patrimonio que puede ser perjudicado por el falseamiento es el patrimonio de la Hacienda Pública, el artículo 310 del CP es más específico en cuanto a la víctima, pero requiere la idoneidad para perjudicar que sí requiere el tipo delictivo del artículo 290 del CP.

» Asimismo, cuando existan otros patrimonios, además del patrimonio de la Hacienda pública, que puedan verse afectados por el falseamiento tipificado en el artículo 290 del CP, será este último precepto el apropiado para abarcar todo el desvalor de la conducta del autor.

JURISPRUDENCIA

Sentencia del Tribunal Supremo n.º 179/2018, de 12 de abril, ECLI:ES:TS:2018:1251

«Esta solución contraria al criterio sugerido por la defensa es, por otra parte, la regla conforme a la cual ha resuelto esta Sala la relación entre el delito de apropiación indebida y la falsedad contable. En efecto, hemos dicho que no puede considerarse el delito del art. 290 como un autoencubrimiento impune en relación con un precedente delito de apropiación indebida. O bien se aprecia un concurso ideal, si se dan las condiciones legales para ello, o bien se estima un concurso real. En palabras de la STS 1217/2004, 2 de noviembre: "...en modo alguno, se puede entender que la teoría de la consunción, que uno de los delitos por el que fue condenado, falsificación art. 290, fue absorbido por el otro, apropiación indebida, cuando son totalmente distintos, como distinto es el bien jurídico protegido en una y otra infracción, siendo perfectamente autónomos e independientes sin que entre ellos exista la relación que haga posible un supuesto de progresión o se dé el caso de que uno de los preceptos en que el hecho es insubsumible comprenda en su injusto el todo, de modo que el supuesto fáctico previsto por una de las normas constituye parte integrante del previsto por otra. Por ello si se penara sólo la apropiación y no la falsedad societaria, quedaría impune una parte injusta del hecho delictivo". En el mismo sentido, se han pronunciado las SSTS 413/2009, 11 de marzo y 78/2014, 28 de enero, entre otros precedentes de esta Sala».

3.
IMPOSICIÓN DE ACUERDOS ABUSIVOS

3.1. Conducta típica del artículo 291 del Código Penal

Conducta típica del artículo 291 del Código Penal

El artículo 291 del CP establece que:

> «Los que, prevaliéndose de su situación mayoritaria en la Junta de accionistas o el órgano de administración de cualquier sociedad constituida o en formación, impusieren acuerdos abusivos, con ánimo de lucro propio o ajeno, en perjuicio de los demás socios, y sin que reporten beneficios a la misma, serán castigados con la pena de prisión de seis meses a tres años o multa del tanto al triplo del beneficio obtenido».

RESOLUCIÓN RELEVANTE

Sentencia de la Audiencia Provincial de Madrid n.º 321/2021, de 16 de junio, ECLI:ES:APM:2021:7798

«El artículo 291 parte de la adopción de un acuerdo obtenido lícitamente pero que debe calificarse de abusivo, y aquí radica la esencia del tipo, que conlleva necesariamente la existencia de un ánimo de lucro propio o ajeno (el de los socios que constituyen la mayoría) en perjuicio de la minoría y siempre que ello no reporte beneficios a la sociedad, es decir, es atípica la concurrencia del mencionado ánimo como compatible con un resultado beneficioso para los intereses societarios, con independencia de que la minoría se vea perjudicada. En síntesis, la esencia de la conducta típica está constituida por el abuso de la mayoría en beneficio propio y exclusivo. El delito ha sido calificado como especial y de peligro concreto que no exige la existencia de un perjuicio real (agotamiento), bastando para su consumación la adopción del acuerdo abusivo. La interdicción del abuso se endereza a sancionar aquellos actos que sobrepasen manifiestamente los límites normales del ejercicio de un derecho, con daño

para tercero, por su intención, objeto o circunstancias (artículo 7.2 C.C.). La distinción entre el abuso que debe ser sancionado en la vía civil o mercantil y el comprendido en el artículo 291 C.P .sólo puede establecerse, en primer lugar, teniendo en cuenta los elementos típicos descritos en este último, ya señalados anteriormente. Partiendo de su presencia y de la licitud formal en la adopción del acuerdo, la intención del agente debe responder, además, a un exclusivo ánimo de lucro propio o ajeno. Ello equivaldrá a considerar las circunstancias concurrentes en cada caso concreto para verificar si el ejercicio del derecho sobrepasa manifiestamente sus límites normales. "Tribunal Supremo, Sala Segunda, de lo Penal, Sentencia 172/2010 de 4 Mar. 2010, Rec. 1012/2009"».

|| Conducta típica del delito de imposición de acuerdos abusivos

La acción castigada comprende varios elementos indispensables:

- **Imponer acuerdos abusivos.** Se trata de que el órgano de decisión de la sociedad, junta de accionistas u órgano de administración (consejo de administración, administrador único, administradores solidarios, administradores mancomunados), adopten una decisión por una mayoría «impuesta» por el juego numérico de la composición del órgano. El acuerdo no tiene por qué ser jurídicamente inválido, puede ser formalmente regular, pero abusivo en el sentido en que el **artículo 7 del Código Civil** describe el abuso de derecho como «(…). Todo acto u omisión que por la intención de su autor, por su objeto o por las circunstancias en que se realice sobrepase manifiestamente los límites normales del ejercicio de un derecho, con daño para tercero (…)».

- **Prevaliéndose de su situación mayoritaria** en la Junta de accionistas o el órgano de administración de cualquier sociedad constituida o en formación. Indica «aprovecharse» de esa posición de poder o ventaja numérica que tiene el actor y que le facilita la realización del hecho descrito; uso de posición dominante que por sí sola no es constitutiva de infracción penal si no va seguida del resto de requisitos. Posición dominante que no necesita de una situación permanente de superioridad o dominio sino que basta con que se haya configurado aquella en relación con un determinado acto o acuerdo que resulta abusivo.

- **Con ánimo de lucro propio o ajeno.** Se trata de un delito doloso. No será suficiente, por tanto, pretender y obtener un lucro propio sino que se debe hacer siendo consciente de que con ello no se beneficia a la sociedad.

- **En perjuicio de los demás socios.** Este es un dato objetivo, pues es contrastable dado que el perjuicio y la ausencia de beneficio lo es en términos de valoración económicamente objetiva. No se trata de perjuicios morales o inmateriales sino fijados en cantidades económicas.

- **Ausencia de beneficios para la sociedad.** No es exigible que se perjudique a la sociedad, bastando con que de la actuación no obtenga ésta un fruto, pero sí el autor beneficio propio. Este requisito actúa a modo de una condición a la que se subordinaba todo el contenido del tipo penal. Se trata de un verdadero elemento negativo del tipo que neutraliza toda la conducta típica (mayoría dominante, imposición de acuerdo abusivo y lucro propio) y hace desaparecer la responsabilidad criminal, cuando al final de todo el camino delictivo se llega a la conclusión de que la maniobra inequívocamente ilícita desemboca en un beneficio efectivo para la sociedad. Todo ello sin necesidad de acreditar que los sujetos mayoritarios han actuado con el interés exclusivo de favorecer los intereses sociales.

Sujeto activo y pasivo del delito de imposición de acuerdos abusivos

Se trata de un delito especial propio por cuanto el sujeto activo sólo puede ser una persona concreta, quien tiene una posición mayoritaria en los órganos de la sociedad, junta de accionistas u órgano de administración.

Dada la amplitud y generalidad empleada por el legislador para delimitar el sujeto activo de este delito es necesario hacer una serie de precisiones:

a) En el caso de acuerdos que responden al criterio mayoritario de la junta de accionistas es evidente que los potenciales autores son los socios que concurren a la misma y participan en la toma de decisiones.

b) Cuando los acuerdos se gesten en el seno de los órganos de administración, el artículo 124 del Reglamento del Registro Mercantil contempla una estructura variable del órgano de administración de la sociedad, admitiendo desde un administrador único hasta una pluralidad que actúen solidaria o mancomunadamente, o configurando un Consejo de Administración integrado por un mínimo de tres miembros.

Por supuesto que la condición de autor se extiende también a los administradores de hecho que actúen dentro del órgano de administración.

Con independencia de que el acuerdo se haya adoptado en Junta de accionistas o por el órgano de administración, los administradores no promotores de la propuesta deben responder como cooperadores necesarios, salvo que medie oposición a la adopción del acuerdo.

Si se estima que el acuerdo no beneficia a la sociedad, si no se inhibe no quedará exonerado de responsabilidad. Su participación en la ejecución le llevará a responder como autor o como cooperador necesario.

Respecto al sujeto pasivo solo puede ser el socio o socios perjudicados por el acuerdo abusivo.

Elemento subjetivo del delito de imposición de acuerdos abusivos

Este delito es también esencialmente doloso, como lo pone de manifiesto que en el artículo estudiado se incluya como requisitos el «ánimo de lucro», que es la plasmación textual de lo que es una actuar esencialmente intencional y malicioso.

CUESTIÓN

¿En el caso de que sea un único socio mayoritario el que tome la decisión abusando de su posición, ¿se produciría del delito del artículo 291 del CP?

De entrada, parece que no es posible que nazca un acuerdo si la contribución de varias personas. Sin embargo, hay sociedades en las que una sola persona física (o jurídica) tiene una posición mayoritaria que le permite adoptar acuerdos sin necesitar del apoyo de otros. En estos supuestos se ha cuestionado si el acuerdo adoptado por dicho socio puede ser constitutivo del delito del artículo 291 del CP. Pese a que el tenor literal de este precepto menciona, como autores, a los que, esto es, parece partir de un sujeto activo plural, la doctrina ha entendido que en el caso en que existe un socio mayoritario que puede imponer, por sí solo, un determinado acuerdo, también puede concurrir el delito del artículo 291 del CP.

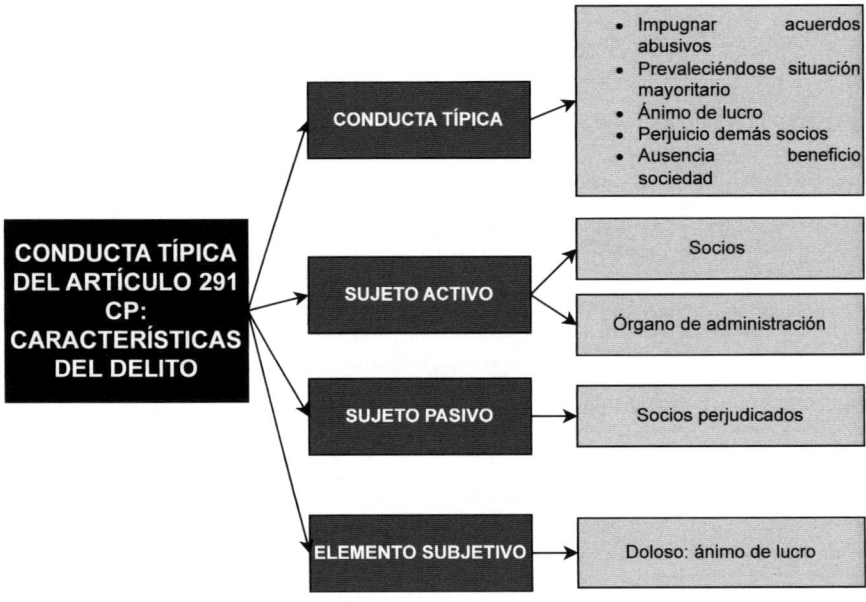

3.2. Bien jurídico protegido

Bien jurídico protegido en el delito de imposición de acuerdos abusivos

El artículo 291 del Código Penal tipifica el delito de imposición de acuerdos abusivos al establecer que «los que, prevaliéndose de su situación mayoritaria en la Junta de accionistas o el órgano de administración de cualquier sociedad constituida o en formación, impusieren acuerdos abusivos, con ánimo de lucro propio o ajeno, en perjuicio de los demás socios, y sin que reporten beneficios a la misma, serán castigados con la pena de prisión de seis meses a tres años o multa del tanto al triplo del beneficio obtenido».

Así, este tipo delictivo establece como bien jurídico protegido los **intereses patrimoniales de las minorías de las sociedades**. No se trata pues de proteger a la sociedad, sino a los socios minoritarios frente a los abusos de la mayoría, si bien, **la protección del socio se supedita al interés social**. A pesar de ello, la propia redacción del artículo 291 del Código Penal no permite deslindar de manera nítida y precisa el bien jurídico protegido.

Un sector de la doctrina considera que el precepto trata de proteger el funcionamiento normal de la sociedad de manera que el juego de las mayorías y minorías se ajuste a las previsiones legales. Para otros, al exigir el tipo la presencia del ánimo de lucro, propio o ajeno, se está decantando por la tutela del patrimonio de la sociedad. Esta posición se consolida si advertimos que se añade, como condición objetiva de penalidad, que las actividades típicas, es decir, la imposición de acuerdos abusivos, no reporte beneficios a la sociedad pues, en caso contrario toda la actividad desarrollada e incluso el prevalimiento de la situación mayoritaria, resultaría impune.

Este precepto criminaliza una conducta, la producción del perjuicio pertenece al agotamiento del delito, que tiene relación con la prevista como acuerdo impugnable y anulable en el artículo 251 de la LSC, dada la forma normal de actuación mayoritaria de la junta de accionistas. Se produce así un solapamiento entre la acción de impugnación mercantil del acuerdo anulable y la acción penal, que será necesario deslindar. El exclusivo ánimo de lucro propio o ajeno del agente determinará la diferencia del delito con la infracción civil o mercantil.

A TENER EN CUENTA. El artículo 251 de la Ley de Sociedades de Capital establece que:

«1. Los administradores podrán impugnar los acuerdos del consejo de administración o de cualquier otro órgano colegiado de administración, en el plazo de treinta días desde su adopción. Igualmente podrán impugnar tales acuerdos los socios que representen un uno por ciento del capital social, en el plazo de treinta días desde que tuvieren conocimiento de los mismos y siempre que no hubiere transcurrido un año desde su adopción.

2. Las causas de impugnación, su tramitación y efectos se regirán conforme a lo establecido para la impugnación de los acuerdos de la junta general, con la particularidad de que, en este caso, también procederá por infracción del reglamento del consejo de administración».

3.3. El ánimo de lucro

El ánimo de lucro en el delito de imposición de acuerdos abusivos

Con base en el artículo 291 del Código Penal, la finalidad perseguida por el acuerdo y, que en cierto modo cualifica a éste como abusivo, es la concreción de un lucro propio o ajeno y el propósito decidido y firme de causar perjuicio a los demás socios y a los intereses sociales.

Este elemento tiene que ser abarcado por el dolo del autor o autores ya que no es suficiente con la intención de obtener un lucro propio —finalidad natural de toda actividad mercantil—, sino la específica y asumida decisión de obtener un lucro propio a costa del perjuicio que se ocasiona a los socios que quedan fuera del acuerdo y a los intereses sociales.

> **JURISPRUDENCIA**
>
> **Sentencia del Tribunal Supremo n.º 796/2006, de 14 de julio, ECLI:ES:TS:2006:4372**
>
> *«Así, pues, siendo cierto y acreditado el hecho de la falta de las auditorías, no lo es menos que esa omisión pudiera estar justificada a tenor de las actas de las juntas generales a que se refiere el Fiscal, por lo que el motivo por sí solo carece de eficacia para modificar la subsunción efectuada por el juzgador de instancia, echándose en falta un razonamiento explicativo del recurrente que, por el cauce del art. 849.1º L.E. Cr., argumentara sobre la negativa consciente, injustificada y maliciosa a la práctica de las referidas auditorías que se dedujera del "factum" modificado.*
>
> *Pero es que, además, el tipo penal en el que el recurrente pretende incardinar el hecho (art. 291 C.P.), exige que el acuerdo abusivo debe adoptarse por el sujeto activo "…. con ánimo de lucro propio o ajeno, en perjuicio de los demás socios …". A este respecto, la jurisprudencia ha destacado que la distinción entre el abuso que debe ser sancionado en la vía civil o mercantil y el comprendido en el art. 291 C.P. sólo puede establecerse, en primer lugar, teniendo en cuenta los elementos típicos descritos en este último, ya señalados anteriormente. Partiendo de su presencia y de la licitud formal en la adopción del acuerdo, la intención del agente debe responder, además, a un exclusivo ánimo de lucro propio o ajeno. Ello equivaldrá a considerar las circunstancias concurrentes en cada caso concreto para verificar si el ejercicio del derecho sobrepasa manifiestamente sus límites normales (STS de 17 de abril de 2.002).*
>
> *Pues bien, ninguna mención se hace en los Hechos Probados a ese ánimo de lucro de los acusados o perjuicio para los socios, ni tampoco el motivo hace la más mínima referencia a la concurrencia de esta exigencia para configurar el tipo penal. Por todo ello, el reproche debe ser desestimado».*
>
> **Sentencia del Tribunal Supremo n.º 698/2019, de 19 de mayo de 2020, ECLI:ES:TS:2020:1081**
>
> *«Respecto a esta modalidad de delito societario ha establecido esta Sala, especialmente en la STS 654/2002 de 17 de abril, a la que se remiten otras posteriores como la SSTS 796/2006 de 14 de julio; 172/2010 de 4 de marzo; 284/2015 de 12 de mayo, que este delito sanciona penalmente "determinadas conductas incardinables en el ejercicio abusivo de los derechos (artículo 7.2 C.C.). Concretamente, la Ley de Sociedades Anónimas, artículo 115.1, señala que podrán ser impugnados los acuerdos de las Juntas …. que lesionen, en*

beneficio de uno o varios accionistas o de terceros, los intereses de la sociedad". Alusión que en la actualidad debe entenderse referida al artículo 204., 2º de la Ley de Sociedades de Capital, aprobada por el Real Decreto Legislativo 1/2010, de 2 de julio, que incorpora entre los acuerdos impugnables, los abusivos, entendiendo por tales los que "sin responder a una necesidad razonable de la sociedad, se adopta por la mayoría en interés propio y en detrimento injustificado de los demás socios".

"Prosigue la STS 654/2002 'El artículo 291 parte de la adopción de un acuerdo obtenido lícitamente pero que debe calificarse de abusivo, y aquí radica la esencia del tipo, que conlleva necesariamente la existencia de un ánimo de lucro propio o ajeno (el de los socios que constituyen la mayoría) en perjuicio de la minoría y siempre que ello no reporte beneficios a la sociedad, es decir, es atípica la concurrencia del mencionado ánimo como compatible con un resultado beneficioso para los intereses societarios, con independencia de que la minoría se vea perjudicada. En síntesis, la esencia de la conducta típica está constituida por el abuso de la mayoría en beneficio propio y exclusivo. El delito ha sido calificado como especial y de peligro concreto que no exige la existencia de un perjuicio real (agotamiento), bastando para su consumación la adopción del acuerdo abusivo. La interdicción del abuso se endereza a sancionar aquellos actos que sobrepasen manifiestamente los límites normales del ejercicio de un derecho, con daño para tercero, por su intención, objeto o circunstancias (artículo 7.2 C.C.). La distinción entre el abuso que debe ser sancionado en la vía civil o mercantil y el comprendido en el artículo 291 C.P. sólo puede establecerse, en primer lugar, teniendo en cuenta los elementos típicos descritos en este último, ya señalados anteriormente. Partiendo de su presencia y de la licitud formal en la adopción del acuerdo, la intención del agente debe responder, además, a un exclusivo ánimo de lucro propio o ajeno. Ello equivaldrá a considerar las circunstancias concurrentes en cada caso concreto para verificar si el ejercicio del derecho sobrepasa manifiestamente sus límites normales".

En definitiva, la antijuridicidad deriva del abuso de la posición de domino que otorga la mayoría legalmente obtenida (pues otro caso nos desplazaría hacia las modalidades contempladas en los artículos 292 y 293), pero que resulta abusiva en cuanto que, con desprecio al interés social, impone en perjuicio de los socios minoritarios el interés particular propio o de un tercero.

En palabras de tomamos de la STS 150/2011 de 18 de febrero "el tipo penal ha tenido que ser interpretado, ya que las mayorías legales por sí solas no legitiman el acuerdo, que puede ser formalmente ajustado a la normativa societaria y a los estatutos sociales, pero incluir cláusulas o decisiones abusivas, precisamente, prevaliéndose de la situación mayoritaria. En todo caso, el acuerdo debe realizarse con ánimo de lucro propio o ajeno, y en perjuicio de los demás socios. Como causa de exclusión de cualquier maniobra prevalente o abusiva, el legislador condiciona la tipicidad al hecho de que este no reporte beneficios a la misma, por lo que en sentido contrario, cualquier decisión que, examinada a la luz de los intereses sociales, pueda ser considerada como beneficiosa para la sociedad, excluye la tipicidad"».

3.4. Actuación en perjuicio de los demás socios

Actuación en perjuicio de los demás socios en el delito de imposición de acuerdos abusivo

En el ordenamiento jurídico español no está regulado un concepto exacto de **perjuicio**, si bien una interpretación sistemática del artículo 290 del CP conduce a la conclusión de que éste protege el patrimonio, concebido en el mismo sentido que se entiende en los delitos patrimoniales tradicionales como la estafa y en otros delitos societarios.

En base a todo ello, se excluirían del tipo aquellos acuerdos que fuesen perjudiciales para los derechos políticos de los socios. Ahora bien, ello no significa que el menoscabo del patrimonio —o el peligro para el mismo— deba producirse directa e inmediatamente como fruto del acuerdo, sino que basta que tal menoscabo pueda atribuirse al acuerdo en términos de imputación objetiva.

¿El perjuicio abarca solamente el daño emergente o se puede extender al lucro cesante?

Este problema se detecta cuando la mayoría, dando prioridad a sus intereses propios, adopta un acuerdo que comporta beneficios para la minoría, aunque éstos son menores que los que habría generado un acuerdo en el cual la mayoría no hubiera dado prioridad a sus intereses propios. En un supuesto de estas características, se da un elemento de abuso, de deslealtad de la mayoría, en la medida en que ésta no se ha orientado por sus intereses societarios, sino por otros intereses ajenos a la sociedad. No obstante, el problema es que el acuerdo no genera un daño emergente para la minoría, sino que solamente le priva de cierto lucro.

La doctrina dominante sostiene que el perjuicio no abarca el lucro cesante porque parte de un concepto de patrimonio que no abarca las expectativas de ganancia, sino solamente aquello que el titular ya tiene efectivamente en su poder. Pues bien, si se parte de tal doctrina dominante, en estos casos, la deslealtad de la mayoría no resulta punible, pues no genera un riesgo de perjuicio. En cambio, si se considera que las expectativas de ganancia fundadas sí forman parte del patrimonio —y ello es razonable, cuando se trata de expectativas de ganancia cuya realización está en manos del titular—, no hay dificultades para subsumir estos casos en el artículo 291 del Código Penal, en caso de concurrir los demás elementos del tipo.

> **A TENER EN CUENTA.** Ha de recordarse el tenor literal de este artículo: «Los que, prevaliéndose de su situación mayoritaria en la Junta de accionistas o el órgano de administración de cualquier sociedad constituida o en formación, impusieren acuerdos abusivos, con ánimo de lucro propio o ajeno, en perjuicio de los demás socios, y sin que reporten beneficios a la misma, serán castigados con la pena de prisión de seis meses a tres años o multa del tanto al triplo del beneficio obtenido».

Para enjuiciar el carácter perjudicial del acuerdo solamente son relevantes los intereses patrimoniales societarios de los socios afectados por el acuerdo. Por consiguiente, un acuerdo que no sea perjudicial para los socios no es penalmente relevante, por mucho que fruto del acuerdo los intereses de esos socios, en cuanto accionistas o socios de otras sociedades, por ejemplo, de empresas de la competencia, sí resulten afectados.

La consumación del delito se produce con la adopción del acuerdo. En cambio, no existe unanimidad sobre si el artículo 291 del CP exige la concurrencia de perjuicio efectivo o si, por el contrario, basta el peligro concreto o incluso abstracto para el patrimonio de los socios afectados por el acuerdo. Al respecto existen opiniones diversas:

- La doctrina mayoritaria exige la concurrencia de perjuicio efectivo y se basa para ello en el tenor literal del artículo 291 del CP. En concreto, a favor de la exigencia de perjuicio efectivo se ha argumentado que el hecho de que la pena alternativa de multa del artículo 291 del CP deba determinarse con base en el beneficio obtenido parece aludir a la idea de que el autor o los autores han de haber obtenido un beneficio a través de la comisión del delito.

Así, por ejemplo, la **sentencia de la Audiencia Provincial de Madrid n.º 125/2002, de 26 de julio, ECLI:ES:APM:2002:9803,** entendió que la decisión de ubicar las aportaciones de los socios en el apartado de «acreedores a corto plazo» de las cuentas anuales no podía considerarse constitutiva de un delito del artículo 291 del CP, porque tal anotación era conforme a las normas contables y porque no produjo un perjuicio efectivo a ningún socio, tal como, en opinión de la sentencia, exige el propio artículo. La AP de Madrid basó esa interpretación de la cláusula «en perjuicio de» en el argumento de que la pena alternativa de multa debe determinarse con base en el beneficio obtenido.

Así pues, la citada sentencia establece que:

«Entendemos que el precepto del artículo 291 del Código Penal no puede estar limitada a los socios mayoritarios de las sociedades, a las personas físicas o jurídicas que tengan un paquete mayoritario del capital social, ya que entonces sería imposible, por lógica gramatical, que el precepto utilizara el artículo determinado en plural, siendo entonces posible que la situación mayoritaria sea obtenida por el cúmulo de diversas paquetes accionariales del que sean titulares distintas personas o entidades jurídicas, pero siempre que en su conjunto, reunidos, configuren una mayoría que permita la adopción de los acuerdos societarios abusivos y perjudiciales para los demás socios. Siempre, claro está, que en cada uno de los socios, minoritarios pero que adoptan con otros el acuerdo por mayoría, deben cumplirse cada uno de los elementos, tanto objetivos como subjetivos, configuradores del delito societario.

(...)

El artículo 291 del Código Penal exige que el acuerdo supuestamente abusivo suponga un perjuicio para los demás socios».

Sin embargo, en primer lugar, la existencia de un beneficio de los autores no presupone la existencia de un perjuicio de los socios protegidos por este precepto; además, en segundo lugar, la pena de multa es alternativa a la pena de prisión, de manera que podría plantearse también el castigo de los autores en el caso de que no existiera tal beneficio. Por tanto, la referencia al «beneficio obtenido» no es un argumento definitivo. Tampoco es inequívoca la cláusula «en perjuicio de», que puede interpretarse como lesión, peligro concreto o peligro abstracto para el patrimonio. Así pues, la literalidad del precepto no ofrece argumentos definitivos para responder a esta cuestión. A ello tampoco ayudan los argumentos de carácter sistemático. La cláusula «en perjuicio de» aparece en diversos tipos de la parte especial y no siempre es objeto de la misma interpretación. Así, por ejemplo, en el delito de estafa del artículo 248 del CP, «en perjuicio» se interpreta generalmente como una exigencia de perjuicio efectivo. En cambio, en el delito de alzamiento de bienes del artículo 257.1.1º del CP, en el que aparece la misma cláusula, la jurisprudencia y la doctrina mayoritaria no exigen más que una situación de insolvencia que podría calificarse a lo sumo de peligro concreto para el patrimonio de los acreedores y considera que el perjuicio efectivo pertenece a la terminación del delito. Por tanto, hay que buscar argumentos distintos.

- Frente a dicha interpretación, el Tribunal Supremo en su **sentencia n.º 654/2002, de 17 de abril, ECLI:ES:TS:2002:2724,** ha expresado que el delito del artículo 291 del CP no requiere, para su consumación, la concurrencia de un perjuicio efectivo y que basta con la adopción del acuerdo. Así, la sentencia establece lo siguiente:

> «El artículo 291 parte de la adopción de un acuerdo obtenido lícitamente pero que debe calificarse de abusivo, y aquí radica la esencia del tipo, que conlleva necesariamente la existencia de un ánimo de lucro propio o ajeno (el de los socios que constituyen la mayoría) en perjuicio de la minoría y siempre que ello no reporte beneficios a la sociedad, es decir, es atípica la concurrencia del mencionado ánimo como compatible con un resultado beneficioso para los intereses societarios, con independencia de que la minoría se vea perjudicada. En síntesis, la esencia de la conducta típica está constituida por el abuso de la mayoría en beneficio propio y exclusivo. **El delito ha sido calificado como especial y de peligro concreto que no exige la existencia de un perjuicio real (agotamiento), bastando para su consumación la adopción del acuerdo abusivo.** La interdicción del abuso se endereza a sancionar aquellos actos que sobrepasen manifiestamente los límites normales del ejercicio de un derecho, con daño para tercero, por su intención, objeto o circunstancias (artículo 7.2 C.C.). La distinción entre el abuso que debe ser sancionado en la vía civil o mercantil y el comprendido en el artículo 291 C.P. sólo puede establecerse, en primer lugar, teniendo en cuenta los elementos típicos descritos en este último, ya señalados anteriormente. Partiendo de su presencia y de la licitud formal en la adopción del acuerdo, la intención del agente debe responder, además, a un exclusivo ánimo de lucro propio o ajeno. Ello equivaldrá a considerar las circunstancias concurrentes en cada caso concreto para verificar si el ejercicio del derecho sobrepasa manifiestamente sus límites normales».

En todo caso, es importante tener en cuenta que en el momento en que se produce la aprobación del acuerdo perjudicial para los socios, ya se puede constatar un primer perjuicio, cuestión distinta es si ese primer prejuicio se llega a consolidar mediante la ejecución del acuerdo o si, en cambio, desaparece por tener éxito la impugnación de aquél.

JURISPRUDENCIA

Sentencia del Tribunal Supremo n.º 698/2019, de 19 de mayo de 2020, ECLI:ES:TS:2020:1081

«En palabras de tomamos de la STS 150/2011 de 18 de febrero 'el tipo penal ha tenido que ser interpretado, ya que las mayorías legales por sí solas no legitiman el acuerdo, que puede ser formalmente ajustado a la normativa societaria y a los estatutos sociales, pero incluir cláusulas o decisiones abusivas, precisamente, prevaliéndose de la situación mayoritaria. En todo caso, el acuerdo debe realizarse con ánimo de lucro propio o ajeno, y en perjuicio de los demás socios. Como causa de exclusión de cualquier maniobra prevalente o abusiva, el legislador condiciona la tipicidad al hecho de que este no reporte beneficios a la misma, por lo que en sentido contrario, cualquier decisión que, examinada a la luz de los intereses sociales, pueda ser considerada como beneficiosa para la sociedad, excluye la tipicidad».

4.
IMPOSICIÓN DE ACUERDOS LESIVOS POR MAYORÍA FICTICIA

4.1. Conducta típica del artículo 292 del Código Penal

¿Cuáles son las características del delito de imposición de acuerdos lesivos por mayoría ficticia del artículo 292 del Código Penal?

Este precepto penaliza a los que impusieren o se aprovecharen para sí o para un tercero, en perjuicio de la sociedad o de alguno de sus socios, de un acuerdo lesivo adoptado por una mayoría ficticia, obtenida por abuso de firma en blanco, por atribución indebida del derecho de voto a quienes legalmente carezcan del mismo, por negación ilícita del ejercicio de este derecho a quienes lo tengan reconocido por la ley, o por cualquier otro medio o procedimiento semejante y sin perjuicio de castigar el hecho como corresponde si constituyese otro delito.

> «El tipo penal castiga a quien haga trampas en los mecanismos internos que determinan las mayorías suficientes para la adopción de acuerdos y la acción que en el caso se imputa no es ésa, sino la de suplantar, a través de una certificación falsa, una voluntad social que no se expresó, de forma que no se habría obtenido abusivamente una mayoría ficticia en la junta, sino que lo ficticio sería la propia junta». **Sentencia de la Audiencia Provincial de A Coruña n.º 200/2015, de 22 de junio, ECLI:ES:APC:2015:1711.**

|| ¿Cuál es la conducta típica?

La acción criminal viene constituida por los siguientes elementos necesarios:

- **Imposición o aprovechamiento:** mientras que en el **artículo 291 del CP** se tipifica la imposición de acuerdos abusivos, en el presente artículo se extiende la sanción no solo a los que imponen un acuerdo lesivo, alcanzado en determinadas circunstancias, sino también a los que se aprovecharen del mismo para sí o para un tercero.

- **Imponer:** se refiere el supuesto en que se hace uso abusivo de una mayoría en la adopción de un acuerdo en el órgano correspondiente de la sociedad, de forma similar que en el tipo del **artículo 291 del CP.**

- **Aprovechar:** se refiere al supuesto en que, no habiendo participado en la toma del acuerdo, se utiliza para sí, o para un tercero, el acuerdo impuesto por otros.

- **Acuerdo lesivo:** es aquel acuerdo hábil para perjudicar a la sociedad y/o sus socios.

• **Adoptado por una mayoría ficticia:** es una mayoría obtenida con mecanismos fraudulentos que hacen que en la toma del acuerdo participe quien no tiene derecho efectivo a ello o se impida el voto a quien sí lo tiene y puede haber dado un sentido distinto a la votación. Estos mecanismos fraudulentos, referidos en el precepto a modo de ejemplo, son:

- Abuso de firma en blanco, (aprovechar una firma en un documento en blanco en virtud de una relación de confianza que se rellena con un contenido distinto al pactado).

- Atribución no prevista en la norma reguladora de la sociedad del derecho de voto de quién vota.

- Negar el voto a quien tiene derecho a él.

- Por cualquier otro medio o procedimiento semejante.

- En perjuicio de la sociedad o de alguno de sus socios, es requisito esencial de este delito el dolo específico consistente en la expresa finalidad o tendencia de lograr un acuerdo lesivo para la sociedad o alguno de sus socios.

CUESTIÓN

¿El perjuicio causado por las conductas debe de ser únicamente económico?

No. Si bien, la mera privación de los derechos políticos de voto y participación en la gestión social, la supresión del papel que en la administración y por tanto la capacidad de decidir sobre la orientación de la actividad comercial o mercantil de una sociedad, por ejemplo, sí que es cierto que pueden llegar a generar un perjuicio con cierto contenido esencial patrimonial para el socio despojado, y tal perjuicio es económicamente evaluable por lo que no cabe hacer una diferencia radical entre derechos de participación política/gestión social y derechos económicos de los socios (sentencia de la Audiencia Provincial de Barcelona n.º 790/2023, de 29 de noviembre, ECLI:ES:APB:2023:11962).

¿Quién es el sujeto activo del delito de imposición de acuerdos lesivos por mayoría ficticia?

El legislador ha seguido un criterio abierto en la determinación de la autoría, pues así como en el artículo precedente especifica que sean los socios en situación mayoritaria en la junta de accionistas o los componentes de los órganos de administración, el precepto que ahora se comenta abre la posibilidad a cualquier persona que imponga o se aproveche de un acuerdo lesivo adoptado por una mayoría ficticia alcanzada por los medios que tipifica.

A pesar de la fórmula utilizada la doctrina considera que se trata de un delito especial propio, ya que necesariamente los sujetos activos deben ser personas que formen parte del cuerpo social o de los órganos de administración, en cuanto que los acuerdos lesivos se adoptan en el interior de los órganos de representación o de administración de la sociedad; aunque ciertamente, la redacción del tipo produce una necesaria indefinición en la determinación del sujeto activo del delito.

El sujeto pasivo de este tipo delictivo varía en función de la modalidad de acción bajo la que se actúe:

- En la modalidad de imposición sujeto activo sólo pueden ser los miembros de la junta de accionistas u órgano de administración.
- En la modalidad de aprovechamiento: cualquier persona puede realizar esa conducta utilizando el acuerdo impuesto por los anteriores.

¿Quién es el sujeto pasivo imposición de acuerdos lesivos por mayoría ficticia?

Es la sociedad y el socio o socios perjudicados por los hechos.

CUESTIONES

1. ¿Podría considerarse sujeto pasivo una sociedad del mismo grupo?

No, pues según la literalidad del **artículo 292 del CP**, el acuerdo ha de ser perjudicial para la propia sociedad o para alguno de sus socios. No se contempla el perjuicio a otra sociedad, así lo deja claro el **Tribunal Supremo en su sentencia n.º 1032/2023, de 19 de diciembre, ECLI:ES:TS:2013:6511**: «(…) el elemento fundamental del art. 292 es un acuerdo lesivo para la propia sociedad en cuyo seno se adopta o para uno de sus socios. Quedan extramuros del tipo acuerdos lesivos para terceros, sean personas físicas o jurídicas».

2. ¿Podrá ser sujeto pasivo del artículo 292 del CP una asociación sin ánimo de lucro?

No, y así lo podemos deducir de la sentencia de la Audiencia Provincial de **Madrid n.º 569/2019, de 20 de septiembre, ECLI:ES:APM:2019:8827, que reza el tenor literal siguiente:**

«Es por ello que, tratándose el Centro Gallego de Madrid de una asociación sin ánimo de lucro, considerada de interés o utilidad pública, y que claramente no participa de modo permanente en el mercado para la consecución de sus fines, las conductas descritas en los artículos 290 al 296, de haberse producido, carecerían de relevancia penal. Así lo establece por ejemplo la STS de 18 de octubre de 2001 (ROS: STS: 8026/2001, ECLI:ES:TS:2001:8026), o el más reciente ATS, Penal sección 1 del 0 de noviembre de 2014 (ROJ: AT 9813/2014, ECLI:ES:TS:2014:9813ª), cuyo Fundamento de Derecho Segundo transcribimos parcialmente por su interés para el caso presente: " Como acertadamente estimó la Sala de instancia, el artículo 297 CP exige, como llave de cierre de los tipos penales previos, que las diferentes personas jurídicas o entidades que enumera como incluidas en el concepto de "sociedad", participen, para el cumplimiento de sus fines, de modo permanente en el mercado, y ello lleva, por lo tanto, a excluir de su ámbito —como así lo refleja la sentencia de esta Sala 245/2007, de 16 de marzo— aquellas fundaciones o asociaciones, que no reúnan ese requisito".

> *Expresado lo anterior, la Sala resulta relevada de examinar los motivos expresados en el escrito de apelación, referidos a la presunta comisión de este primer grupo delictivo conformado por los artículos 292 y 293 del Código Penal, resultando la absolución de los acusados consecuencia necesaria de lo expuesto».*

¿Cuál es el elemento subjetivo del delito de imposición de acuerdos lesivos por mayoría ficticia?

Se castiga la comisión de los hechos de forma dolosa únicamente. Es requisito necesario el ánimo de perjudicar a la sociedad o a sus socios o alguno de ellos.

Pero, **¿es necesario que exista ánimo de lucro?** No, y es clara al respecto la **sentencia de la Audiencia Provincial de Baleares n.º 88/2004, de 5 de mayo, ECLI:ES:APIB:2004:708**, que reza:

«Ciertamente el artículo 292 establece como acción típica, el imponer o aprovecharse de un acuerdo lesivo. A diferencia del artículo anterior **no requiere ánimo de lucro propio o ajeno, ni exige una posición mayoritaria en la Junta de accionistas. Al estar desvinculado dicho acuerdo lesivo de ánimo de lucro ni del perjuicio económico deberá ser referido a cualquiera de los derechos que la ley concede a los socios, derechos de voto, información**, etc., o bien a los recogidos en los estatutos. Ahora bien, el acuerdo lesivo debe haber sido adoptado por los órganos de la sociedad con capacidad para adoptarlo, puesto que el bien protegido en cualquier caso es el respeto a la buena fe mercantil. En el presente caso, es evidente que los imputados crearon un documento que luego elevaron a público que simulaba o parecía emanado de la junta de accionistas por unanimidad, cuando en realidad no poseía si no tan solo, junto con el resto de familiares el tres por ciento del capital social. Es decir la maniobra llevada a cabo por Alfonso era, mediante la certificación emitida por su hijo Vicente que actuó como secretario, inscribir los acuerdos adoptados el día 2 de enero de 1998, pero en ese momento dichos acuerdos no podían ser válidamente adoptados, ya que Alfonso no poseía ni por si ni a través de sus hijos la totalidad de las acciones de la mercantil Palma Parc S.A., ya que tanto el artículo 291 como el 292 parten de acuerdos obtenidos lícitamente pero que resulten abusivos y merezcan tal calificativo. Y en el presente supuesto no puede ser considerado como acuerdo válidamente adoptado el resultante de la citada junta general. El motivo debe ser rechazado».

4.2. Bien jurídico

¿Cuál será el bien jurídico protegido del delito de imposición de acuerdos lesivos por mayoría ficticia?

El **bien jurídico protegido** es la transparencia y claridad en el procedimiento democrático de formación de los acuerdos sociales. La estructuración del funcionamiento de una entidad societaria se basa en una relación de confianza que exige una perfecta formación del sentido del voto, de tal manera que todos los que gozan de este derecho tengan la certeza de que su voluntad no será suplantada por maniobras falsarias o por cualquier otro medio o procedimiento semejante (**sentencia de la Audiencia Provincial de Madrid n.º 126/2019, de 18 de marzo, ECLI:ES:APM:2019:2590**).

Es decir este tipo protege el patrimonio de la sociedad y el patrimonio de los socios.

Además la **sentencia de la Audiencia Provincial de Baleares n.º 88/2004, de 5 de mayo, ECLI:ES:APIB:2004:708**, señala que **el bien jurídico protegido en cualquier caso es la buena fe mercantil.**

4.3. Diferencia con el delito de imposición de acuerdos abusivos

¿Qué diferencia el artículo 292 del CP del artículo 291 del CP?

El tipo delictivo recogido en el **artículo 292 del CP** —imposición de acuerdos lesivos por mayoría ficticia— incluye también aquellos acuerdos que son beneficiosos para la sociedad pero perjudiciales para un socio, así como los acuerdos que perjudican exclusivamente la sociedad.

En este sentido, el **artículo 291 del CP** pretende ofrecer una protección relativa del socio minoritario —supeditándola a que no haya beneficios para la sociedad— frente a una voluntad social real abusiva, mientras que el **artículo 292 del CP** protege tanto a los socios como a la sociedad frente a la voluntad social ficticia.

Es altamente ilustrativa la **sentencia del Tribunal Supremo n.º 654/2002, de 17 de abril, ECLI:ES:TS:2002:2724**, que entiende que la verdadera esencia del artículo 291 del CP parte de la adopción de un acuerdo obtenido ilícitamente pero que debe calificarse de abusivo que conlleva necesariamente un ánimo de lucro propio o ajeno (el de los socios que constituyen la mayoría) en perjuicio de la minoría y siempre que ello no reporte beneficios a la sociedad, pues **es atípica la concurrencia del mencionado ánimo como compatible con un resultado beneficioso para los intereses societarios, con independencia de que la minoría se vea perjudicada.**

En resumen, **la esencia de la conducta típica está constituida por el abuso de la mayoría en beneficio propio y exclusivo.**

Ahora bien, **no puede construirse la idea de que por tener una posición mayoritaria en la junta, bien por sí solo, o con otros socios conjuntamente, la adopción de un acuerdo que sea favorable a determinados socios puede entenderse como delictivo** alegándose simplemente que se ejerce una

posición de abuso mayoritario, por cuanto el acuerdo se alcanza, precisamente, porque la mayoría lo hace en un sentido concreto, y esto no siempre es delito, sino que es el devenir normal de una Junta en la que unos ganan y otros pierden y, en el caso enjuiciado, ninguna evidencia se ha aportado por la acusación particular sobre el carácter abusivo de los acuerdos adoptados en las juntas de socios antes mencionadas, siendo relevante que no fueran atacados por el socio que ejerce la acusación particular en esta causa a través de los cauces que la legislación mercantil ofrece, lo que debe motivar la absolución de los acusados también por este delito (**sentencia del Tribunal Supremo n.º 661/2022, de 30 de junio, ECLI:ES:TS:2022:2817**).

DIFERENCIAS ENTRE ART. 291 Y 292 DEL CP	
ART. 691 DEL CP	**ART. 692 DEL CP**
Acuerdo ilícito	Acuerdo ilícito y abusivo
Acuerdo perjudicial para socios o sociedad	Acuerdo perjudicial para algunos socios
No requiere ánimo de lucro	Requiere ánimo de lucro propio o ajeno (el de los socios que constituyen la mayoría)

4.4. Mayoría ficticia

¿En qué consiste la mayoría ficticia del artículo 292 del CP?

Estas disposiciones sientan los criterios básicos y esenciales para que los acuerdos no sólo sean válidos, sino que representen la voluntad real de la mayoría. El cumplimiento estricto de sus términos dará lugar a la realización de acuerdos cuya efectividad resulta inatacable.

Mayoría ficticia es la que difiere de la real porque alguien ha manipulado los resortes legales y ha introducido elementos de distorsión que producen un inevitable desajuste entre lo que sería verdadero y lo que resulta falso.

En resumen, **existiría mayoría ficticia cuando esta se consiga mediante el cómputo de votos ficticios en alguna de las modalidades previstas por la ley** y será atípica la utilización de votos ficticios cuando con la sola ponderación de los votos válidos, excluidos los ficticios, se hubiera alcanzado la mayoría señalada por la ley.

En este último caso son los votos los que tienen el carácter de ficticio, pero no la mayoría suficiente obtenida mediante el cómputo exclusivo de los votos reales y válidos. Sin embargo, no habría obstáculos para castigar independientemente las maniobras falsarias o fraudulentas realizadas para configurar los votos ficticios.

Los mecanismos fraudulentos para obtener la mayoría ficticia, referidos en el **artículo 292 del CP**, son:

- **Abuso de firma en blanco:** aprovechar una firma en un documento en blanco en virtud de una relación de confianza que se rellena con un contenido distinto al pactado.

El legislador establece a título puramente descriptivo, una serie de conductas que se han utilizado para la obtención de una mayoría ficticia.

Señala, en primer lugar, el abuso de firma en blanco, viniendo a reconocer implícitamente la existencia de una práctica o costumbre en el funcionamiento interior de las sociedades, que estima normal que los representantes o administradores dejen impresos o documentos firmados en blanco para que, en caso necesario, sean utilizados para adoptar decisiones o formar acuerdos.

Habrán de observarse especiales cautelas en torno al abuso de firma en blanco, en tanto en cuanto su utilización en las grandes sociedades es poco menos que imprescindible. Admite no obstante una elaboración jurisprudencial en torno a esta modalidad, en la medida en que no es desconocida para nuestros tribunales, pues su relevancia penal podía aflorar directamente en el terreno de las falsedades documentales punibles o, indirectamente integradas en el delito de estafa conformando así una modalidad agravada (la denominada estafa falsaria).

A este respecto es interesante traer a colación la **sentencia del Tribunal Supremo n.º 860/2008, de 17 de diciembre, ECLI:ES:TS:2008:6984**, que aclara: «En relación al subtipo agravado del n.º 4 de abuso de la firma de otro, lo primero que debe destacarse es la supresión de la expresión "en blanco" a la que hacía referencia el art. 529.3 CP. derogado de 1973, ello supone una expresa extensión del tipo, puesto que al referirse el Código vigente a la firma de otro, el engaño puede producirse no sólo mediante la utilización de una firma estampada en blanco, sino también en aquellos supuestos en los que se abusa de la firma de otro, estampada en cualquier escrito o documento, alterando su finalidad, sin términos o su propia naturaleza».

Por lo tanto, el tipo penal **castiga a quien haga trampas en los mecanismos internos que determinan las mayorías suficientes para la adopción de acuerdos**, a modo de ejemplo, la **sentencia de la Audiencia Provincial de A Coruña en su sentencia n.º 200/2015, de 22 de junio, ECLI:ES:APC:2015:1711**, señala: «(...) acción que en el caso se imputa no es ésa, sino la de suplantar, a través de una certificación falsa, una voluntad social que no se expresó, de forma que no se habría obtenido abusivamente una mayoría ficticia en la junta, sino que lo ficticio sería la propia junta. Subsidiariamente, si fuera cierto el contenido del acta de la Junta obrante al folio 958, ello implicaría que el acuerdo se aprobó por sólo la mitad del capital y no por la totalidad del mismo por razón de manipulaciones que hubieran llevado a esta unanimidad de socios y votantes.

En otros términos, si a través de un documento falso se llegara a obtener una mayoría ficticia, el hecho sería sancionable como delito societario y también como falsedad, dado el inciso final del precepto que permite el concurso de infracciones, pero si la falsedad lo que determina es que se hace aparecer como adoptado un acuerdo que no ha existido, ni en su celebración ni en su respaldo por el capital social, nos encontramos ante una situación sustancialmente diversa a la legalmente prevista y que no puede ser acogida por la vía analógica que el precepto prevé».

- **Atribución indebida del derecho de voto:** es decir, atribución no prevista en la norma reguladora de la sociedad del derecho de voto de quién vota.

La atribución indebida del voto es un tipo penal en blanco, a completar, en su caso, con los artículos 188, 189 y concordantes de la LSC.

Con carácter general el **artículo 91 de la LSC** dispone que: «Cada participación social y cada acción confieren a su titular legítimo la condición de socio y le atribuyen los derechos reconocidos en esta Ley y en los estatutos 175»; y el artículo 93 c) le otorga al socio, como derecho mínimo «c) El de asistir y votar en las juntas generales y el de impugnar los acuerdos sociales».

La LSC prohíbe en su **artículo 96.2**: «(...)la emisión de acciones que de forma directa o indirecta alteren la proporcionalidad entre el valor nominal y el derecho de voto». Y, regula el régimen de las participaciones sociales y acciones sin voto (artículos 98 a 103 de la LSC) y la suspensión del ejercicio del derecho de voto en el caso de adquisición de acciones propias o participaciones o acciones de la sociedad dominante (**artículo 148 de la LSC**).

Por su parte la Audiencia Provincial de Murcia a través de su **auto n.º 624/2011, de 16 de noviembre, ECLI:ES:APMU:2011:488A**, entiende: «En realidad, **la expresión "la atribución indebida del voto" del art. 292 CP es un tipo penal en blanco que habrá de completarse, en su caso a expensas de la investigación judicial y en atención a los hechos que pudieran resultar de la misma**, con los arts. 188, 189 y concordantes del Texto Refundido de la Ley de Sociedades de Capital .

Por consiguiente la conducta típica de atribución indebida del derecho de voto vendrá marcada por el incumplimiento o falta de respeto de las previsiones legales sobre los supuestos en que no se dispone del derecho de voto».

- **Negar el voto a quien tiene derecho a él:** este supuesto representa la cara opuesta al apartado anterior. En este caso el socio inicialmente ostenta en su integridad y sin restricciones ni matizaciones el derecho de voto, pero la persona o personas que tienen facultades para convocar y dirigir los debates en las juntas de accionistas o en los órganos de administración se lo niega ilícitamente.

Este supuesto podría concurrir con el previsto en el **artículo 293 del CP**, que sería absorbido por aquél, ya que sin voto el socio no podría participar en la gestión y control social.

- **Por cualquier otro medio o procedimiento semejante:** el precepto deja abierta la puerta a otros supuestos de mayoría ficticia.

Esta analogía o semejanza hay que referirla no sólo a los procedimientos taxativamente descritos por el legislador, sino a cualquier otro que produzca como resultado una mayoría ficticia de tal manera que se altera la realidad de la voluntad de los socios.

Así, la **STS n.º 969/2010, de 29 de octubre, ECLI:ES:TS:2010:6202,** estima incurso en este delito el administrador de la sociedad que consiguió una mayoría fraudulenta en el órgano de administración, haciendo suyas las aportaciones sociales de determinadas entidades en base a un poder que estaba otorgado para otra finalidad y con ello consiguió una posición dominadora en la sociedad, y cuando ya tenía esa mayoría ficticia, sometió a junta extraordinaria el examen de las adjudicaciones de las participaciones sociales, privando de ellas a otros socios y los derechos inherentes, incluida la distribución de resultados; acuerdos que fueron declarados nulos en la vía civil.

Con la finalidad de apartar a los socios de una determinada votación se puede acudir a coacciones, amenazas o chantajes, compeliéndoles a no participar en la votación del acuerdo que se trata de imponer.

Pero no sólo se incluyen en estas conductas la actitud de abstención sino aquellas en que permitiendo la concurrencia de los socios a la junta o de los administradores a las decisiones de los órganos de administración, se les impone por cualquiera de los procedimientos anteriores e incluso mediante la compra del voto, un determinado sentido a su manifestación de voluntad a través del voto.

En todo caso, el inciso «por cualquier otro medio o procedimiento semejante» ha de ser interpretado restrictivamente, así lo ha señalado el **Tribunal Supremo en su sentencia n.º 1032/2013, de 19 de diciembre, ECLI:ES:TS:2013:6511.**

CUESTIÓN

¿Existirá mayoría ficticia cuando una persona mayor de edad actúe en representación de dos menores que ostentan un determinado porcentaje de las participaciones sociales de una sociedad?

Para responder a la anterior cuestión vamos a utilizar a modo de ejemplo la **sentencia de la Audiencia Provincial de Alicante n.º 472/2016, de 22 de noviembre, ECLI:ES:APA:2016:3998,** que reza al respecto:

«Y por lo que se refiere a las otra infracción que se denuncia, la prevista en el artículo 292 del Código Penal, en el caso examinado no podemos hablar de la existencia de una mayoría ficticia, pues lo único que se cuestiona es el voto otorgado en la Junta General Extraordinaria de fecha 24 de febrero de 2011 por Dª Caridad, hermana de la acusada, en representación de los dos hijos menores de edad de Gabino y Cristina, Teresa y Miguel, quienes ostentaban, cada uno de ellos, el 10% de las participaciones sociales de la mercantil Piensos Durá, SL, tratándose de una cuestión civil que no tiene anclaje en el precepto citado. A mayor abundamiento, y como señala el Juez a quo, el Sr. Gabino cuestiona ahora la validez de tales poderes, obrantes a los folios 244 a 252 de las actuaciones, a pesar de que los mismos ya fueron utilizados en fecha 30 de diciembre de 2010, en una Junta Extraordinaria previa que se celebró respecto

de otra sociedad de la familia (Durá Ballester S.L) sin que en ese momento formulara objeción alguna al respecto (f.158-176: acta notarial de 30-12-2010 de esa Junta General) y sin que tales poderes hayan sido impugnados jamás por el hoy recurrente ante la Jurisdicción Ordinaria, es por lo que también en este aspecto ha de confirmarse la sentencia dictada por cuanto no existe un conducta dolosa por parte de Cristina incardinable en el artículo 292 del Código Penal».

JURISPRUDENCIA

Sentencia del Tribunal Supremo n.º 1032/2013, de 19 de diciembre.
ECLI:ES:TS:2013:6511

«La Audiencia realiza una sintética glosa del tipo. Entiende que el inciso 'por cualquier otro medio o procedimiento semejante ha de ser interpretado restrictivamente. No podría asimilarse a las conductas ejemplificativamente enumeradas en el precepto la llevada a cabo por el acusado. Además considera que en todo caso, el principio de absorción haría que el delito del art. 295 embebiera el injusto del art. 292. Acaba concluyendo apodícticamente que no concurren los elementos típicos.

Es correcta esta última afirmación, aunque parece necesario centrar cuál es el elemento típico que se echa de menos. Es uno básico. Si no está presente carece de utilidad tanto sumergirse en la cuestión de cómo interpretar esa locución abierta con la que se cierra el precepto, como tratar de indagar las relaciones concursales entre los delitos de los arts. 292 y 295».

RESOLUCIÓN RELEVANTE

Auto de la Audiencia Provincial de Tarragona, rec. 95/2006, de 13 de octubre,
ECLI:ES:APT:2006:801A

«Compartiendo los argumentos del auto recurrido, procede desestimar el recurso interpuesto confirmando el archivo acordado. En el presente supuesto aunque es cierto que en el acuerdo por el que se destituía como administradora a la querellante se hacía constar que asisten todos los socios de la sociedad constituyéndose en Junta general y Universal, no se cita expresamente a la querellante, remitiéndose el certificado del acuerdo al acta en cuanto a la relación de asistentes, en la que no se hace constar el nombre de la querellante cuando se enumera uno por uno a los asistentes a la Junta ni se hace constar su firma, por lo que no puede entenderse que estemos ante el supuesto previsto en el artículo 390.1.3 del Código Penal, que se refiere al supuesto de comisión de falsedad suponiendo en un acto la intervención de personas que no la han tenido o atribuyendo a las que han intervenido en él declaraciones o manifestaciones diferentes de las que hubieran hecho. Cuestión distinta sería que se hubiese consignado expresamente la presencia individualizada de la querellante, atribuyéndole un sentido del voto y haciendo constar la firma de la misma. Por tanto, nos encontramos ante el supuesto previsto en el artículo 390.1.4, es decir, faltar a la verdad en la narración de los hechos, hecho que sólo es punible cuando es cometido por autoridad o funcionario público en el ejercicio de sus funciones, siendo atípico cuando es cometido por un particular, como es el caso objeto del recurso, de conformidad con lo previsto en el artículo 392 . Por otro lado, destacar que la mención de que se encontraban presentes todos los socios carece de relevancia en el tráfico jurídico en cuanto que le acuerdo adoptado podría haberlo sido igualmente sin su asistencia y sin necesidad de convocar Junta Universal.

Por otro lado, tampoco concurren los elementos previstos en el artículo 292 del Código Penal que castiga a los que impusieren o se aprovecharen para sí o para un tercero, en perjuicio de la sociedad o de alguno de sus socios, de un acuerdo lesivo adoptado por una mayoría ficticia, obtenida por abuso de firma en blanco, por atribución indebida del derecho de voto a quienes legalmente carezcan del mismo, por negación ilícita del ejercicio de este derecho a quienes lo tengan reconocido por la ley, *o por cualquier otro medio o procedimiento semejante. **No existe en el presente supuesto una mayoría ficticia, pues como se señala en el auto recurrido votó a favor del acuerdo adoptado prácticamente la totalidad del capital social, el 99%, por lo que estamos ante una mayoría real y suficiente para la adopción del mismo».***

4.5. Acuerdo lesivo

En relación con el artículo 292 del Código Penal ¿qué se entiende por acuerdo lesivo?

Este acuerdo lesivo debe serlo para la sociedad o para alguno de sus socios. Lesividad que ha sido interpretada como exigencia de perjuicio. Sin embargo, el tenor literal del **artículo 292 del CP** no obliga a sostener esta interpretación, ni por la referencia a la lesividad, la cual admite varias interpretaciones, ni por el hecho de que la eventual pena de multa se determine en función del beneficio obtenido, pues la existencia de beneficio no presupone necesariamente la concurrencia de un perjuicio. Por tanto, sería posible sostener la suficiencia del peligro concreto para el patrimonio o, incluso, de la mera idoneidad del acuerdo, para perjudicar.

Siendo elemento esencial del delito, ese perjuicio, si no existe como tal para la sociedad o alguno de sus socios, no se produce, aunque el acuerdo sea lesivo en sí mismo por la naturaleza de su contenido. Además, el precepto cierra el círculo de perjudicados, pues no contempla el perjuicio de tercero.

La literalidad del precepto es clara en ese extremo, y podemos verlo en la **STS n.º 1032/2013, de 19 de diciembre, ECLI:ES:TS:2013:6511:**

> «(...)el acuerdo ha de ser perjudicial para la propia sociedad o para alguno de sus socios. No se contempla el perjuicio a otra sociedad. Si el acuerdo que se considera constitutivo del delito del artículo 292 fue adoptado en el seno de la Sociedad Inversiones Industriales y de Energía de Anaga SL, y el perjuicio que se anuda a ese acuerdo recae sobre "Canarias Agroner S L", el tema queda zanjado: no puede nacer una responsabilidad al amparo del artículo 292 C.P.. Así lo resalta el Ministerio Fiscal cuya argumentación en este punto merece ser acogida: el elemento fundamental del artículo 292 es un acuerdo lesivo para la propia sociedad en cuyo seno se adopta o para uno de sus socios. Quedan extramuros del tipo acuerdos lesivos para terceros, sean personas físicas o jurídicas».

Fuera del ámbito de aplicación de este tipo quedan los casos de acuerdos preparatorios que en sí no son lesivos (ni perjudiciales, ni idóneos para perjudicar), si bien sirven para establecer las condiciones que permitirán la comisión de determinados delitos en el futuro.

5.
IMPEDIMENTO DEL EJERCICIO DE LOS DERECHOS DE LOS SOCIOS

5.1. Conducta típica del artículo 293 del Código Penal

¿En qué consiste la conducta típica del art. 293 del CP?

Este precepto castiga a los administradores de hecho o de derecho de cualquier sociedad constituida o en formación que, sin causa legal, negaren o impidieren a un socio el ejercicio de los derechos de información, participación en la gestión o control de la actividad social, o suscripción preferente de acciones reconocidos por las leyes.

La acción consta de varios elementos necesarios:

- **Negar o impedir** el ejercicio de los llamados derechos políticos societarios que son los que garantizan la participación del socio en la gestión de la sociedad, y que se encuentran recogidos, en diversos artículos de la LSC.

Negar consiste en una acción que desconoce la existencia de una cosa, en este caso de los derechos expresados en el tipo, rechazando las pretensiones expresadas por el titular del derecho (el socio) de su ejercicio, o bien desconocer la petición realizada. Hasta que no se active el derecho que se ejercita no se sabe si el sujeto activo (administradores de hecho o de derecho) va a reaccionar negando la realidad de la existencia del derecho o la posibilidad de su ejercicio.

Impedir consiste en boicotear, obstaculizar, obstruir o poner cortapisas al ejercicio del derecho de tal manera que sus posibilidades de ser efectivo se vean frustradas. Por ello a diferencia del supuesto anterior nos encontramos ante un delito de resultado. Obstaculizar, dilatar o poner trabas supone la posibilidad de su comisión mediante actitudes o comportamientos omisivos. Es una negativa indirecta al ejercicio del derecho.

- **Sin causa legal**, de existir esta el comportamiento no sería punible. Ésta es una cuestión que dificulta el juego del precepto pues como cuestión previa a la determinación de la responsabilidad penal deberá estar claro si el imputado como autor no tenía causa legal para su acción.

- **Derechos protegidos penalmente: el artículo 93 de la LSC** atribuye al socio de las sociedades anónima y de responsabilidad limitada: «(...) los siguientes derechos: a) El de participar en el reparto de las ganancias sociales y en el patrimonio resultante de la liquidación. b) El de asunción preferente en la creación de nuevas participaciones o el de suscripción preferente en la emisión de nuevas acciones o de obligaciones convertibles en acciones. c) El de asistir y votar en las juntas generales y el de impugnar los acuerdos sociales. d) El de información».

El tipo penal se refiere a derechos reconocidos por las leyes, con lo que se plantea la cuestión de si los derechos que sólo tienen una referencia estatutaria quedan al margen del tipo, aunque se refieran a los derechos de información, control, gestión o suscripción preferente y sean objeto de maniobras impeditivas u obstativas.

Es evidente que si los derechos están reconocidos expresa y directamente por la ley, resulta indiferente que posteriormente se reproduzcan en los estatutos. Lo verdaderamente relevante a efectos del tipo es precisar si cuando, por el género de sociedad, el derecho sólo está reconocido en los Estatutos se pueden equiparar a derechos legalmente reconocidos.

La remisión a la legalidad plantea el problema de si tendría cabida en la protección penal de este precepto el supuesto de que la causa de impedimento fuera estatutaria y no prevista en la ley. Hay autores que la niegan, sin embargo, un estatuto es un contrato, y conforme al artículo 1.091 del Código Civil los contratos son ley entre las partes. La duda tiene que ir en la vía de la interpretación más restrictiva, o menos extensiva, por respeto a las consecuencias del principio de legalidad penal.

JURISPRUDENCIA

Sentencia del Tribunal Supremo n.º 599/2018, de 27 de noviembre, ECLI:ES:TS:2018:3987

«Pero, sobre todo, es que se arrebataron derechos políticos. No es esto irrelevante a los efectos de los delitos societarios como sostienen los recurrentes. Los derechos políticos tienen, también una dimensión económica (visión global del patrimonio como bien protegido: Wertsummenbegriffo concepción personal del patrimonio que quiere vincularse así a la esfera de libertad)».

- **El dolo:** el autor será castigado si actúa con dolo, es decir, conociendo plenamente los requisitos que conforman la infracción penal y queriendo realizarlos. En los supuestos de negativa de los derechos, es evidente que se necesita un dolo directo que mueve la decisión de desconocer el derecho o derechos tutelados por el tipo penal. Su exigencia aparecía más clara en todos los proyectos y antecedentes de este artículo, incluyendo solamente en el tipo aquellas conductas que fueren maliciosas y reiteradas.

La referencia que se hace en el tipo a la exclusión de la culpabilidad, cuando concurra alguna causa legal que ampare y justifique la negativa o impedimento de los derechos, hace muy difícil la posibilidad del dolo eventual, ya que la actuación del sujeto activo siempre estaría cubierta por la posibilidad de que la acción impeditiva se justifique por la existencia de preceptos legales o estatutarios que puedan ampararla.

¿Quiénes serán los sujetos activos y pasivos del delito de impedimento del ejercicio de los derechos de los socios de una sociedad?

El legislador cierra y delimita el círculo de autores centrando la actividad delictiva en los comportamientos de los administradores de hecho y de derecho. Nos encontramos, por tanto, ante un delito especial propio que solamente admite la comisión directa y material por los sujetos específicamente señalados en el tipo penal, es decir, no puede ser cometido por quien no tenga la cualidad de los administrador de hecho o derecho.

Respecto al sujeto pasivo lo será el socio que ve vulnerado su derecho.

JURISPRUDENCIA

Sentencia del Tribunal Supremo n.º 413/2017, de 7 de junio, ECLI:ES:TS:2017:2353

«2.Esta Sala en su sentencia n.º 1953/2002, de 26 de noviembre, reiterada en la 284/2015, de 12 de mayo, delimita el alcance de esta figura criminal muy cuestionada doctrinalmente: El tipo aplicado introducido en el Código Penal de 1995, como consecuencia de las Directivas Comunitarias, criminaliza determinados ilícitos civiles dentro de la esfera de los derechos políticos y económicos que corresponden a los socios o accionistas, concretamente, los de información, participación en la gestión o control de la actividad social o suscripción preferente de acciones, todos ellos recogidos en la legislación mercantil, además de otros que están excluidos de la conminación penal bien por entenderse que tienen menos trascendencia o porque no se ejercitan ante los administradores y por ello no integran la conducta penalmente relevante. Se ha afirmado que falta un plus de antijuricidad material que justifique la respuesta penal frente al incumplimiento de obligaciones mercantiles que pueden ser demandadas igualmente en esta vía, advirtiéndose que la estructura de la obligación sería idéntica en un caso y otro. Precisamente por ello, decíamos en la STS. núm. 654/02, de 17 de abril, a propósito del artículo 291 C.P., que también constituye una criminalización de determinadas conductas societarias, y que ello equivale a sancionar penalmente determinadas conductas incardinables en el ejercicio abusivo de los derechos (artículo 7.2 CC). Es en este punto donde debe radicar la justificación de la conminación penal a los administradores de hecho o de derecho de cualquier sociedad constituida o en formación, que sin causa legal negaren o impidieren a un socio el ejercicio de los derechos señalados más arriba, pues no se trata de una negativa esporádica, ocasional,

*puntual o aislada, sino en abierta conculcación de la legislación en materia de socie-
dades, con abuso de su cargo, desplegar, en síntesis, una conducta obstruccionista
frente al derecho de los socios, siendo esta cualidad de persistencia en el abuso lo que
por regla general debe determinar la aplicación de la ley penal.*

*Igualmente, en consonancia con la doctrina mayoritaria, hemos afirmado el derecho
de información del socio, en obvia remisión a los arts. 112 y 212 LSA vigentes en el
momento de autos, que es evidente su naturaleza de derecho fundamental para el accionista al ser un presupuesto del derecho de participación y control en la gestión de la
sociedad. Ello supone que los accionistas pueden solicitar por escrito con anterioridad a
las Juntas, o verbalmente los informes o aclaraciones que estimen convenientes acerca
de los asuntos que consten en el orden del día y que, correlativamente los administradores están obligados a proporcionárselo(STS 330/2013, de 26 de marzo)».*

**Sentencia del Tribunal Supremo n.º 150/2011, de 18 de febrero,
ECLI:ES:TS:2011:1505**

*«6.- Otro aspecto que los recurrentes consideran irregular, es el de la falta de
convocatoria de la Junta de 29 de agosto de 2007. Esta conducta no está prevista en
el art. 291, y solo tangencialmente se hace referencia a ella en el art. 293, cuando se
castiga a los administradores que sin causa legal negaren o impidieren a un socio el
ejercicio de los derechos de información, participación en la gestión o control de la
actividad social o suscripción preferente de acciones.*

*Se trata de una conducta dolosa. La falta de convocatoria es una irregularidad
formal que, como se ha dicho, tiene su más lógica y racional solución en el ejercicio
de la acción de nulidad de acuerdos sociales, sin necesidad de introducir el Derecho
penal innecesariamente en el conflicto por ausencia de un simple requisito formal.*

*7.- Los efectos sancionadores que se derivan de la falta de información solo pue-
den entrar en juego cuando la omisión tiene una intencionalidad y finalidad de impedir a los socios el conocimiento exacto de la vida de la sociedad, e incluso privarles
de la posibilidad de acudir a la Junta por desconocimiento de su celebración. La falta
de información por sí misma, sin ningún otro propósito, tiene su cauce por la vía de
las leyes societarias que contemplan, incluso de una manera más eficaz y rápida,
la nulidad de los acuerdos sociales, lo que neutraliza los efectos perjudiciales que
pudieran derivarse de esta anomalía. En el caso presente, como consta en el hecho
probado, las entidades querellantes tuvieron conocimiento del resultado de la Junta
por acta notarial, pero al no haber sido informado previamente de su celebración, e
impugnaron los acuerdos ante los Tribunales de Praga, que decidieron su nulidad, si
bien dicha resolución, en el momento de dictar sentencia, se encontraba apelada. Ello
elimina cualquier vestigio de tipificación penal».*

5.2. Bien jurídico protegido

¿Cuál es el bien jurídico protegido por el art. 293 del CP?

Conforme a la doctrina más caracterizada, el tipo penal objeto de estudio
tutela los derechos económicos y políticos propios de la condición de socio,
de acuerdo con la normativa extrapenal reguladora de los derechos inherentes a dicha condición. Es cierto que no se refiere a todos, pero sí a los derechos mínimos del accionista. Sentencia del Tribunal Supremo n.º 1351/2009,
de 22 de diciembre, ECLI:ES:TS:2009:8306.

Así, son derechos tutelados de naturaleza económico-patrimonial:

- El derecho a participar en los beneficios sociales.
- El derecho a participar en la cuota de liquidación.
- El derecho de suscripción preferente.

Y son derechos políticos:

- El derecho de información.
- El derecho de asistencia y voto en las juntas generales.

Trata el legislador de velar por el correcto funcionamiento de los órganos de administración de las sociedades, mediante la protección de los resortes de control de la gestión social de los accionistas y socios.

Así, la **sentencia del Tribunal Supremo n.º 512/2018, de 29 de octubre, ECLI:ES:TS:2018:4034** señala: «El artículo 293 del Código Penal opera como garantía del correcto funcionamiento de los órganos de administración de las sociedades, protegiendo los mecanismos de información y control de la gestión social que corresponden a los socios».

El reconocimiento legal de este derecho presenta una doble vertiente:

- Los accionistas podrán solicitar por escrito, con anterioridad a la reunión de la junta, o verbalmente durante la misma, los informes o aclaraciones que estimen precisos acerca de los asuntos comprendidos en el orden del día. Los administradores estarán obligados a proporcionárselos, salvo los casos en que, a juicio del presidente, la publicidad de los datos solicitados perjudique los intereses sociales. Excepción que no procederá cuando la solicitud esté apoyada por accionistas que representen, al menos, la cuarta parte del capital.

- A partir de la convocatoria de la junta general, cualquier accionista podrá obtener de la sociedad, de forma inmediata y gratuita, los documentos que han de ser sometidos a la aprobación de la misma, así como en su caso, el informe de gestión y el informe de los auditores de cuentas.

JURISPRUDENCIA

Sentencia del Tribunal Supremo n.º 1351/2009, de 22 de diciembre, ECLI:ES:TS:2009:8306

«4.En la jurisprudencia se ha destacado como conducta típica la obstruccionista frente al derecho de los socios, siendo esta cualidad de persistencia en el abuso, lo que por regla general debe determinar la aplicación de la ley penal.

La STS de 26-11-2002, n.º 1953/2002, señala que "el tipo aplicado introducido en el Código Penal de 1995, como consecuencia de las Directivas Comunitarias, es cierto que criminaliza determinados ilícitos civiles dentro de la esfera de los derechos políticos y económicos que corresponden a los socios o accionistas, concretamente, los de información, participación en la gestión o control de la actividad social o suscripción preferente de acciones, todos ellos recogidos en la legislación mercantil, además de otros que están excluidos de la conminación penal bien por entenderse que tienen menos trascendencia o porque no se ejercitan ante los administradores y por ello no integran la conducta penalmente relevante. Se ha afirmado que falta un plus de antijuricidad material que justifique la respuesta penal frente al incumpli-

miento de obligaciones mercantiles que pueden ser demandadas igualmente en esta vía, advirtiéndose que la estructura de la obligación sería idéntica en un caso y otro. Precisamente por ello, decíamos en la STS núm. 654/02, de 17/04, a propósito del artículo 291 CP, que también constituye una criminalización de determinadas conductas societarias, que ello equivale a sancionar penalmente determinadas conductas incardinables en el ejercicio abusivo de los derechos (artículo 7.2 CC). Es en este punto donde debe radicar la justificación de la conminación penal a los administradores de hecho o de derecho de cualquier sociedad constituida o en formación, que sin causa legal negaren o impidieren a un socio el ejercicio de los derechos señalados más arriba, pues no se trata de una negativa esporádica, ocasional, puntual o aislada, sino en abierta conculcación de la legislación en materia de sociedades, con abuso de su cargo, desplegar, en síntesis, una conducta obstruccionista frente al derecho de los socios, siendo esta cualidad de persistencia en el abuso lo que por regla general debe determinar la aplicación de la ley penal.

El delito aplicado constituye una infracción de mera inactividad o bien obstativa frente a los socios, siendo de efecto permanente, lo que significa que su consumación se prolonga en el tiempo mientras el administrador que desoye los requerimientos de los socios, no cumpla con las obligaciones que le vienen impuestas por la legislación mercantil".

También la STS de 9 de mayo de 2003 aborda el análisis del art. 293 CP y, entre otras cosas, declara que "en relación a las censuras doctrinales que critican el precepto por estimar que los derechos de los accionistas —que constituyen el bien jurídico protegido— ya se encuentran tutelados por la legislación mercantil y no precisan el amparo penal, estas críticas desconocen, a nuestro entender, la relevancia de los derechos básicos de los accionistas que no pertenecen al grupo de control de la sociedad, la gravedad de los ataques de que pueden ser objeto, y la necesidad de una tutela contundente frente a estas agresiones, que solo puede ser proporcionada por la intervención penal.

Sin embargo, asiste la razón a los críticos en la necesidad de restringir los supuestos que justifican la intervención penal, que deben quedar limitados a los comportamientos más abiertamente impeditivos del ejercicio de estos derechos básicos, para diferenciarlos de los supuestos en que lo que se discute es simplemente la suficiencia del modo en que se ha atendido a los derechos de los accionistas, supuestos que están reservados al ámbito mercantil.

Esta restricción no puede realizarse exigiendo requisitos típicos ajenos al precepto, como el perjuicio patrimonial, pues cuando el legislador ha pretendido diseñar en el ámbito de los delitos societarios un tipo de resultado patrimonial lesivo así lo ha dispuesto expresamente, por ejemplo en el art. 295 en el que se exige como resultado típico que "se cause directamente un perjuicio económico evaluable a los socios...".

Tampoco cabe configurar el tipo como delito de peligro hipotético, exigiendo la constatación en cada caso de la idoneidad lesiva, para el patrimonio del socio afectado, de la conducta impeditiva de sus derechos objeto de denuncia. Y ello porque el legislador, cuando ha pretendido en este mismo capítulo diseñar tipos de peligro hipotético para el patrimonio así lo ha establecido expresamente, por ejemplo en el art. 290 que exige que la conducta delictiva se realice "de forma idónea para causar un perjuicio económico" a la sociedad, a alguno de sus socios o a un tercero.

La restricción debe alcanzarse a través de una interpretación del precepto sujeta a su fundamentación material, en el triple ámbito del objeto, de la conducta típica y del elemento normativo.

En el ámbito del objeto material ha de partirse de que los derechos tutelados en el precepto no son absolutos ni ilimitados".

Y la STS de 14-7-2006, n.º 796/2006, concretándose al derecho de información, al que se refiere el presente recurso, precisa que "su extensión y modalidades de ejercicio tiene el alcance concreto que le otorgan las correspondientes normas societarias.

Como objeto del tipo penal el ámbito del derecho no alcanza a los supuestos razonablemente discutibles, que deben quedar para su debate en el ámbito estrictamente mercantil, por lo que únicamente serán típicos aquellos supuestos de denegación de información a la que los socios tienen derecho de modo manifiesto, como sucede con los prevenidos en los arts. 112 LSA (derecho de los accionistas a los informes o aclaraciones que estimen precisos acerca de los asuntos que figuren en el orden del día de una Junta General) y 212 LSA (derecho de los accionistas a obtener cualquiera de los documentos que habrán de ser sometidos a la aprobación de la Junta)"».

6.
NEGAR O IMPEDIR LA ACTIVIDAD INSPECTORA O SUPERVISORA DE LA ADMINISTRACIÓN

6.1. Conducta típica del artículo 294 del Código Penal

¿Cuáles son las características del delito del artículo 294 del CP?

Este precepto castiga penalmente a los que, como administradores de hecho o de derecho de cualquier sociedad constituida o en formación, sometida o que actúe en mercados sujetos a supervisión administrativa, negaren o impidieren la actuación de las personas, órganos o entidades inspectoras o supervisoras.

Se ha cuestionado en la doctrina la necesidad de criminalizar esta conducta, porque se considera que con los instrumentos que proporcionan las normas administrativas sería suficiente para mantener la disciplina del mercado, tanto por las conductas que se consideran infracciones, como por la índole, naturaleza y dureza de las sanciones administrativas previstas para las mismas.

Pero la conducta supervisora de la Administración pública, afecta a multitud de actividades y servicios, por lo que, no se alcanza a comprender muy bien por qué en la mayoría de los casos se deja su regulación a la esfera administrativa y en el supuesto de sociedades que actúen en mercados sujetos a supervisión administrativa, se encomienda la protección de las tareas supervisoras o inspectoras al derecho penal.

En este último caso la conducta típica puede dar lugar a una doble sanción, penal y disciplinaria, que no quebranta el principio *non bis in idem*, en cuanto conductas de obstaculización que pueden encontrarse en leyes administrativas, como la del Mercado de Valores (Real Decreto Legislativo 4/2015, de 23 de octubre, y Ley 6/2023, de 17 de diciembre,), la de Ordenación, Supervisión y Solvencia de Entidades de Crédito (Ley 10/2014, de 26 de junio) y la de ordenación, supervisión y solvencia de las entidades aseguradoras y reaseguradoras (Ley 20/2015, de 14 de julio).

En todo caso, al solaparse la potestad sancionadora administrativa con la penal es preferente ésta sobre aquélla (artículo 271 de la Ley 6/2023, de 17 de diciembre), debiendo recordar el carácter subsidiario o de última ratio que preside el derecho penal.

> **A TENER EN CUENTA.** Se hace cita del Real Decreto Legislativo 4/2015, de 23 de octubre, reguladora del mercado de valores junto con la Ley 6/2023, de 17 de diciembre, de los Mercados de Valores y de los Servicios de Inversión, debiendo advertir que el RDL 4/2015 se encuentra en la actualidad derogada por la Ley 6/2023, pero teniendo en cuenta lo dispuesto por la D.F. 15.ª de esta última norma: «Hasta que se dicten las normas reglamentarias de desarrollo de la presente ley, se mantendrán en vigor las normas vigentes sobre los mercados de valores y los servicios de inversión, en tanto no se opongan a lo establecido en esta ley».

La naturaleza de este delito es estrictamente económica pues supone el incumplimiento de obligaciones específicas que pesan sobre la sociedad como consecuencia del intervencionismo estatal en ciertos mercados que, por su trascendencia para el sistema económico, el Estado quiere controlar estrechamente. El procedimiento utilizado consiste en convertir en delitos ajenos la incapacidad propia para descubrir y perseguir los hechos irregulares que puedan producirse en el seno de estas sociedades, lo que cohonesta mal con el respeto a algunos principios constitucionales, como el derecho a no declarar contra sí mismo. Lo que se hace es construir un delito de peligro abstracto, basado en la presunción de que quien se muestra renuente al control administrativo al que está obligado es porque tiene algo que ocultar, lo que constituye base suficiente para presumir la peligrosidad de la obstrucción.

Asimismo, el tipo descrito en el **artículo 294 del CP** se trata de un tipo restrictivo, que sanciona la conducta obstruccionista frente a la actuación inspectora o supervisora de los entes de la administración pública que tienen atribuida la misma pero, y aquí está el elemento del tipo que restringe su aplicación, no sobre cualquier sociedad sino sólo sobre aquellas que actúan en mercados sujetos a supervisión administrativa, así lo señala la **sentencia de la Audiencia Provincial de Barcelona n.º 627/2019, de 7 de octubre, ECLI:ES:APB:2019:13456**, que en su caso se trata de una sociedad que no actúa en un mercado supervisado y la conducta obstruccionista se refiere a la acción de un auditor nombrado por la apelante y no a la que de un ente de control público, por lo que no se cumplen las exigencias del tipo.

Por lo tanto, la aplicación del tipo depende de que concurra la doble exigencia de que sean sociedades que actúen en mercados sujetos a supervisión administrativa, pueden citarse al respecto las siguientes sentencias:

- **Sentencia de la Audiencia Provincial de Valencia n.º 59/2009, de 28 de enero, ECLI:ES:APV:2009:6543**: «Y ello porque ese delito, conocido como de obstaculización a la inspección o supervisión administrativa, tiene como bien jurídico protegido la necesaria claridad y transparencia que deben observar las sociedades sometidas a supervisión administrativa en sus relaciones con las personas, entidades u órganos inspectores o supervisores. No protegiendo, por tanto, el patrimonio ni los derechos de los socios frente a conductas abusivas de los órganos de administración, que tiene otra tipificación. Pues aquí el concepto de sociedad mercantil es más restringido y queda circunscrito a aquellas sociedades que operan en el mercado financiero y desarrollan una actividad especialmente reglamentada, sometida a un régimen particular de intervención administrativa directa, como puede ser el Banco de España, el Mercado de Valores, el Ministerio de Economía y otros organismos. Circunstancia que no concurren en la sociedad de que se trata, y ello porque se protege un bien jurídico supraindividual como lo es la actividad interventora de la Administración Pública en el tráfico mercantil, como ha entendido el profesor Valle Muñiz y otra en sus comentarios a la Parte especial del Derecho Penal».

- **Sentencia de la Audiencia Provincial de Cantabria n.º 153/2009, de 29 de mayo, ECLI:ES:APS:2009:1248:** «Este precepto castiga, en lo que aquí interesa, a los administradores de cualquier sociedad "sometida o que actúe en mercados sujetos a supervisión administrativa" que "negaren o impidieren la actuación de las personas, órganos o entidades inspectoras o supervisoras". Hemos destacado en cursiva dos elementos fundamentales del tipo, la naturaleza de la sociedad de la que es administrador el sujeto activo del delito, por un lado, y la acción típica, por otro. Porque, y ello es de destacar, lo que dicho precepto protege es la actividad de control de los órganos administrativos que tienen atribuidas facultades supervisoras e inspectoras sobre determinadas sociedades. El bien jurídico protegido, además de la protección del orden económico general, es de naturaleza administrativa, se tutela un interés del que es titular la Administración, que a través de comportamientos prohibidos ve entorpecida su actividad supervisora y menoscabada su propia autoridad. No protege, por tanto, de forma inmediata, intereses de la propia sociedad, de los socios o de terceros relacionados con ella. Es más, este delito se cometería incluso por un administrador modélico en su actuación de cara a la sociedad y a los socios que, sin embargo, no permitiese la actuación inspectora o supervisora de la Administración. Y tanto la doctrina como la jurisprudencia postulan la interpretación más restrictiva posible de este precepto, a la vista del completo sistema de infracciones y sanciones administrativas previsto en la legislación administrativa a que remite el precepto, que podría dar lugar a continuas infracciones del principio non bis in idem; en preceptos como éste se postula el carácter de ultima ratio del Derecho Penal y se recuerda el principio de intervención mínima».

¿Cuál es la conducta típica del delito de negar o impedir la actividad inspectora o supervisora de la Administración?

La acción consta de varios elementos necesarios:

- **Negar o impedir la actuación inspectora o supervisora:** es una acción de desobediencia que se comete tanto con la negativa abierta a la actuación, como, sin negarlo expresamente, impedir de hecho directa o indirectamente la actuación de los agentes o inspectores.

  Existe acuerdo en la doctrina en que la obstaculización penalmente típica habrá de ser firme y debe comportar un impedimento absoluto en la actividad inspectora y supervisora. Es por dicha circunstancia que únicamente deberían sancionarse penalmente aquellas conductas que objetivamente pudieran calificarse como negativa o impedimentos muy graves, en función de las circunstancias concurrentes, medios empleados y consecuencias de la misma.

  Y también, que debe excluirse de la conducta típica la presentación de todos aquellos recursos administrativos y judiciales que se consideren oportunos frente a las decisiones de la autoridad inspectora o supervisora, pero sí debe comprenderse en dicha conducta la reiteración de alegaciones ante la autoridad, cuando ésta ya ha decidido y, sin embargo, no se ha presentado el correspondiente recurso, siempre que esa reiteración de alegaciones no vaya acompañada de la inmediata entrega de la información o documentación requerida.

  En la **sentencia del Tribunal Supremo n.º 309/2012, de 12 de abril, ECLI:ES:TS:2012:2863**, el Ministerio Fiscal solicita que se condene al acusado: «por un delito continuado de prevaricación por haber excluido o impedido actividades de comprobación e inspección iniciadas o pendientes de inicio en relación con los tres expedientes».

- **Actuación sometida a supervisión administrativa:** se trata de un sector de la actividad empresarial que, por incidir sobre esferas sensibles de la actividad empresarial (financieras, aseguradoras, mercado de valores) deben ser objeto de su especial seguimiento con objeto de que no actúen en contra de los intereses generales y los específicos del sector controlado.

- **Órganos o entidades inspectoras o supervisoras:** para que la acción sea típica debemos encontrarnos ante labores inspectoras o supervisoras específicamente previstas para el sector en relación con la naturaleza especial de las actividades económicas que realiza con objeto de comprobar la solidez financiera de la empresa afectada. Las facultades supervisoras tienen que estar encomendadas a un organismo concreto y tener unos objetivos determinados. Así en las sociedades que manejan fondos de inversión mobiliarios el organismo encargado de estas tareas, según la ley es la Comisión Nacional del Mercado de Valores.

  Supervisar es ejercer la vigilancia o inspección de una cosa o de una actividad e inspección tiene un análogo significado al comprender en este término las tareas de fiscalizar, revisar y supervisar, por lo que las expresiones se utilizan a efectos puramente estilísticos, cuando lo verdaderamente determinante a los efectos pretendidos por el legislador es someter a control (mediante la supervisión e inspección) la actuación de determinadas sociedades que actúen en mercados sujetos a supervisión administrativa.

- **El dolo:** es requisito necesario que la negativa a la actividad supervisora sea maliciosa o intencional, es decir, dolosa. No cabrá duda sobre el conocimiento de la obligación de permitir la actuación supervisora administrativa pues ésta llevará previamente un requerimiento o notificación de dicha actuación que desvanecerá cualquier duda sobre su realidad y legalidad.

Tampoco cabe el dolo eventual pues la negativa y la subsiguiente imposibilidad de llevar a efecto las oportunas inspecciones sólo obedece a una conducta directa y conscientemente lesiva del bien jurídico protegido.

|| **¿Quiénes son los sujetos activos y pasivos de este delito?**

El sujeto activo, de esta clase de delitos viene determinado por una doble cualificación. En primer lugar se centra la responsabilidad criminal en los administradores de hecho o de derecho y en segundo término se limita la autoría a los que ostenten esta condición en sociedades sometidas o que actúen en mercados sujetos a supervisión administrativa.

Nos encontramos, por tanto, ante un delito especial propio, en el que la condición de autor viene determinada por la posición que se ocupa en los órganos de representación de la sociedad.

Respecto al sujeto pasivo lo será la Administración pública como ente público que ve impedida su actuación inspectora o supervisora.

|| **¿Cuál es el objeto material?**

Son las sociedades, constituidas o en formación, pero no cualquier sociedad sino aquellas sometidas o que actúen en mercados sujetos a supervisión administrativa, normalmente por la trascendencia de su actuación en unos determinados intereses generales o sectores de la población o de la actividad socioeconómica. Habrá que estar a las normas administrativas que impongan estos controles en las sociedades de determinados tráficos mercantiles (seguros, valores, entidades de crédito, etc.).

6.2. Bien jurídico protegido

¿Cuál es el bien jurídico protegido del artículo 294 del CP?

El **artículo 294 del CP** protege la actividad de control de los órganos administrativos que tienen atribuidas facultades supervisoras e inspectoras sobre determinadas sociedades, de manera que el bien jurídico protegido es, junto al orden económico general, de naturaleza administrativa, se tutela un interés del que es titular la Administración, que a través de comportamientos prohibidos ve entorpecida su actividad supervisora y menoscaba su propia autoridad. Por tanto, este precepto no protege de forma inmediata intereses de la sociedad, los socios o terceros.

En la **sentencia de la Audiencia Provincial de Cantabria n.º 153/2009, de 29 de mayo, ECLI:TS:APS:2009:1248,** señala lo siguiente al respecto de este delito:

> «Este precepto castiga, en lo que aquí interesa, a los administradores de cualquier sociedad "sometida o que actúe en mercados sujetos a supervisión administrativa" que "negaren o impidieren la actuación de las personas, órganos o entidades inspectoras o supervisoras". Hemos destacado en cursiva dos elementos fundamentales del tipo, la naturaleza de la sociedad de la que es administrador el sujeto activo del delito, por un lado, y la acción típica, por otro. Porque, y ello es de destacar, lo que dicho precepto protege es la actividad de control de los órganos administrativos que tienen atribuidas facultades supervisoras e inspectoras sobre determinadas sociedades. El bien jurídico protegido, además de la protección del orden económico general, es de naturaleza administrativa, se tutela un interés del que es titular la Administración, que a través de comportamientos prohibidos ve entorpecida su actividad supervisora y menoscabada su propia autoridad. No protege, por tanto, de forma inmediata, intereses de la propia sociedad, de los socios o de terceros relacionados con ella. Es más, este delito se cometería incluso por un administrador modélico en su actuación de cara a la sociedad y a los socios que, sin embargo, no permitiese la actuación inspectora o supervisora de la Administración. Y tanto la doctrina como la jurisprudencia postulan la interpretación más restrictiva posible de este precepto, a la vista del completo sistema de infracciones y sanciones administrativas previsto en la legislación administrativa a que remite el precepto, que podría dar lugar a continuas infracciones del principio non bis in idem; en preceptos como éste se postula el carácter de ultima ratio del Derecho Penal y se recuerda el principio de intervención mínima».

7.
ADMINISTRACIÓN DESLEAL Y APROPIACIÓN INDEBIDA

7.1. Evolución

Administración desleal

El delito de administración desleal ha sido incorporado a nuestro derecho de manera tardía y técnicamente errada, aunque cierto es que en nuestro derecho histórico el *falsum,* que se regulaba en la Setena Partida, título VII, tenía tal amplitud que podía alcanzar a supuestos de administración desleal, dado que se consideraba que «las falsedades de los omes facen [...] son muy llegadas a la traycion» y trataba un supuesto muy cercano a la administración fraudulenta al referirse a la prevaricación del abogado, «que apercibiesse ala otra parte contra quien razonaua a daño de la suya, mostrando le las cartas, o las prioridades de los pleitos que el razonada». Por otro lado, en la Ley 8, título III se preveía el caso del que niega haber recibido la cosa en depósito.

En general es posible pensar que del *falsum* se han desprendido el «derecho a no ser engañado», que está en la estafa y en los delitos de falsedad documental, y el «derecho a la lealtad», que es el soporte de las defraudaciones y, especialmente, de la administración desleal.

Posteriormente, la codificación de 1848 se limitó a la regulación de la apropiación indebida, construida como un delito de apropiación de cosas recibidas en confianza y de distracción de dinero recibido en administración. No recogió los artículos 773 y 774 del CP de 1822, que describían las infidelidades del tutor, curador o albacea que «se apropiare, malversare o disipare fraudulentamente alguno de los bienes del pupilo, menor o demente o de la testamentaria que tuviese a su cargo».

Es interesante comprobar que desde los orígenes de la codificación penal española en 1822 la figura designada como apropiación indebida ha distinguido siempre dos acciones diferentes:

- La apropiación de cosas muebles, en sentido estricto.
- La distracción de dinero ajeno.

Los Códigos de 1848 y 1850 fueron duramente criticados pues se debería haber procedido a una separación clara de la apropiación de cosas (muebles) como delito de apropiación indebida y de la administración desleal de dinero que estaba implícita en la «distracción de dinero», elaborando un tipo de administración desleal no referido al símbolo de los valores patrimoniales, el dinero, sino al patrimonio como entidad jurídica. Este problema de fondo tampoco fue comprendido por el Código de 1870.

Existen antecedentes históricos sobre dicha figura en el artículo 734 del CP de 1928 donde se penaba la mera trasmisión de comunicaciones contrarios a la verdad.

La falta de rigor en el tratamiento de estos conflictos tenía también reflejo en el Código de 1944 donde la apropiación indebida era considerada como una variedad de la estafa y, en particular, una forma de engaño *a posteriori*.

No fue hasta los proyectos de 1980, 1983 y 1992 que se introdujo un tipo específico de administración desleal como delito societario que se encontraba en el artículo 295 del CP de 1995, que ha sido suprimido por la LO 1/2015, de 30 de marzo, en la actualidad el artículo de administración desleal lo encontramos en el **artículo 252 del CP.**

Así, la distracción, como modalidad típica a que se refiere el delito de apropiación indebida en el artículo 252 del CP, **no se comete con la desviación orientada a un uso temporal o el ejercicio erróneo de las facultades conferidas, sino que es necesaria la atribución al dinero de un destino distinto del obligado,** con vocación de permanencia.

‖ Elemento del tipo subjetivo

Requiere que el sujeto conozca que **excede sus atribuciones al actuar como lo hace y que con ello suprime las legítimas facultades del titular o destinatario sobre el dinero o la cosa entregada.** En esta modalidad delictiva se configura como elemento específico la infracción del deber de lealtad que surge de la especial relación derivada de los títulos que habilitan la administración, y la actuación en perjuicio del patrimonio ajeno producido por la infidelidad (**sentencia del Tribunal Supremo n.° 856/2022, de 28 de octubre, ECLI:ES:TS:2022:4197**).

> **CUESTIÓN**
>
> **¿Es necesario que se pruebe que el dinero o la cosa ha quedado incorporado al patrimonio del administrador?**
>
> No, así lo señala la citada **sentencia del Tribunal Supremo n.° 103/2020, de 10 de marzo, ECLI:ES:TS:2020:880**, el tipo se realiza, aunque no se pruebe que el dinero ha quedado incorporado al patrimonio del administrador, únicamente con el

perjuicio que sufre el patrimonio del administrado, como consecuencia de la gestión desleal de aquél que ha violado los deberes de fidelidad inherentes a su posición. Es suficiente el dolo genérico que consiste en el convencimiento y consentimiento del perjuicio que se ocasiona.

Apropiación indebida

La apropiación de cosas que se poseen por un título que no es apto para transmitir la propiedad, en perjuicio de su legítimo dueño o de quien hizo entrega de la cosa en razón a aquel título meramente posesorio, es una modalidad delictiva que ha tardado en configurarse como un tipo con *nomen iuris* y entidad propia.

Los antecedentes legislativos de la apropiación indebida se vinculan a los tipos delictivos de estafa y hurto, no llegándose a configurar como delito propio o independiente hasta la plasmación del mismo en la legislación francesa, en la Ley 29 de septiembre de 1791. Es a partir de ese momento cuando la autonomía de dicha figura delictiva cobra fuerza y comienza a plasmarse en legislaciones europeas.

Sin embargo, ante la necesidad de diferenciarlos ulteriormente, las sucesivas etapas legislativas trataron de individualizar un tipo penal específico para la apropiación indebida. En un primer momento, a raíz del CP de 1822 con notables influencias del Código Penal Francés, se ubica la apropiación indebida bajo la denominación del «abuso de confianza» diferenciándose así del hurto y la estafa. En el Código Penal de 1848, se abandona esta idea y dada la imprecisión terminológica y técnica que rodea al delito de estafa, el legislador decidió englobar en un capítulo todas las infracciones en las que de alguna manera y de una forma aproximada concurre la característica de defraudación. De esta manera se incluye como una forma de estafa la conducta consistente en la violación de la confianza depositada en quien recibe un bien con la existencia de un compromiso de devolución.

En los Códigos Penales de 1928 y 1932 no se varía la situación sistemática del delito y no es hasta 1944 donde vemos que el delito objeto de estudio parece independizarse conceptualmente por fin de la estafa y del hurto, al ser ubicado en una sección separada de la misma donde se le otorga el nombre específico que va a tener hasta nuestros días: apropiación indebida. Se mantiene, no obstante, en el mismo capítulo de la estafa con lo que obliga a compartir con ella su consideración de «defraudación».

Con motivo de la reforma de 1983 del CP donde el delito de estafa perfila su caracterización típica definiéndose como el comportamiento delictivo en el que no existe apropiación sino entrega en virtud de engaño, el artículo 535 del CP de 1973, entonces vigente, fue modificado y ampliado introduciéndose una nueva modalidad de apropiación indebida, consistente en «apropiarse, con ánimo de lucro, de un bien perdido».

Actualmente, la configuración de este delito se encuentra regulada en los **artículos 253 del CP** y **254 del CP**.

El **artículo 253 del CP** castiga:

«1. Serán castigados con las penas del artículo 248 o, en su caso, del artículo 250, salvo que ya estuvieran castigados con una pena más grave en otro precepto de este Código, los que, en perjuicio de otro, se apropiaren para sí o para un tercero, de dinero, efectos, valores o cualquier otra cosa mueble, que hubieran recibido en depósito, comisión, o custodia, o que les hubieran sido confiados en virtud de cualquier otro título que produzca la obligación de entregarlos o devolverlos, o negaren haberlos recibido.

2. Si la cuantía de lo apropiado no excediere de 400 euros, se impondrá una pena de multa de uno a tres meses».

Y, el **artículo 254 del CP**:

«1. Quien, fuera de los supuestos del artículo anterior, se apropiare de una cosa mueble ajena, será castigado con una pena de multa de tres a seis meses. Si se tratara de cosas de valor artístico, histórico, cultural o científico, la pena será de prisión de seis meses a dos años.

2. Si la cuantía de lo apropiado no excediere de 400 euros, se impondrá una pena de multa de uno a dos meses».

‖ Elementos del tipo objetivo

El **Tribunal Supremo en su sentencia n.º 599/2022, de 15 de junio, ECLI:ES:TS:2022:2344**, señala los siguientes:

- Que el autor lo reciba en virtud de depósito, comisión, administración o cualquier otro título que contenga una precisión de la finalidad con que se entrega y que produzca consiguientemente la obligación de entregar o devolver otro tanto de la misma especie y calidad.

- Que el autor ejecute un acto de disposición sobre el objeto o el dinero recibidos que resulta ilegítimo en cuanto que excede de las facultades conferidas por el título de recepción, dándole en su virtud un destino definitivo distinto del acordado, impuesto o autorizado.

- Que como consecuencia de ese acto se cause un perjuicio en el sujeto pasivo, lo cual ordinariamente supondrá una imposibilidad, al menos transitoria, de recuperación.

Por su parte en la **sentencia n.º 727/2009, de 29 de junio, ECLI:ES:TS:2009:4710**, este tribunal afirmó que para la existencia del tipo penal es necesario que el dinero o las cosas fungibles de que se trate tuvieran al recibirse un destino previamente fijado.

Y en la misma línea se pronunció en la **sentencia n.º 259/2013, de 19 de marzo, ECLI:ES:TS:2013:1445**, cuando subraya que en numerosos precedentes de esta Sala se ha señalado como títulos que han de ser descartados a efectos de integrar la tipicidad del delito del art. 252 todos aquellos que transmiten la propiedad, como son la compraventa, el préstamo mutuo, la permuta o la donación.

7.2. Regulación en el Código Penal de 1973

Regulación de los delitos de apropiación indebida y administración desleal en el CP de 1973

El Decreto 3096/1973, de 14 de septiembre, por el que se publica el Código Penal, texto refundido conforme a la Ley 44/1971, de 15 de noviembre, solamente contiene la regulación del delito de apropiación indebida, puesto que el delito de administración desleal no se regula en España hasta el Código Penal de 1995.

Hasta dicho momento, los hechos susceptibles de una administración desleal del patrimonio societario solo se castigaban si constituían una apropiación indebida.

El delito de apropiación indebida se regulaba en el artículo 535 del CP de 1973, el cual establecía:

> «Serán castigados con las penas señaladas en el artículo 528 y, en su caso, con las del 530, los que en perjuicio de otro se apropiaren o distrajeren dinero, efectos o cualquiera otra cosa mueble que hubieren recibido en depósito, comisión o administración, o por otro título que produzca obligación de entregarlos o devolverlos, o negaren haberlos recibido.
>
> Las penas se impondrán en el grado máximo en el caso de depósito miserable o necesario».

Como pude observarse esta redacción muestra la estrecha relación de dependencia del tipo de estafa, con el que entraba en colisión frecuentemente.

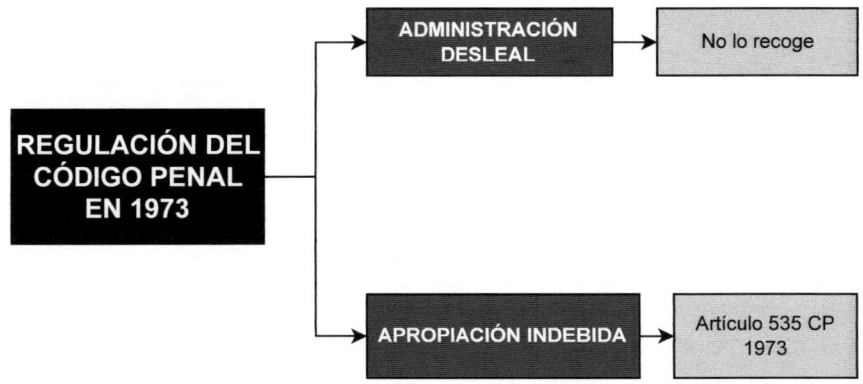

7.3. Regulación en el Código Penal de 1995

Administración desleal en el CP de 1995

La creación del tipo introducido en el CP de 1995 obedece a una necesidad real para dar respuesta a una serie de prácticas ilícitas que carecían de respuesta jurídico penal, porque al tratarse de gravísimas infidelidades del administrador, pero sin engaño previo al administrado y sin apropiarse tampoco de bienes, sus elementos no están incluidos ni en la estafa, ni en la apropiación indebida. Introduciendo dicha figura delictiva el legislador en el CP de 1995 para paliar la existencia de laguna legal existente proclamada por la doctrina y jurisprudencia.

La configuración de este hecho delictivo la encontramos por primera vez en el artículo 295 del CP de 1995. Este precepto se ubicaba en el capítulo XIII (de los delitos societarios) del título XIII (delitos contra el patrimonio y contra el orden socioeconómico. Dicho artículo establecía:

«Los administradores de hecho o de derecho o los socios de cualquier sociedad constituida o en formación, que en beneficio propio o de un tercero, con abuso de las funciones propias de su cargo, dispongan fraudulentamente de los bienes de la sociedad o contraigan obligaciones a cargo de ésta causando directamente un perjuicio económicamente evaluable a sus socios, depositarios, cuenta partícipes o titulares de los bienes, valores o capital que administren, serán castigados con la pena de prisión de seis meses a cuatro años, o multa del tanto al triplo del beneficio obtenido».

Actualmente este delito se configura en el **artículo 252 del CP**:

«1. Serán castigados con las penas del artículo 248 o, en su caso, con las del artículo 250, los que teniendo facultades para administrar un patrimonio ajeno, emanadas de la ley, encomendadas por la autoridad o asumidas mediante un negocio jurídico, las infrinjan excediéndose en el ejercicio de las mismas y, de esa manera, causen un perjuicio al patrimonio administrado.
2. Si la cuantía del perjuicio patrimonial no excediere de 400 euros, se impondrá una pena de multa de uno a tres meses».

A TENER EN CUENTA. El artículo 252 del Código Penal se ha visto modificado por la LO 14/2022, de 22 de diciembre, con entrada en vigor el 12/01/2023. El concepto de administración desleal no cambia pero sí las penas con las que serán castigados los que cometan este delito, que pasarán a ser las del artículo 248 y no art. 249 como anteriormente se estipulaba (además de las del art. 250).

Apropiación indebida en el CP de 1995

En el Código Penal de 1995 el delito de apropiación indebida se encontraba regulador en el artículo 252 del CP. Este precepto se ubicaba en la sección 2.ª (de apropiación indebida) del capítulo VI (de las defraudaciones) del título XIII (delitos contra el patrimonio y el orden socioeconómico). Dicho artículo rezaba así:

> «Serán castigados con las penas del artículo 249 ó 250, en su caso, los que en perjuicio de otro se apropiaren o distrajeren dinero, efectos, valores o cualquier otra cosa mueble o activo patrimonial que hayan recibido en depósito, comisión o administración, o por otro título que produzca obligación de entregarlos o devolverlos, o negaren haberlos recibido, cuando la cuantía de lo apropiado exceda de cincuenta mil pesetas. Dicha pena se impondrá en su mitad superior en el caso de depósito necesario o miserable».

El tenor literal del nuevo artículo 252 del CP no aportaba elementos innovadores a la definición de apropiación indebida, pero sí a los objetos sobre los que puede recaer la conducta típica. Así, resaltar la incorporación al tipo de los términos «valores» (junto al dinero y los efectos) y «activo patrimonial» (junto a cualquier otra cosa mueble). Sin embargo, no se trataba de una verdadera innovación puesto que ambos elementos podían entenderse incluidos en la referencia a las cosas muebles del antiguo artículo 535 sin temor a establecer una analogía contra reo.

Actualmente la apropiación indebida, desde la reforma operada por la LO 1/2015, de 30 de marzo, y posteriormente por la LO 14/2022, de 22 de diciembre, se configura en los **artículos 253 y 254 del CP**.

7.4. Regulación en la Ley Orgánica 1/2015: relación con la estafa y la malversación

Regulación en la LO 1/2015, de 30 de marzo en relación con la estafa y la malversación

Antes de la reforma del Código Penal subsistían el delito de apropiación indebida del artículo 252 del CP y el delito de administración desleal del artículo 295 del CP dentro del capítulo de los delitos societarios. La doctrina jurisprudencial distinguía en la apropiación indebida la acción de distraer de la apropiación clásica, lo que ocasionaba problemas de calificación.

Tras la reforma operada por la **Ley Orgánica 1/2015, de 30 de marzo**, en el capítulo de las defraudaciones se creó la sección 2.ª integrada por el artículo 252 dedicada al delito de administración desleal, la sección 2.ª bis integrada por los artículos 253 y 254 dedicados a la apropiación indebida y, por otra parte, en el capítulo XIII de los delitos societarios se dejó sin contenido el artículo 295 del CP.

|| Administración desleal

La reforma del Código Penal llevada a cabo por la **Ley Orgánica 1/2015, de 30 de marzo** ha dotado de una nueva configuración al delito de administración desleal, eliminándolo del campo de los delitos societarios, (ha derogado el artículo 295 del CP que se ocupaba de este delito), para, trasladarlo a los «delitos patrimoniales» como figura específica recogida en el **artículo 252 del CP** dentro del capítulo de los delitos de «defraudación», bajo un nuevo epígrafe de la Sección 2.ª denominada ahora «De la administración desleal».

CUESTIÓN

¿Qué podemos entender por patrimonio?

De acuerdo con la **sentencia del Tribunal Supremo n.º 166/2013, de 8 de marzo, ECLI:ES:TS:2013:1110**, que hace mención a la STS, rec. 3654/1992, de 23 de abril, ECLI:ES:TS:1992:20999, se puede entender por patrimonio: «(...) en la doctrina moderna, el concepto personal de patrimonio, según el cual el patrimonio constituye una unidad personalmente estructurada, que sirve al desarrollo de la persona en el ámbito económico, ha permitido comprobar que el criterio para determinar el daño patrimonial en la estafa no se debe reducir a la consideración de los componentes objetivos del patrimonio. El juicio sobre el daño, por el contrario, debe hacer referencia también a componentes individuales del titular del patrimonio. Dicho de otra manera: el criterio para determinar el daño patrimonial es un criterio objetivo-individual. De acuerdo con éste, también se debe tomar en cuenta en la determinación del daño propio de la estafa, la finalidad patrimonial del titular del patrimonio. Consecuentemente, en los casos en los que la contraprestación no sea de menor valor objetivo, pero implique una frustración de aquella finalidad, se debe apreciar también un daño patrimonial ". Criterio que ha sido seguido en la STS n.º 195/1996, en la que se decía que "El moderno concepto del patrimonio estructurado desde una perspectiva objetiva, individual, permite estimar en la determinación del daño propio de la estafa la finalidad patrimonial del titular", y del mismo modo en la STS n.º 91/2010, en la que se recoge que "... lo que se pretende es comprender en el requisito del perjuicio no sólo una valoración puramente económica, sino también tener en cuenta la finalidad de la operación enjuiciada».

Con esta reforma ha dejado de ser un delito societario para convertirse en un delito patrimonial aplicable a todos los casos de administración desleal de patrimonios en perjuicio de su titular, cualquiera que sea el origen de las facultades administradoras.

Con las modificaciones realizadas por la **LO 1/2015**, el delito de administración desleal regulado en el **artículo 252 del CP**, quedó redactado de la siguiente manera:

«1. Serán castigados con las penas del artículo 249 o, en su caso, con las del artículo 250, los que teniendo facultades para administrar un patrimonio ajeno, emanadas de la ley, encomendadas por la autoridad o asumidas mediante un negocio jurídico, las infrinjan excediéndose en el ejercicio de las mismas y, de esa manera, causen un perjuicio al patrimonio administrado.

2. Si la cuantía del perjuicio patrimonial no excediere de 400 euros, se impondrá una pena de multa de uno a tres meses».

Como reza en el **preámbulo de la Ley Orgánica 1/2015, de 30 de marzo de reforma del Código Penal**:

«El Código Penal de 1995 había optado por tipificar la administración desleal como un delito societario, a pesar de que se trata en realidad de un delito patrimonial que puede tener por sujeto pasivo a cualquier persona.

La reforma introduce una regulación moderna de la administración desleal, que no es sólo societaria, entre los delitos patrimoniales, cercana a la existente en las distintas legislaciones europeas.

Su desplazamiento desde los delitos societarios a los delitos patrimoniales, que es donde debe estar ubicada la administración desleal de patrimonio ajeno, viene exigido por la naturaleza de aquel delito, un delito contra el patrimonio, en el que, por tanto, puede ser víctima cualquiera, no sólo una sociedad.

Razones, pues, de sistemática, exigían tal decisión. A través de este delito se intenta proteger el patrimonio en general, el patrimonio de todo aquel, sea una persona individual o una sociedad, que confiere a otro la administración de su patrimonio, o de aquel cuyo patrimonio ha sido puesto bajo la administración de otro, por decisión legal o de la autoridad, sancionándose las extralimitaciones en el ejercicio de las facultades de disposición sobre ese patrimonio ajeno, salvaguardando así que el administrador desempeñe su cargo con la diligencia de un ordenado empresario y con la lealtad de un fiel representante, en interés de su administrado.

La reforma se aprovecha asimismo para delimitar con mayor claridad los tipos penales de administración desleal y apropiación indebida. Quien incorpora a su patrimonio, o de cualquier modo ejerce facultades dominicales sobre una cosa mueble que ha recibido con obligación de restituirla, comete un DELITO DE APROPIACIÓN INDEBIDA.

Pero quien recibe como administrador facultades de disposición sobre dinero, valores u otras cosas genéricas fungibles, no viene obligado a devolver las mismas cosas recibidas, sino otro tanto de la misma calidad y especie; por ello, quien recibe de otro dinero o valores con facultades para administrarlos, y realiza actuaciones para las que no había sido autorizado, perjudicando de este modo el patrimonio administrado, comete un DELITO DE ADMINISTRACIÓN DESLEAL».

|| Apropiación indebida

Los delitos de apropiación indebida también fueron objeto de una importante reforma mediante esta **LO 1/2015, de 30 de marzo**. Los tipos de los **artículos 252 a 254 del CP** fueron sustituidos por los **artículos 253 y 254 del CP**, en un marco normativo sustancialmente distinto con la incorporación, también del delito de administración desleal del **artículo 252 del CP**.

|| Relación con la estafa y la malversación

Relación con la estafa (artículos 249 a 251 bis del CP): ambos son delitos patrimoniales de defraudación. Sin embargo, en el caso de la estafa son aquellos que se basan en el engaño para cometer el delito.

Relación con la malversación de fondos: el delito de malversación previsto en los **artículos 432** a **435 del CP** redactados conforme a la reforma operada por **LO 1/2015, de 30 de marzo**, pasó a configurarse —con esta reforma— como un subtipo agravado del nuevo delito de administración desleal cuando este se comete sobre el patrimonio público, ya se lleve a cabo por:

- Funcionarios (**artículos 432** a **434 del CP**).
- Particulares (**artículo 435.1.° y 2.° del CP**).
- Administradores o depositarios de dinero o bienes embargados, secuestrados o depositados por la autoridad que pertenezcan a particulares (**artículo 435.3.° del CP**).
- Administradores concursales (**artículo 435.4.° del CP**).

A TENER EN CUENTA. El delito de malversación, tras la reforma realizada por la LO 14/2022, de 22 de diciembre, con entrada en vigor el 12/01/2023, ya no se vincula a la administración desleal, sino al ánimo de lucro. Debido a estas modificaciones se crean dos nuevos tipos: el del art. 432 bis (destinar el patrimonio público a usos privados), y el del art. 433 (destinar el patrimonio público a otros usos públicos).

7.5. Delito de administración desleal

¿En qué consiste la administración desleal?

El **artículo 252 del CP** establece tras la reforma operada por la LO 14/2022, de 22 de diciembre, con entrada en vigor el 12/01/2023:

«1. Serán castigados con las penas del artículo 248 o, en su caso, con las del artículo 250, los que teniendo facultades para administrar un patrimonio ajeno, emanadas de la ley, encomendadas por la autoridad o asumidas mediante un negocio jurídico, las infrinjan excediéndose en el ejercicio de las mismas y, de esa manera, causen un perjuicio al patrimonio administrado.

2. Si la cuantía del perjuicio patrimonial no excediere de 400 euros, se impondrá una pena de multa de uno a tres meses».

A TENER EN CUENTA. Con esta reforma se modifica la remisión al artículo 249 del CP por el artículo 248, artículo que a su vez también es modificado.

CUESTIÓN

¿La autocontratación da lugar a administración desleal?

No, de acuerdo con la **sentencia del Tribunal Supremo n.° 856/2022, de 28 de octubre, ECLI:ES:TS:2022:4197:**

«La autocontratación, por sí misma, no da lugar a una administración desleal, siempre que los servicios contratados se presten efectivamente y que un eventual conflicto de intereses no perjudique su efectividad. Y, en el caso, no resulta acreditado lo contrario.

> *4. Como hemos dicho más arriba, tampoco puede sostenerse más allá de toda duda que los demás pagos efectuados por los administradores obedecieran a una administración tan absolutamente injustificada, en beneficio propio o de tercero y en perjuicio del patrimonio administrado, que pueda calificarse como desleal, en el ámbito del artículo 295 del CP».*

Este precepto castiga penalmente a los que, teniendo facultades para administrar un patrimonio ajeno, emanadas de la ley, encomendadas por la autoridad o asumidas mediante un negocio jurídico, las infrinjan excediéndose en el ejercicio de las mismas y, de esa manera, causen un perjuicio al patrimonio administrado.

El tipo penal define, por lo tanto, la conducta con tres elementos:

- Ostentar facultades de administración de un patrimonio ajeno

- Excederse en el ejercicio de esas facultades; ya sea ejerciendo indebidamente competencias atribuidas, como extralimitándose en el ejercicio de las mismas. Es decir, debe entenderse por «excederse» tanto el abuso o extralimitación en las facultades que se le ha otorgado como no actuar con la diligencia exigible a un buen padre de familia en la gestión del patrimonio que le ha sido encomendado. En ambos casos el administrador infringe sus deberes y actúa de forma contraria a los intereses del patrimonio administrado. Lo relevante no es que el administrador esté facultado o no lo esté para realizar ese acto, sino que actúe como tal administrador y su actuación produzca efectos frente a terceros.

- Causar de un perjuicio. Es decir, la disminución patrimonial, el lucro cesante (pérdida de ganancia por una omisión en la actuación del gestor que no ha realizado aquella operación que le era exigible) o la aplicación del patrimonio a un fin no autorizado o contrario a los intereses del perjudicado.

Llama la atención que mientras que el Código Penal de 1995, creaba un tipo específico de administración desleal para el ámbito societario, ahora se ha cambiado de criterio y generalizado a cualquier supuesto de administración de bienes ajenos. El legislador ha creado un tipo de delito aplicable a toda clase de administradores lo que supone un problema de concreción ya que la descripción de la conducta punible resulta demasiado genérica, lo que puede conducir a que los Tribunales de Justicia, por esa excesiva amplitud, apliquen criterios muy restrictivos y exigentes, para corregir esa falta de concreción.

La conducta típica consiste en infringir las facultades conferidas al administrador, quien se excede en su ejercicio. Por tanto, la norma alude a un ejercicio de las facultades contrario al deber asumido.

El administrador puede comprar, vender, gravar, contraer obligaciones de diversa naturaleza en nombre de la sociedad, así como dejar de ejercer derecho frente a terceros. Todas estas conductas son constitutivas de un ejercicio de facultades, por lo que el injusto surge con la infracción del deber de velar por los intereses administrados. Ello implica:

- Disponer o contraer obligaciones, puesto que las facultades de administración son mucho más amplias, incluyendo decisiones sobre el ejercicio o no de derechos, etc.

- Que no toda infracción del deber de velar por los intereses administrados es típica, sino solamente aquella de la que pueda predicarse que es adecuada para generar un perjuicio al patrimonio de la sociedad administrada.

‖ ¿Cuál es el bien jurídico protegido?

El **artículo 252 del CP** establece un delito estrictamente patrimonial. Aunque es evidente que la infracción del deber de velar por los intereses ajenos por parte del autor implica una deslealtad frente al titular del patrimonio, dicha deslealtad no constituye el menoscabo de un interés jurídico-penal adicional, sino que es el modo en que se produce la agresión contra el patrimonio ajeno. No estamos, pues, ante un delito contra el patrimonio y la confianza depositada por la víctima en el autor, sino que la defraudación de la confianza es el modo de ataque al patrimonio, único interés protegido.

El patrimonio, en sentido dinámico, puede entenderse de distintas formas:

- Los bienes con valor económico y reconocimiento jurídico.

- Las expectativas protegidas por un derecho —derecho de crédito, derecho al cobro de una indemnización—, así como las expectativas acompañadas de un derecho de exclusión de terceros.

Las afectaciones de bienes e intereses económicos que no pertenezcan al patrimonio no pueden ser consideradas constitutivas de perjuicio. Y en todo caso, solo pude ser típico el menoscabo del patrimonio ajeno, esto es, que no pertenece en exclusiva a quien lo administra.

‖ ¿Quién es el sujeto activo del delito de administración desleal?

Sujeto activo: será cualquier persona que tenga facultades para administrar provenientes de la ley, negocio jurídico o autoridad, por lo que podrá cometer el delito quien tenga esas facultades con independencia de la denominación de su cargo y del origen de su nombramiento.

El delito del **artículo 252 del CP** se refiere no solo a los administradores de hecho o de derecho, a los que reiteradamente se alude en los diferentes artículos dedicados a la regulación de los delitos societarios; sino que incluye en el catálogo de autores también a los socios, sin precisar a qué clase de socios se está refiriendo y obligando, por ello, a una delimitación del concepto de socio a los efectos de configurarlo como sujeto activo de un delito de administración desleal.

En consecuencia, los autores de este tipo de delitos pueden ser:

- Administrador de hecho y de derecho.

- Supuestos de delegación: el administrador puede delegar en otro sujeto la gestión patrimonial y con ello, reconfigurar su posición de garantía.

- Órganos colegiados: en estos casos, la comisión del delito suele tener lugar mediante la adopción de un acuerdo.

La jurisprudencia admite la comisión por omisión de los administradores de una sociedad (deber de vigilancia) respecto de los actos delictivos

—disposición fraudulenta de los bienes sociales en beneficio propio— realizados por uno de ellos, aunque no alcance ese deber de vigilancia a todos los actos realizados sino únicamente a aquellos sobre los que, por estar en el entorno de su función, tienen el dominio del hecho.

‖ ¿Quién es el sujeto pasivo del delito de administración desleal?

El precepto anterior incorporaba, como sujetos pasivos del delito de administración desleal, a los socios, depositarios, cuenta partícipes o titulares de los bienes, valores o capital que sea objeto de administración por los sujetos activos del delito. Sin embargo, el **artículo 252 del CP** en vigor, establece que puede ser cualquiera, no sólo la sociedad.

La condición de socio es perfectamente determinable bien por la titularidad de la acción en las sociedades anónimas, el libro registro en las sociedades de responsabilidad limitada, o las escrituras constitutivas en cualquier otra clase de sociedad, servirán para acreditar esta situación.

Dicho precepto incluye a los depositarios en la lista de perjudicados. El depositario es la persona que está obligada a guardar la cosa y restituirla cuando le sea pedida, al depositante, luego la persona sobre la que recae la tarea de gestionar, y en cierto modo, administrar la cosa, es precisamente el administrador de hecho o de derecho. Se han confundido los términos de la relación jurídica que se deriva del negocio jurídico de depósito y se ha colocado al depositario como posible perjudicado, cuando la persona que eventualmente puede verse perjudicada por una administración desleal de los bienes es el depositante. Desde una perspectiva mercantil es precisamente la condición de comerciante del depositario la que dota al negocio de esta naturaleza.

La **STS n.º 374/2008, de 24 de junio, ECLI:ES:TS:2008:3351** y **STS n.º 655/2010, de 13 de julio, ECLI:ES:TS:2010:3946** distinguen entre el sujeto pasivo de la acción (aquel sobre el que recae la conducta delictiva) y el sujeto pasivo del delito (titular del bien jurídico protegido y, al mismo tiempo en este caso, perjudicado).

El sujeto pasivo de la acción es la sociedad o, si se prefiere y hablando entonces de objeto material, su patrimonio, pues las acciones típicas consistentes en que dispongan fraudulentamente de los bienes o en que contraigan obligaciones han de recaer sobre la sociedad, resultando paradójico que la sociedad no aparezca en cambio como expreso sujeto pasivo del delito, pues el perjuicio resultado del mismo, ha de afectar en régimen alternativo a sus socios, depositarios, cuenta partícipes o titulares de los bienes, valores o capital que se administre. Omisión que se ha intentado soslayar por la doctrina incluyendo a la sociedad como sujeto pasivo del delito, considerándola titular de los bienes, valores o capital que se administre por el sujeto pasivo.

‖ Exceso en el ejercicio del cargo

Como ya dijimos anteriormente el sujeto activo puede excederse en el ejercicio de las facultades conferidas de dos maneras:

- Ejerciendo indebidamente competencias atribuidas.

- Extralimitándose en el ejercicio de las mismas.

‖ Abuso de las funciones del cargo

Abusar equivale a hacer un uso excesivo de las facultades que son inherentes al cargo de administrador, extralimitándose en el ejercicio de los poderes recibidos. Este elemento normativo del tipo da entrada a la legislación mercantil de sociedades para su interpretación. El abuso ha de ponerse en contacto con la lealtad propia de todo administrador con sus socios y con los intereses sociales.

‖ Disponer fraudulentamente de bienes de la sociedad

Se entiende por disposición fraudulenta la que se realiza con engaño o falsedad, haciendo figurar como causa del acto o negocio jurídico motivaciones distintas de las realmente perseguidas.

El acto fraudulento lleva en sí mismo un componente perjudicial para los socios, ya que se supone que con su realización se persigue un beneficio propio incompatible con cualquier ventaja para terceros. En la disposición fraudulenta el administrador oculta o disfraza las verdaderas intenciones que no son otras que causar un perjuicio ajeno y obtener un beneficio propio.

La **STS n.º 769/2006, de 7 de junio, ECLI:ES:TS:2006:4186** precisa que, «(...) la dicción literal del precepto —disponer fraudulentamente— requiere la mediación de engaño, lo que para algunos sectores acerca este delito a la figura de la estafa»; no obstante la **STS n.º 565/2007, de 21 de junio, ECLI:ES:TS:2007:4016** ha aclarado que se trata de: «(...) un engaño en sentido distinto del exigido para la construcción del delito de estafa, pues es claro que mientras en este último delito el engaño es causal respecto del acto de disposición que origina el perjuicio, en el delito societario es únicamente una característica de la acción, es decir, del acto de disposición, que siendo perjudicial para el patrimonio de los socios o de los demás a los que el tipo se refiere, se presenta engañosamente como un acto ordinario de administración, pero no tiene en ningún caso carácter causal respecto de aquél».

En el caso de la **STS n.º 202/2011, de 18 de marzo, ECLI:ES:TS:2011:1643** la conducta sancionada fue, «(...) la desviación de una cantidad de dinero desde la sociedad de la que era administradora solidaria la recurrente hacia otra, en la que contaba con una importante participación, y que en aquel momento atravesaba dificultades económicas que la llevarían a una ulterior situación concursal, sin consentimiento ni conocimiento de los otros administradores, lo que, obviamente y más allá de cualquier otra consideración e incluso de las posibilidades de una ulterior recuperación de dicho dinero, integra los elementos necesarios para la presencia del delito societario objeto de condena, incluidos el componente defraudatorio y el perjuicio económico».

‖ Contraer obligaciones con cargo a la sociedad

Contraer obligaciones con cargo a la sociedad consiste en realizar negocios jurídicos obligacionales cuyo cumplimiento recae sobre el activo social con el consiguiente beneficio propio y perjuicio ajeno. El negocio obligacional no necesariamente debe ser fraudulento, bastando para su tipicidad el abuso o extralimitación de los poderes recibidos. En ocasiones las verdaderas intenciones del contrato convenido aparecen enmascaradas para que no se detecte el verdadero alcance de la operación.

‖ Perjuicio en el patrimonio del administrado

El perjuicio puede ser de muy diversa naturaleza, como el que puede derivarse de la pérdida de posición en el mercado de la sociedad o incluso la disminución de los derechos sociales de los socios. Pero ambos casos no encajan en el perjuicio típico exigido por el texto del artículo, que lo reduce a los económicos evaluables, es decir, que sea factible su cuantificación. Si quedase alguna duda sobre este punto el legislador se encarga de despejarla al decantarse por una pena de multa, de uno a tres meses.

El artículo al hablar de la causación directa de un perjuicio económicamente evaluable está señalando al patrimonio social como el primer implicado o afectado por las consecuencias económicas de la administración desleal, puesto que se trata de un perjuicio al patrimonio administrado.

En la jurisprudencia, la **STS n.º 841/2006, de 17 de julio, ECLI:ES:TS:2006:6189** reconoce que:

> «(...) han sido muchas las teorías que han tratado de explicar el concepto de tal elemento típico. Desde luego, que no es posible una simple identificación de perjuicio, como un parámetro exclusivamente contable, bajo el prisma de saldo contable negativo, pues en tal caso, perjuicio típico podría ser parificable con un gasto que disminuya el activo social contable, o bien con una disminución patrimonial originada por una operación inmersa en una dificultosa coyuntura económica. El criterio más seguro para determinar cuándo nos encontramos con su presencia como elemento típico, es la sustracción de todo criterio contable para su enunciación, poniendo el acento en el origen de su causación, en vez de la simple constatación de su mera existencia contable. Sólo así podrá interpretarse adecuadamente el concepto de perjuicio (económico), como elemento típico de los delitos de estructura patrimonial. Será, pues, un quebranto patrimonial caracterizado por la ilicitud de su causación. Tal caracterización nos lleva a considerar la conexión con otros elementos del delito, como el abuso de funciones en la administración social, que requiere también el carácter fraudulento de la operación, o la contracción de obligaciones de tal orden, en el delito societario previsto en el artículo 295 CP, o también la misma deslealtad de la administración, en la distracción del dinero o activo patrimonial, en el supuesto típico previsto en el artículo 252 del propio Código. En suma, la finalidad última de la causación de un quebranto patrimonial, no puede separarse de este resultado típico. Es imposible interpretar el perjuicio que requiere el legislador sin poner su acento tanto en su origen como en su finalidad. Dicho de otra manera, cualquier disminución patrimonial originaría un perjuicio típico, y esto no puede sostenerse.
>
> De ahí, las dificultades que surgieron de una acepción puramente objetiva y económica del patrimonio, referidas al momento de la evaluación

comparativa del patrimonio y la incidencia de una valoración personal del mismo, han llevado a la doctrina y a la jurisprudencia a una concepción mixta, que atendiera tanto a su misma conceptuación económica, como a la propia finalidad perseguida por la disminución patrimonial, contablemente considerada. Esto es, que atendiera tanto a la valoración económica como a los derechos patrimoniales del sujeto y a la finalidad pretendida por el autor del perjuicio mediante el desplazamiento realizado. En suma, lo que se pretende es comprender en el requisito del perjuicio no sólo una valoración puramente económica, sino también tener en cuenta la finalidad de la operación enjuiciada».

La **STS n.º 91/2010, de 15 de febrero, ECLI:ES:TS:2010:916** considera que las meras expectativas económicas pueden dar lugar al delito.

«Al sustraer del activo social un derecho económicamente evaluable (y nadie puede poner en cuestión la vocación económica de una opción de compra sobre unos terrenos para construir), no solamente se perjudica a la sociedad, sino también a los socios. Ese perjuicio lo constituyen tanto las expectativas económicas, como los gastos originados para conformarlas, traducidas éstas rigurosamente en términos patrimoniales.

Desde luego que los gastos notariales de la escritura pública de opción de compra, el pago del correspondiente impuesto de transmisiones patrimoniales y actos jurídicos documentados, la indemnización satisfecha a los aparceros para la extinción del contrato, dejando libre el terreno para su futura construcción, las expensas realizadas en las demoliciones efectuadas en dicho terreno, más los gastos en asesoría jurídica contratada en el proceso de recalificación urbanística, son perjuicios en concepto de gastos que tuvo que afrontar la sociedad, y tales gastos incuestionablemente redundan en detrimento de los intereses patrimoniales de sus socios, y por ende, han resultado típicamente perjudicados. Pero bastaría la propia merma, por sustracción, de un derecho económico que les pertenece, para que el perjuicio típico fuera tenido por existente».

¿Cómo será el tipo agravado del delito de administración desleal?

El **artículo 252 del CP** remite, para el establecimiento de la pena, a los artículos 248 y 250 del CP.

De acuerdo con lo previsto en el **artículo 248 del CP,** se castigará con la pena de prisión de seis meses a tres años, en atención a las siguientes circunstancias:

- Importe de lo defraudado.
- Quebranto económico causado al perjudicado.
- Las relaciones entre éste y el defraudador.
- Los medios empleados por éste.
- Cuantas otras circunstancias sirvan para valorar la gravedad de la infracción.

- Si la cuantía de lo defraudado no excediere de 400 euros, se impondrá la pena de multa de uno a tres meses.

En atención a lo previsto en el **artículo 250 del CP**, según la redacción dada por **LO 1/2015, de 30 de marzo**, se impondrá la pena de uno a seis años y multa de seis a doce meses, en los siguientes supuestos:

- Recaiga sobre cosas de primera necesidad, viviendas u otros bienes de reconocida utilidad social.

- Se perpetre abusando de firma de otro, o sustrayendo, ocultando o inutilizando, en todo o en parte, algún proceso, expediente, protocolo o documento público u oficial de cualquier clase.

- Recaiga sobre bienes que integren el patrimonio artístico, histórico, cultural o científico.

- Revista especial gravedad, atendiendo a la entidad del perjuicio y a la situación económica en que deje a la víctima o a su familia.

- El valor de la defraudación supere los 50.000 euros, o afecte a un elevado número de personas.

- Se cometa con abuso de las relaciones personales existentes entre víctima y defraudador, o aproveche éste su credibilidad empresarial o profesional.

- Se cometa estafa procesal.

- Al delinquir el culpable hubiera sido condenado ejecutoriamente al menos por tres delitos comprendidos en este Capítulo.

A la vista de lo expuesto, hay que deducir que se puede apreciar en el delito de administración desleal las modalidades agravadas de la estafa. Sin embargo, no todas las agravantes previstas en el **artículo 250 del CP** son aplicables al delito de administración desleal, pues algunas de ellas solamente tienen sentido en el ámbito de la estafa. En concreto, en el caso de la administración desleal es posible apreciar las modalidades agravadas siguientes:

- Administración desleal que recaiga sobre cosas de primera necesidad, viviendas u otros bienes de reconocida utilidad social (**artículo 250.1.1° del CP**).

- Apropiación indebida que recaiga sobre bienes que integren el patrimonio artístico, histórico, cultural o científico (**artículo 250.1.3° del CP**).

- Aquellas que revistan especial gravedad, atendiendo a la entidad del perjuicio y a la situación económica en que deje a la víctima o a su familia (**artículo 250.1.4° del CP**).

- Cuando el valor de la defraudación supere los 50.000 euros, o afecte a un elevado número de personas (**artículo 250.1.5° del CP**).

- Cuando el autor haya sido condenado ejecutoriamente al menos por tres delitos comprendidos en este Capítulo. No se tienen en cuenta antecedentes cancelados o que debieran serlo (**artículo 250.1.8° del CP**).

‖ Relaciones concursales

| Con el delito de alzamiento de bienes

La cuestión de la concurrencia del delito de administración desleal en perjuicio del socio con el de alzamiento de bienes, es resuelta de forma que en principio, ambos tipos penales no se excluyen, pues, aunque la insolvencia sea consecuencia de la disposición fraudulenta de los bienes de la sociedad, perjudica patrimonialmente a los socios, pero también genera el peligro de frustración de los créditos de otros acreedores. Sin embargo, en el caso de la **STS 119/2010, de 1 de febrero, ECLI:ES:TS:2010:1690** la circunstancia de que el crédito frustrado perteneciera a los propios socios, no permite afirmar la existencia de un concurso ideal, toda vez que la acción desleal sólo perjudica a los socios como tales y se desconoce si ha generado peligro para otros acreedores.

| Con el delito de apropiación indebida

La propia exposición de motivos de la **LO 1/2015, de 30 de marzo,** delimita los tipos penales de administración desleal y apropiación indebida, clarificándolos, al expresar que quien incorpora a su patrimonio, o de cualquier modo ejerce facultades dominicales sobre una cosa mueble que ha recibido con obligación de restituirla, comete un delito de apropiación indebida. Pero quien recibe como administrador facultades de disposición sobre dinero, valores u otras cosas genéricas fungibles, no viene obligado a devolver las mismas cosas recibidas, sino otro tanto de la misma calidad y especie; por ello, quien recibe de otro dinero o valores con facultades para administrarlos, y realiza actuaciones para las que no había sido autorizado, perjudicando de este modo el patrimonio administrado, comete un delito de administración desleal.

Ésta es también la más reciente doctrina jurisprudencial que establece como criterio diferenciador entre el delito de apropiación indebida y el de administración desleal la disposición de los bienes con carácter definitivo en perjuicio de su titular (caso de la apropiación indebida) y el mero hecho abusivo de aquellos bienes en perjuicio de su titular pero sin pérdida definitiva de los mismos (caso de la administración desleal), como recogen expresamente la **STS n.º 163/2016, de 2 de marzo, ECLI:ES:TS:2016:826** y **STS n.º 476/2015, de 13 de julio, ECLI:ES:TS:2015:3484.**

Sin embargo, quien recibe bienes y/o dinero en administración no adquiere necesariamente su propiedad, sino que la esfera patrimonial del administrador y la del administrado pueden quedar claramente separadas –en el caso del administrador de una sociedad; no en cambio, en el caso del préstamo–. Por ello, puede darse una relación concursal entre el **artículo 252** y el **253 del CP.**

- El primero recoge las agresiones patrimoniales cometidas por quien tiene deber de velar por los intereses administrados, en un delito patrimonial.

- El segundo recoge una agresión por quien tiene facultades de operar en la esfera ajena, sin deber de velar por dicha esfera patrimonial; es decir, se trata de un delito contra la propiedad en su dimensión patrimonial.

Las posibles soluciones concursales son las que se exponen a continuación:

- Concurso ideal: el **artículo 252 del CP** abarca la infracción del deber de velar por los intereses administrados pero no la agresión contra el derecho de propiedad que recoge el **artículo 253 del CP**.

- Concurso de leyes a favor del **artículo 252 del CP**: ello implica entender que el artículo 253 del CP protege el derecho de propiedad únicamente en cuanto portador de un valor patrimonial.

| Con el delito de imposición de acuerdos abusivos

Se puede dar concurso con el delito societario consistente en la imposición de acuerdos abusivos mediante prevalimiento de situación de mayoría (**artículo 291 del CP**) en dos supuestos:

- Cuando el acuerdo del órgano de administración sea perjudicial para la minoría, pero indiferente para la sociedad. En este caso solo concurre el delito del **artículo 291 del CP**.

- Cuando el acuerdo en sí es perjudicial para la minoría y para la sociedad, en la medida en que los patrimonios afectados son los mismos. En este caso procedería apreciar un concurso de leyes, cuya solución no es fácil, dado que el **artículo 252 del CP** es más genérico en cuanto a la conducta procedería aplicar el **artículo 291 del CP**, siempre que dicho delito exija un resultado de perjuicio y que este delito no es pluriofensivo, es decir, que no afecte, además de al patrimonio, al buen funcionamiento de la sociedad. En otro caso, procedería aplicar el concurso ideal de delitos.

|| La exención de responsabilidad del art. 268 del CP.

De conformidad con lo previsto en el **artículo 268 del CP** reformado por **LO 1/2015, de 30 de marzo**, al delito de administración desleal le es aplicable la excusa absolutoria establecida en el mismo.

El **artículo 268 del CP** establece:

> «1. Están exentos de responsabilidad criminal y sujetos únicamente a la civil los cónyuges que no estuvieren separados legalmente o de hecho o en proceso judicial de separación, divorcio o nulidad de su matrimonio y los ascendientes, descendientes y hermanos por naturaleza o por adopción, así como los afines en primer grado si viviesen juntos, por los delitos patrimoniales que se causaren entre sí, siempre que no concurra violencia o intimidación, o abuso de la vulnerabilidad de la víctima, ya sea por razón de edad, o por tratarse de una persona con discapacidad.
>
> 2. Esta disposición no es aplicable a los extraños que participaren en el delito».

Según el citado precepto están exentos de responsabilidad criminal y sujetos exclusivamente a responsabilidad civil:

- Los cónyuges que no estuvieren separados legalmente o de hecho o en proceso judicial de separación, divorcio o nulidad de su matrimonio.

- Los ascendientes.
- Los descendientes.
- Los hermanos por naturaleza o por adopción.
- Los afines en primer grado si viviesen juntos.

Por los delitos patrimoniales que se causaren entre sí, siempre que no concurra:

- Violencia o intimidación.
- Abuso de la vulnerabilidad de la víctima, ya sea por razón de edad, o por tratarse de una persona con discapacidad.

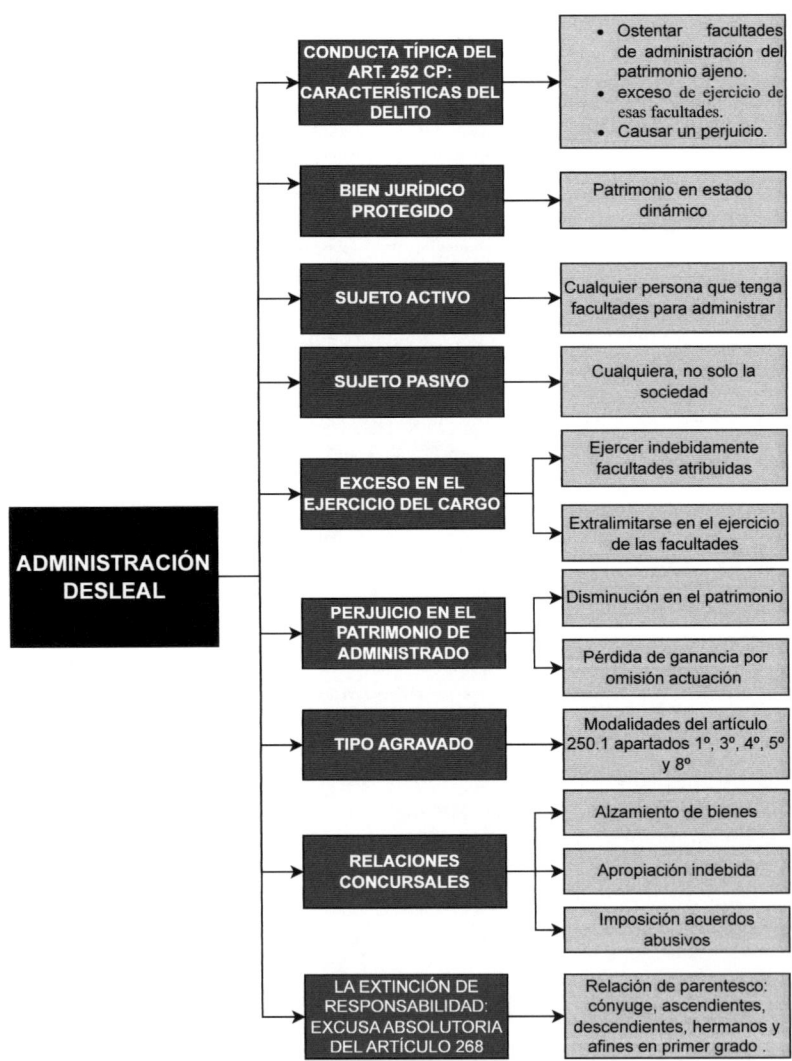

7.6. Delito de apropiación indebida

El delito de apropiación indebida

El **artículo 253 del CP** establece:

> «1. Serán castigados con las penas del artículo 248 o, en su caso, del artículo 250, salvo que ya estuvieran castigados con una pena más grave en otro precepto de este Código, los que, en perjuicio de otro, se apropiaren para sí o para un tercero, de dinero, efectos, valores o cualquier otra cosa mueble, que hubieran recibido en depósito, comisión, o custodia, o que les hubieran sido confiados en virtud de cualquier otro título que produzca la obligación de entregarlos o devolverlos, o negaren haberlos recibido.
>
> 2. Si la cuantía de lo apropiado no excediere de 400 euros, se impondrá una pena de multa de uno a tres meses».

A TENER EN CUENTA. El artículo 253 del CP ha sido modificado por la LO 14/2022, de 22 de diciembre, con entrada en vigor el 12/01/2023, modificando la remisión al artículo 249 por el artículo 248.

La apropiación indebida consiste en aquella conducta por la que un sujeto al recibir dinero o cualquier otro bien, en virtud de una relación jurídica, con obligación de devolver lo recibido, lejos de cumplir con ella lo incorpora a su patrimonio o le da un destino distinto del que le corresponde.

El delito de apropiación indebida tiene autonomía propia, sin que pueda configurarse como una modalidad de la estafa. En la actualidad se recoge como un delito autónomo y de peculiar naturaleza, se desgaja del delito de estafa y además se diferencia entre:

La **apropiación de la cosa** que hubiera recibido en depósito o custodia, o que tuviera obligación de devolverla.

La **apropiación de bienes muebles ajenos** en aquellos casos en los que no hubiera existido previa entrega u obligación expresa de devolución.

‖ ¿Cuál será la conducta típica del delito de apropiación indebida?

El núcleo de este tipo penal está compuesto por los siguientes elementos:

- **La existencia previa de una relación jurídica obligacional en virtud de la cual el sujeto activo recibe el dinero o cualquiera otro de los objetos**, entendido esto en un sentido amplio, que el precepto contempla. Es necesario no sólo que exista esa relación sino que se haya cumplido y el autor reciba lo estipulado en aquella. Esa relación jurídica puede ser de la más variada índole: depósito, comisión, administración, mandato, transporte, comodato, prenda. Ese negocio jurídico puede ser cualquier de los contemplados por las normas civiles y mercantiles o, incluso, cualquier otro que las partes hayan creado, sobre la base del principio de autonomía de la voluntad del artículo 1255 del Código Civil, por muy complejo o atípico que este sea. No cabe en los casos de compraventa, donación o préstamo-mutuo ya que en ninguno de ellos se da la obligación de devolver lo recibido; en el caso del préstamo lo que se obliga el prestatario es a devolver otro tanto de la misma especie y calidad de lo recibido, pero no lo mismo.

Así, el **Tribunal Supremo en su sentencia, rec. 281/1990, de 11 de junio de 1992, ECLI:ES:TS:1992:4700**, señala, como elemento necesario del tipo delictivo, que «(…) se reciban bienes o efectos o cualquier otra cosa mueble en depósito, comisión o administración o por otro título que produzca obligación de devolverlo o negaran haberlo recibido. Y es preciso también un ánimo de incorporar estos bienes a su patrimonio».

- Que **el sujeto obligacional que recibe el dinero o cualquier otro bien en cumplimiento de ese negocio jurídico**, se lo apropie para sí o para un tercero; es decir, le dé una finalidad distinta de la que le corresponde. Cabe también la posibilidad de que niegue que lo ha recibido, aunque en este caso se entiende que lo ha incorporado a su patrimonio. En el ámbito jurídico penal el concepto apropiarse indebidamente de un bien no siempre equivale exclusivamente a convertirse ilícitamente en su dueño, sino a actuar ilícitamente sobre el bien que tiene obligación de devolver, disponiendo de éste como si fuese el propietario. Por ejemplo, cuando el dinero recibido en concepto de depósito y que debe, por lo tanto, devolver, lo destina el depositario a pagar deudas de su sociedad en vez de darle el destino que le es propio: devolución al depositante cuando éste se lo pida o transcurra el plazo señalado.

- La necesidad de que el sujeto actúe con conciencia y voluntad; es decir, que se apropie de ese dinero u objeto que sabe debe devolver, o que le dé un destino distinto del que le corresponde. En el caso de que se lo apropie debe haber un ánimo de lucro.

- En estos delitos se exige que exista un perjuicio patrimonial del sujeto pasivo, que no tiene que coincidir con el enriquecimiento del sujeto activo, toda vez que no tiene por qué haberlo incorporado a su patrimonio, puede que se lo haya dado a un tercero. El perjuicio patrimonial es el elemento-resultado esencial del delito de apropiación indebida.

En definitiva, este delito contiene dos etapas diferenciadas:

- La primera se concreta en una situación inicial lícita, generalmente contractual, en la que el sujeto activo recibe en calidad de depositario, mandatario o de cualquier otra manera, dinero, efectos o cualquier otra cosa mueble, con la finalidad convenida de devolución o bien de empleo en un destino determinado.

- Una segunda etapa, en la que el agente transmuta esa posesión legítima en disposición ilegítima, abusando de la tenencia material de los bienes y de la confianza recibida, disponiendo de ellos, ya sea para apropiárselos, para sí o para un tercero, ya para darle un destino diferente.

‖ ¿Quién será el sujeto activo del delito de apropiación indebida?

La apropiación indebida es un delito especial, por lo que la acción delictiva sólo la puede llevar a cabo quien ha recibido el dinero. Es decir, **solo puede ser sujeto activo de este delito la persona que forma parte de la relación jurídica-obligacional**, porque solo él es quien puede quebrantar esa relación de confianza que nace de aquella y dañar el patrimonio ajeno. Por lo tanto, en los casos en los que el obligado a la restitución de la cosa la entregue a un tercero que ve incrementado su patrimonio de forma injusta en detrimento del sujeto pasivo del delito, este tercero no puede ser sujeto activo. Éste podría ser cómplice del delito o cooperador necesario, pero nunca autor material.

‖ ¿Cuándo se entenderá consumado el delito de apropiación indebida?

El delito se entiende consumado cuando se produce ese apoderamiento material de la cosa objeto de depósito o cuando se le ha dado un destino distinto al contemplado en el contrato. En el caso de que se retenga la cosa objeto de devolución, también se entiende consumado cuando debe devolverse y no se hace. No obstante, el Código Civil prevé situaciones en los que el depositario tiene derecho de retención, como por ejemplo cuando el mecánico retiene el coche hasta que el dueño le pague lo reparado; o en la prenda, cuando el acreedor retiene el objeto dado en prenda hasta que se le pague la totalidad de la deuda.

En este tipo de delito hay que tener especial cuidado en no criminalizar todo tipo de incumplimiento contractual. El derecho penal sólo debe actuar cuando no se puede acudir a otras vías menos gravosas, no puede inmiscuirse en el ámbito de las relaciones civiles entre particulares, o de estos con empresas, salvo cuando sea estrictamente necesario. Por ello, es conveniente diferenciar la figura delictiva de la apropiación indebida del mero incumplimiento contractual.

- En el incumplimiento contractual no existe voluntad apropiatoria sino solamente un retraso en el cumplimiento de la obligacional.
- En la apropiación indebida hay un propósito claro de hacer la cosa suya, bien incorporándola al patrimonio del infractor o bien dándosela a un tercero.

Cuando no hay voluntad seria y firme de devolución, ya sea por imposibilidad al haberse transmitido a un tercero, ya sea porque así lo exprese, es cuando estamos ante un delito de apropiación indebida. Si el sujeto obligado entiende que no debe hacer esa devolución al amparo de algún precepto legal o sobre la base de cualquier otra relación jurídica entre ambos, habrá que determinar primeramente la cuestión civil sobre si existe o no esa obligación de devolución, para después acudir a la vía penal.

Aunque el delito de apropiación indebida es en esencia un delito de acción, cabe también la modalidad omisiva, que se caracteriza por su vertiente negativa cuando el sujeto niega haberla recibido. En estos casos le corresponderá al denunciante o sujeto activo probar que efectivamente el bien fue entregado al denunciado.

> **JURISPRUDENCIA**
>
> **Sentencia del Tribunal Supremo n.º 76/2017, de 9 de febrero, ECLI:ES:TS:2017:433**
>
> *«2. Efectivamente, como indica la STS núm. 925/2016, de 13 de diciembre, en relación a la figura delictiva de la apropiación indebida tiene declarado que la misma está constituida por el acto de deslealtad a la confianza depositada por el perjudicado que entrega al autor del delito una cantidad en custodia y con la finalidad de darle un destino concreto, de suerte que el dolo surge con posterioridad a la recepción —en este caso del dinero— no dando el destino en cuyo concepto se efectuó la entrega. Por ello el tipo penal exige como presupuesto la ausencia de operaciones complejas entre las partes que pudieran exigir una liquidación económica entre las partes concernidas, porque el delito de apropiación indebida es un delito especial en la medida que la acción típica solo puede realizarla quien haya recibido el dinero u objeto con una concreta finalidad, porque solo él puede quebrantar el bien jurídico de la confianza que juntamente con el de propiedad protege el tipo delictivo.*
>
> *Si bien, la liquidación de cuentas pendientes como causa excluyente del dolo penal no es aplicable cuando se trata de relaciones perfectamente determinadas y separadas (STS 431/2008, de 8 de julio)».*

¿Cuál será el bien jurídico protegido del delito de apropiación indebida?

El delito de apropiación indebida está contemplado en el capítulo VI «de las defraudaciones», en el título XIII, que lleva por rúbrica «delitos contra el patrimonio». Parece claro, por la ubicación de este tipo penal, que lo que se quiere proteger es el patrimonio. Es cierto que este delito supone un perjuicio patrimonial al sujeto pasivo y, en algunas ocasiones también puede suponer un enriquecimiento del sujeto activo, pero realmente no sólo se debe proteger o tutelar el patrimonio sino también la seguridad jurídica que debe imperar en toda relación jurídica-obligacional, basada en la relación de confianza de las partes contratantes.

En este delito existe un abuso de confianza que debe ser objeto de tutela penal, por lo que el bien jurídico que se protege es tanto el patrimonio como la relación de confianza en base a la relación jurídica preexistente de la que se deduce.

Por tanto, podríamos decir también que el bien jurídico protegido es el derecho de propiedad y el derecho de crédito.

Notas características de la apropiación indebida

|| Título habilitante: obligación de entregar o devolver

La posesión legítima debe estar fundada en un título que produzca la obligación del poseedor o, en su caso, propietario de devolver o entregar el dinero, los efectos, los valores o las cosas muebles.

Por tanto, se ha de tratar de un título que no le autorice para actuar como su propietario. El Código Penal menciona algunos de esos títulos y la custodia, pero con una cláusula abierta: otro título que produzca la obligación de entregarlos o devolverlos.

Según el Tribunal Supremo, pese al carácter de *numerus apertus* de los títulos mencionados en el artículo 253 del CP, como presupuesto de tal infracción penal, no cualquier relación que lleve aneja una obligación de reintegrar o devolver o entregar un equivalente, o invertir en fin predeterminado, es idónea para cubrir las exigencias del delito de apropiación indebida.

Los títulos traslativos de la propiedad como por ejemplo la compraventa —salvo la venta a plazos con reserva de dominio—, la permuta o la donación, no son títulos hábiles para engendrar el delito de apropiación indebida.

‖ Depósito, custodia y comisión

El depósito, la custodia y la comisión son los tres títulos que expresamente menciona el **artículo 253 del CP**. Para analizar estos tres contratos es preciso acudir al derecho privado.

El depósito se regula en el **artículo 1758 y siguientes del Código Civil** y en el 303 del Código de Comercio.

Artículo 1758 del Código Civil

«Se constituye el depósito desde que uno recibe la cosa ajena con la obligación de guardarla y de restituirla».

Artículo 303 del Código de Comercio

«Para que el depósito sea mercantil se requiere:
1.º Que el depositario, al menos, sea comerciante.
2.º Que las cosas depositadas sean objeto de comercio.
3.º Que el depósito constituya por sí una operación mercantil o se haga como causa o a consecuencia de operaciones mercantiles».

El contrato de comisión se regula en el artículo 244 y siguientes del Código de Comercio.

Artículo 244 del Código de Comercio

«Se reputará comisión mercantil el mandato, cuando tenga por objeto un acto u operación de comercio y sea comerciante o agente mediador del comercio el comitente o el comisionista».

La custodia se incluye expresamente desde la **LO 1/2015, de 30 de marzo**, considerándose anteriormente como uno de los otros títulos.

‖ Otro título jurídico

La referencia a otro título jurídico que produzca la obligación de entregar o devolver lo poseído, no deja duda de que el legislador ha querido limitar el alcance del **artículo 253 del CP** a los títulos jurídicos sin admitir cualquier situación de poder fáctico sobre la cosa. Es más, se debe tratar de títulos traslativos de la posesión.

Entre los otros títulos se debe tener en cuenta la prenda, el comodato, la compraventa con pacto de reserva de dominio, el arrendamiento de cosa, etc.

|| Liquidación de cuentas

La apropiación indebida exige pues, por su propia configuración, que la retención sea demostradamente indebida. Ello explica que la jurisprudencia excluya la tipicidad de la conducta en aquellos casos en los que, existiendo deudas recíprocas pendientes de liquidación, sea imposible, ante la complejidad de la relación jurídica, determinar si estamos ante una deuda pendiente o ante una apropiación ilícita, lo que ha promovido situaciones artificiales para lograr la vía escapatoria penal.

La imposibilidad de fijar una cuantía líquida y exigible constituye, en palabras del **Tribunal Supremo en su sentencia n.º 118/2024, de 7 de febrero, ECLI:ES:TS:2024:799**, «(...) un obstáculo insuperable a la tipicidad de los hechos, en la medida en que llegan a diluir los contornos del dolo y la existencia misma de ánimo de lucro». En términos generales, cuando se está en presencia de relaciones jurídicas complejas, en las que se confunden las diferentes posiciones de crédito y deuda hasta el punto de no poder determinar qué cantidad perteneciente a una de las partes ha sido objeto de distracción por parte de la otra, la jurisprudencia entiende —con buen criterio—, que no es posible afirmar que haya existido un ánimo apropiatorio de lo ajeno (elemento subjetivo del tipo), pues se desconoce en qué medida lo es.

En estos concretos supuestos, las operaciones para llevar a cabo la liquidación de cuentas deben desplazarse a la jurisdicción civil pues, atendiendo al principio de presunción de inocencia y al de intervención mínima, no cabe derivar a la jurisdicción penal, bajo el delito de apropiación indebida, la resolución de un conflicto de naturaleza negocial.

Es frecuente que el acusado de un delito de apropiación indebida alegue la existencia de una liquidación pendiente con el fin de excluir la responsabilidad penal, por lo que debe tenerse en cuenta que, no bastará la mera alegación, ni la existencia de las relaciones contractuales, sino que tendrá que justificarse la correcta aplicación compensatoria que legitima la retención.

En general, el Tribunal Supremo considera que la trascendencia de tal elemento debe ser valorada en cada caso particular, pues la existencia de una postergada liquidación de cuentas no opera como justificación automática, al contrario, sólo procederá cuando se trate de relaciones jurídicas ciertas y complejas, confusas y duraderas en el tiempo. Aquí la carga de la acusación deberá dirigirse a determinar con todos los elementos documentales y, en su caso, periciales que evidencien con pluralidad indiciaria que hubo un ánimo de apropiación y de ventaja, bajo el artificio de la liquidación postergada, a costa del patrimonio del sujeto pasivo.

|| Derecho de retención

El derecho de retención, o *ius retentionis*, puede ser definido como la facultad que la ley establece a favor de determinadas personas que, en virtud de cierto vínculo contractual, quedan autorizadas para que en el caso de que la contraparte no cumpla sus obligaciones puedan apropiarse de la cosa propiedad del incumplidor, pero que ya poseían previamente, bien como garantía, bien para aplicar el precio obtenido por su venta al pago de su deuda.

Carece no sólo de regulación unitaria, sino incluso de autonomía propia, en el sentido de que siempre aparece ligado a alguna modalidad contractual donde, cualquiera que sea su naturaleza, de alguna forma, el titular del derecho de retención ostenta la posesión de algún bien propiedad de la otra parte y su finalidad prioritaria es la de ofrecer a éste una garantía adicional consistente en la facultad de retener la cosa hasta que aquella cumpla con las obligaciones que asumió.

Como se puede observar, la principal facultad que atribuye este especial derecho es la de retener la posesión de la cosa o, si se quiere, la de dilatar en el tiempo la restitución de la misma a su titular, forzando el cumplimiento de éste de las obligaciones contractuales asumidas.

El Código Civil prevé situaciones en los que el depositario tiene derecho de retención, como por ejemplo cuando el mecánico retiene el coche hasta que el dueño le pague lo reparado; o en la prenda, cuando el acreedor retiene el objeto dado en prenda hasta que se le pague la totalidad de la deuda (**artículo 1863 y siguientes**).

El ejercicio de este derecho excluye la apropiación indebida, pero no la concurrencia de una causa de justificación, sino por atipicidad, en la medida en que el derecho de retención por hipótesis se refiere al supuesto en que se retiene la cosa en prenda y no con ánimo de apropiación. Éstos son los casos que pueden darse:

- El depositario hasta el completo pago de lo que se le debe.
- El mandatario sobre las cosas objeto del mandato.
- El comisionista de los efectos recibidos en consignación.
- El usufructuario si realizó reparaciones indispensables para conservar la cosa.
- En el arrendamiento de obra.

Apropiación ilegítima de los bienes de un tercero: conducta típica del artículo 254 del Código Penal y características del delito

El **artículo 254 del CP** establece:

> «1. Quien, fuera de los supuestos del artículo anterior, se apropiare de una cosa mueble ajena, será castigado con una pena de multa de tres a seis meses. Si se tratara de cosas de valor artístico, histórico, cultural o científico, la pena será de prisión de seis meses a dos años.
>
> 2. Si la cuantía de lo apropiado no excediere de 400 euros, se impondrá una pena de multa de uno a dos meses».

Esta modalidad antiguamente figuraba entre las diferentes modalidades de hurto, calificándose como «hurto impropio». Se ha excluido la mención a «bienes perdidos», como se hacía en la anterior regulación, para incluir todos aquellos supuestos en los que, faltando alguno de los elementos típicos del delito previsto en el **artículo 253 del CP**, se produce la apropiación por parte de un sujeto de un bien ajeno, con independencia de si se produjo entrega previa, existe obligación jurídica de devolución o se trata de un bien perdido.

Se excluyen de esta conducta los hechos susceptibles de ser considerados hurtos o estafa así como el caso de los bienes abandonados que pueden ser objeto de ocupación. La distinción entre cosa perdida y abandonada, en muchas ocasiones, es difícil de definir, por lo que dependerá de lo que se pruebe en el juicio. No hay duda de que si es una cosa tirada en un contenedor de basura, estamos ante un objeto abandonado, y cuando un conductor de autobús encuentra un anillo de mucho valor es una cosa de dueño desconocido.

En muchas ocasiones se puede saber si el bien es abandonado o perdido por el valor económico, aunque éste no sea el único criterio.

No debe olvidarse que el Código Civil en su **artículo 615** dice lo que debe hacerse con una cosa encontrada. Dicho precepto establece:

> «El que encontrare una cosa mueble, debe restituirla a su anterior poseedor. Si éste no fuere conocido, deberá consignarla inmediatamente en poder del Alcalde del pueblo donde se hubiese verificado el hallazgo».

El delito se agrava cuando se trata de objetos de valor histórico, artístico, cultural o científico.

Igualmente debe considerarse incluida en el **artículo 254 del CP** la conducta delictiva consistente en la apropiación de lo cobrado o recibido indebidamente. Se trata de aquellas conductas en la que el sujeto recibe por error una cuantía o alguna cosa mueble y, pese a dicha recepción, niegue la misma o no procesa a su devolución.

Desde el punto de vista doctrinal se ha discutido sobre la necesidad de sancionar penalmente estas conductas como apropiación indebida toda vez que no hay un quebranto de la confianza y el Código Civil lo contempla como un cuasicontrato en los **artículos 1895** y siguientes. Pese a todo ello el legislador lo contempla como delito, aunque con una pena atenuada y ya no como especialidad sino como modalidad incluida en el **artículo 254 del CP**.

En definitiva, la voluntad del legislador parece ser la de castigar los casos de apropiación en los que no se da la posesión legítima en virtud de un título que obligue a devolver o entregar la cosa. En estos casos, cabría sostener que este tipo delictivo residual está destinado a castigar:

- Los casos de apropiación de cosa perdida o de dueño desconocido.
- Los casos de apropiación de cosa transmitida por error.

JURISPRUDENCIA

Sentencia del Tribunal Supremo n.º 260/2017, de 6 de abril, ECLI:ES:TS:2017:1305

«SEGUNDO.-Con carácter previo es necesario recordar la doctrina de esta Sala —por todas SSTS. 737/2016 el 5 octubre y 86/2017 de 16 febrero— que para solven-

tar el problema de la inclusión del dinero o cosas fungibles, la jurisprudencia de esta Sala vino diferenciando dos modalidades en el tipo de la apropiación indebida, sobre la base de los dos verbos nucleares del tipo penal: apropiarse y distraer, con notables diferencia en la estructura típica. En las SSTS. 9.5.2014 y 2.3.2016, recordamos que, en definitiva, apropiarse significa incorporar al propio patrimonio la cosa que se recibió en posesión con la obligación de entregarla o devolverla. Distraer es dar a lo recibido un destino distinto del pactado. Si la apropiación en sentido estricto recae siempre sobre cosas no fungibles, la distracción tiene como objeto cosas fungibles y especialmente dinero. La apropiación indebida de dinero es normalmente distracción, empleo del mismo en atenciones ajenas al pacto en cuya virtud el dinero se recibió, que redundan generalmente en ilícito enriquecimiento del detractor.

La doctrina del TS. SS. 513/2007 de 19.6, 218/2012 de 28.3, 664/2012 de 12.7, entre otras muchas, resumió la interpretación jurisprudencial de este delito proclamando que el art. 252 de 1995, sancionaba dos modalidades distintas de apropiación indebida: la clásica de apropiación indebida de cosas muebles ajenas que comete el poseedor legítimo que las incorpora a su patrimonio con ánimo de lucro o que niega haberlas recibido y la distracción de dinero o cosas fungibles cuya disposición tiene el acusado a su alcance, pero que ha recibido con la obligación de darles un destino específico.

Es doctrina de esta Sala —entre otras SS. 2182/2002 de 24 de mayo, 1289/2002 de 9 de julio, 1708/2002 de 18 de octubre y 1957/2002 de 26 de noviembre— que en el delito de apropiación indebida, como sostiene acertadamente la sentencia impugnada, el título por el que se recibe la cosa ha de originar la obligación de entregarla o devolverla a su legítimo propietario. Esa jurisprudencia también ha establecido que la obligación surge cualquiera que sea la relación jurídica que la genere, pues los títulos que el precepto relaciona específicamente, como el depósito, la comisión y la administración no constituyen un numerus clausus sino una fórmula abierta como lo pone de manifiesto la propia expresión utilizada por el precepto ("o por otro título que produzca obligación de entregarlos o devolverlos"), de tal suerte que hay que incluir en el ámbito del tipo penal todas aquellas relaciones jurídicas que generan la obligación mencionada "incluso las de carácter complejo o atípico que no encajan en ninguna de las figuras creadas por la ley o el uso civil o mercantil, sin otro requisito que el exigido en la norma penal, esto es, que se origine la obligación de entregar o devolver".

El delito de apropiación indebida se caracteriza, en suma, por la transformación que el sujeto activo hace convirtiendo el título inicialmente legítimo y lícito en titularidad ilegítima cuando se rompe dolosamente el fundamento de la confianza que determinó la entrega del dinero o efectos. En el iter criminisse distinguen dos momentos, el inicial cuando se produce la recepción válida y el subsiguiente cuando se produce la apropiación con ánimo de lucro, de lo recibido, lo que constituye deslealtad o incumplimiento del encargo recibido, como ocurre en el caso paradigmático de la comisión, que colma el "tipo de infidelidad" que, tras una importante evolución doctrinal y jurisprudencial, es una de las modalidades de apropiación indebida (STS. 4.2.2003).

Y en cuanto al dinero, por mucho que haya desaparecido la voz distracción del art. 253 CP actual, y por mucho que el Preámbulo de la LO. 1/2015 quiera desviar siempre su tipicidad a la administración desleal es evidente que sigue siendo posible la apropiación indebida de dinero.

Como muy bien explica la STS. 2.3.2016 esta Sala en una ya abundante doctrina jurisprudencial dictada desde la entrada en vigor de la reforma operada por la LO 1/2015, que sigue manteniendo con efectos retroactivos la tipicidad de la apropiación indebida de dinero. En efecto si se admitiese el criterio de que la apropiación indebida de dinero solo tenía cabida en el anterior art 252 CP como "distracción", constituyendo en todo caso una modalidad de administración desleal, y siendo así que la conducta especifica de 'distracción' ya no figura en la actual redacción del delito de apropiación indebida, podríamos vernos obligados a aplicar retroactivamente esta *norma excluyendo la condena por apropiación indebida, sin que resultase sencillo remitir la sanción al nuevo delito de administración desleal que no ha sido objeto de acusación y posible defensa en el procedimiento.*

Por el contrario esta Sala ha mantenido la sanción por delito de apropiación indebida de dinero en numerosas sentencias dictadas después de la entrada en vigor de la reforma. Cabe citar, por ejemplo, la STS 433/2013, de 2 de julio (conducta apropiatoria de dinero en el ámbito societario), STS 430/2015, de 2 de julio (apropiación indebida de dinero por el Consejero Delegado de una empresa que realizó actos de expropiación definitiva, que exceden de la administración desleal), STS 414/2015, de 6 de julio (apropiación indebida por la tutora de dinero de sus pupilos), STS 431/2015, de 7 de julio (apropiación indebida por comisionista de dinero de su empresa), STS 485/2015, de 16 de julio, (apropiación indebida de dinero entregado para la cancelación de un gravamen sobre una vivienda), STS 592/2015, de 5 de octubre, (apropiación indebida de dinero por Director General de una empresa), STS 615/2015, de 15 de octubre (apropiación indebida de dinero por administrador de fincas urbanas), STS 678/2915, de 30 de octubre, (apropiación de dinero por apoderado), STS 732/2015, de 23 de noviembre (apropiación indebida de dinero por mediador en un contrato de compraventa de inmuebles), STS 792/2015, de 1 de diciembre (apropiación indebida de dinero por un gestor), STS 788/2015, de 10 de diciembre (apropiación indebida de dinero por intermediario), STS 65/2016, de 8 de febrero (apropiación indebida de dinero por agente de viajes), STS 80/2016, de 10 de febrero, (apropiación indebida de dinero por el patrono de una fundación), STS 89/2016, de 12 de febrero (apropiación indebida de dinero entregado como anticipo de la compra de viviendas), etc. etc.

En realidad la reforma es coherente con la más reciente doctrina jurisprudencial que establece como criterio diferenciador entre el delito de apropiación indebida y el de administración desleal la disposición de los bienes con carácter definitivo en perjuicio de su titular (caso de la apropiación indebida) y el mero hecho abusivo de aquellos bienes en perjuicio de su titular pero sin pérdida definitiva de los mismos (caso de la administración desleal), por todas STS 476/2015, de 13 de julio. En consecuencia en la reciente reforma legal operada por la LO 1/2015, el art 252 recoge el tipo de delito societario de administración desleal del art 295 derogado, extendiéndolo a todos los casos de administración desleal de patrimonios en perjuicio de su titular, cualquiera que sea el origen de las facultades administradoras, y la apropiación indebida los supuestos en los que el perjuicio ocasionado al patrimonio de la víctima consiste en la definitiva expropiación de sus bienes, incluido el dinero, conducta que antes se sancionaba en el art 252 y ahora en el art 253».

Sentencia del Tribunal Supremo n.º 274/2017, de 19 de abril, ECLI:ES:TS:2017:1566

«El Pleno no jurisdiccional de la Sala Segunda del Tribunal Supremo, en su reunión de 30 de octubre de 2007, acogió como doctrina correcta —reafirmada de manera pacífica en nuestra jurisprudencia posterior— que si bien el artículo 74.2 del Código Penal constituye una regla específica para los delitos patrimoniales, tal especificidad solo se refiere a la determinación de la pena básica sobre la que debe aplicarse la agravación, de forma que el artículo 74.1 del Código Penal es aplicable como regla general cuando se aprecie un delito continuado, salvo en aquellos casos en los que tal aplicación venga impedida por la prohibición de doble valoración. Dicho de otra forma, la agravación del artículo 74.1 sólo dejará de apreciarse cuando la aplicación del artículo 74.2 ya haya supuesto una agravación de la pena para el delito continuado de carácter patrimonial; esto es, cuando la agravación contemplada en el artículo 20.1.6 del Código Penal vigente a la fecha en que los hechos tuvieron lugar (36.000 euros según la consideración jurisprudencial) o la defraudación superior a 50.000 euros que ahora contempla el subtipo agravado, se hubieren alcanzado por la suma de las diferentes infracciones, acudir a la agravación del apartado 1 del artículo 74, vulneraría la

prohibición de doble valoración de una misma circunstancia o de un mismo elemento, pues, de un lado, se habría tenido en cuenta para acudir al artículo 250.1.6º (hoy 250.1.5º), con la consiguiente elevación de la pena, y, de otro lado, se valoraría para acudir al artículo 74.1, agravándola nuevamente (SSTS 950/2007; 28/2008, de 26 de mayo; 764/2008, de 20 de noviembre; 860/2008, de 17 de diciembre; 365/2009, de 16 abril; 581/2009, de 2 de junio o 22/2013, de 17 de enero)».

8.
RESPONSABILIDAD CIVIL DERIVADA DE LOS DELITOS SOCIETARIOS

La responsabilidad civil derivada de los delitos societarios

La responsabilidad civil derivada de los delitos cometidos por los administradores y directivos debe determinarse, también en sede penal, conforme a los principios propios del derecho privado, esto es, acreditando la concurrencia de determinados presupuestos:

- Acto ilícito: acción u omisión, culposa o negligente, contraria a la normativa legal, estatutaria o realizada sin la diligencia inherente al cargo.
- Daño o perjuicio.
- Relación de causalidad, entre el acto lesivo y el daño producido.

Esta responsabilidad civil se manifiesta conforme al esquema obligacional privado como una relación de crédito/deuda de resarcimiento entre dos sujetos, como así se deduce del artículo 109 del CP que da comienzo al régimen de la responsabilidad civil y su extensión diciendo:

> «1. La ejecución de un hecho descrito por la Ley como delito o falta obliga a reparar, en los términos previstos en las Leyes, los daños y perjuicios por él causados.
> 2.El perjudicado podrá optar, en todo caso, por exigir la responsabilidad civil ante la Jurisdicción Civil».

En estos casos, salvo que el perjudicado se haya reservado la acción civil para ejercitarla en esta jurisdicción, el ejercicio simultáneo de la acción penal y civil es la norma general establecida por nuestro derecho penal. Es decir, se ejercitan ambas acciones ante la jurisdicción penal, por economía procesal.

De conformidad con el **artículo 110 del CP**, la responsabilidad civil derivada de delito consiste en el deber de reparar el daño causado en la víctima u otros perjudicados mediante la comisión del delito o de indemnizar los perjuicios materiales y morales ocasionados.

> «La responsabilidad establecida en el artículo anterior comprende:
> 1.º La restitución.

2.º La reparación del daño.

3.º La indemnización de perjuicios materiales y morales».

En la sentencia del Tribunal Supremo n.º 639/2017, de 28 de septiembre, ECLI:ES:TS:2017:3389, se establece que:

«Estamos ante una responsabilidad civil derivada del delito y por tanto con reglas sobre prescripción diferentes a las reguladas por la normativa específica (artículos 1089, 1093 y 1964 Cciv: vid STS Sala 1.ª de 7 de enero de 1982; o con otro criterio pero igualmente contrario al argumento de los impugnantes, SSTS Sala 2.ª de 9 de febrero de 1998: mientras no prescribe el delito no prescribe la acción civil dimanante del mismo)».

El acreedor: la víctima del delito que es tercero perjudicado respecto del seguro de responsabilidad civil

En cuanto al acreedor, será, según el **artículo 113 del Código Penal**, el agraviado, aunque la indemnización comprenderá también los daños que se hubieren irrogado a sus familiares o a terceros.

«La indemnización de perjuicios materiales y morales comprenderá no sólo los que se hubieren causado al agraviado, sino también los que se hubieren irrogado a sus familiares o a terceros».

El deudor: el autor o cómplice asegurado en el seguro de responsabilidad civil

La responsabilidad civil *ex delicto* se podrá atribuir a distintas personas y de manera conjunta, incluyendo a las aseguradoras que hubieren asumido responsabilidades pecuniarias derivadas de la consecuencia de cualquier hecho ilícito. Siempre que se produzca la conducta típica que se haya configurado como riesgo asegurado, los aseguradores se convierten en responsables civiles directos de los daños que se hayan derivado de aquella.

El principio general, en este ámbito, lo establece el **artículo 116 del CP** cuando expone:

«1. Toda persona criminalmente responsable de un delito o falta lo es también civilmente si del hecho se derivaren daños o perjuicios. Si son dos o más los responsables de un delito o falta los Jueces o Tribunales señalarán la cuota de que deba responder cada uno.

2. Los autores y los cómplices, cada uno dentro de su respectiva clase, serán responsables solidariamente entre sí por sus cuotas, y subsidiariamente por las correspondientes a los demás responsables.

La responsabilidad subsidiaria se hará efectiva: primero, en los bienes de los autores, y después, en los de los cómplices.

Tanto en los casos en que se haga efectiva la responsabilidad solidaria como la subsidiaria, quedará a salvo la repetición del que hubiere pagado contra los demás por las cuotas correspondientes a cada uno».

Por tanto, a la vista del citado artículo toda persona responsable penalmente de un delito lo es también civilmente si del hecho se derivan daños y perjuicios. Asimismo, dicho precepto recoge la regla de solidaridad entre autores y cómplices y subsidiariedad con el resto de responsables.

Asimismo, la figura del deudor también se menciona en los **artículos 117 a 121 del CP**.

En los casos de responsabilidad civil derivados del delito lo habitual es que los administradores hayan suscrito un seguro de D&O (*Directors and Officers*), el cual cubrirá los daños e indemnizaciones a los que estos tengan que hacer frente. Dichos seguros no incluyen la responsabilidad penal, incluso aunque el autor sea condenado a una pena de multa.

|| La deuda/crédito de responsabilidad civil

El elemento objetivo de la obligación (prestación) está regulado en el **artículo 110 del CP** (restitución de la cosa, reparación del daño e indemnización de perjuicios materiales y morales).

- **La restitución de la cosa: según el artículo 111 del CP**: «Deberá restituirse, siempre que sea posible, el mismo bien, con abono de los deterioros y menoscabos que el juez o tribunal determinen. La restitución tendrá lugar aunque el bien se halle en poder de tercero y éste lo haya adquirido legalmente y de buena fe, dejando a salvo su derecho de repetición contra quien corresponda y, en su caso, el de ser indemnizado por el responsable civil del delito».

- **La reparación del daño: según el artículo 112 del CP**: «La reparación del daño podrá consistir en obligaciones de dar, de hacer o de no hacer que el Juez o Tribunal establecerá atendiendo a la naturaleza de aquél y a las condiciones personales y patrimoniales del culpable, determinando si han de ser cumplida por él mismo o pueden ser ejecutadas a su costa».

En cuanto a la obligación de dar, se debe mencionar el artículo 1185 del Código Civil: «Cuando la deuda de cosa cierta y determinada procediere de delito o falta, no se eximirá al deudor del pago de su precio, cualquiera que hubiese sido el motivo de la pérdida, a menos que, ofrecida por él la cosa al que le debida recibir, éste se hubiese sin razón negado a aceptarla».

En cuanto a la obligación de hacer, el artículo 1147 del Código Civil establece que: «Si la cosa hubiese perecido o la prestación se hubiese hecho imposible sin culpa de los deudores solidarios, la obligación quedará extinguida.- Si hubiese mediado culpa de parte de cualquiera de ellos, todos serán responsables para con el acreedor, del precio y de la indemnización de daños y abono de intereses, sin perjuicio de su acción contra el culpable o negligente».

- **El artículo 1136 del Código Civil**, equipara el tratamiento de la imposibilidad de las prestaciones de hacer con las de dar, y cuando existe culpa del deudor se sustituirá el cumplimiento de la obligación por la indemnización de daños y perjuicios, conforme establece el **artículo 1135 del Código Civil** párrafo 2°: «La indemnización se fijará tomando por base el valor de la última cosa que hubiese desaparecido, o el del servicio que últimamente se hubiere hecho imposible».

- **La indemnización de daños y perjuicios:** el **artículo 113 del Código Penal** establece, «La indemnización de perjuicios materiales y morales comprenderá no sólo los que se hubieren causado al agraviado, sino también los que se hubieren irrogado a sus familiares o a terceros».

Dicho artículo debe ponerse en relación con el **artículo 115 del CP**: «Los Jueces y Tribunales al declarar la existencia de responsabilidad civil, establecerán, razonadamente, en sus resoluciones las bases en que fundamenten la cuantía de los daños e indemnizaciones, pudiendo fijarla en la propia resolución o en el momento de su ejecución».

La jurisprudencia se ha referido a la extensión de la indemnización al daño emergente y al lucro cesante. Sin embargo, en orden a la valoración del daño y por tanto a la fijación final del quantum de la indemnización, ha afirmado que el Juez es libre para hacerlo, sin que se hayan aportado criterios vinculantes, sino solo orientativos.

En dicha indemnización deben incluirse los daños morales, para lo cual se tendrá en consideración lo establecido en la Ley Orgánica 1/1982, de 5 de mayo, de protección al derecho al honor, a la intimidad personal y familiar, ya que como se observa, en el **artículo 115 del Código Penal**, no solo son «perjuicios materiales y morales..., al agraviado, sino también los que hubieren irrogado a sus familiares o a terceros», donde se establece una indemnización igual cantidad a igualdad de circunstancias.

> **JURISPRUDENCIA**
>
> **Sentencia del Tribunal Supremo n.º 467/2018, de 15 de octubre, ECLI:ES:TS:2018:4033**
>
> *«Es cierto que existe jurisprudencia de esta Sala tendente a equiparar el plazo de prescripción de la acción civil —sea directa o subsidiaria— con el del delito —vid STS 749/2017, de 21- 11— pero con independencia de las críticas doctrinales a tal asimilación por carecer de una base legal sólida, a diferencia de otros ordenamientos que contienen previsiones en este sentido (arts. 10.1 del Código Procesal Penal francés; art. 493.3 Código civil portugués, o art. 2947.3 Código Civil italiano) y de que no debe haber inconveniente en que esté prescrito el delito y perviva la acción civil (sucedía con frecuencia en materia de faltas y ahora puede pasar en ocasiones con los delitos leves) o la situación contraria, es decir que la acción civil haya prescrito y la perseguibilidad del delito esté viva (v.gr. por tratarse de una acción de plazo prescriptivo más breve, como sucede con el delito de defraudación tributaria: cuatro años y cinco años; de que la forma de interrupción de una y otra acción (civil y penal) no coinciden: habrá actos que interrumpan la prescripción de la acción civil y no la del delito; y de que, como ha destacado un prestigioso monografista de esta materia, eso llevaría a la peregrina idea de que cuando más grave sea el delito más largo es el plazo de prescripción de la acción civil, lo cierto es que, aún admitiendo que el plazo de prescripción de la acción civil "ex delicto" se encuentra vinculado al del delito, no puede identificarse —como hace la sentencia recurrida— esa acción civil derivada del delito —como es la que se ejercita contra el responsable civil directo o contra el responsable civil subsidiario—, con la acción por enriquecimiento injusto acumulada al proceso penal, como es la que ejercita contra un partícipe a título lucrativo —que no es derivada del delito— que precisamente desconoce la procedencia ilícita de lo recibido».*

ANEXO I.
CASOS PRÁCTICOS

Caso práctico | Delito de apropiación indebida en la modalidad de distracción

PLANTEAMIENTO

«A» y «B» fueron condenados por falsedad documental en el ámbito mercantil, más concretamente por la manipulación de documentos contables y financieros. Además, cometieron el delito de apropiación indebida al realizar una serie de operaciones que no estaban justificadas en la actividad de su sociedad, tales como cargos por «cheques ventanilla», venta de inmuebles por un precio superior al anotado posteriormente o falta de contabilización de diferentes gastos, entre otros.

¿Puede considerarse que esa apropiación indebida fue empleada a modo de distracción para emplear lo obtenido de dichas operaciones para un fin distinto al que se había pactado?

RESPUESTA

Sí, y para dar una justificación a esta afirmación es altamente ilustrativa la senten cia del Tribunal Supremo n.º 313/2019, de 17 de junio, ECLI:ES:TS:2019:1978. En la mencionada sentencia, en un caso similar al planteado, se considera que, acciones como las mencionadas constituyen un delito de apropiación indebida en su modalidad de distracción, en base al artículo 252 Código Penal.

A TENER EN CUENTA. Ha de recordarse el tenor literal del mencionado precepto, que es el siguiente:

«1. Serán castigados con las penas del artículo 248 o, en su caso, con las del artículo 250, los que teniendo facultades para administrar un patrimonio ajeno, emanadas de la ley, encomendadas por la autoridad o asumidas mediante un negocio jurídico, las infrinjan excediéndose en el ejercicio de las mismas y, de esa manera, causen un perjuicio al patrimonio administrado.

2. Si la cuantía del perjuicio patrimonial no excediere de 400 euros, se impondrá una pena de multa de uno a tres meses».

En esta línea, hace mención de la doctrina de la Sala al señalar que:

«El delito de apropiación indebida aparece descrito en el artículo 252 del Código Penal que tipifica la conducta de los que en perjuicio de otros se apropiaren o distrajeren dinero, efectos, valores o cualquier otra cosa mueble o activo patrimonial que hayan recibido en depósito, comisión o administración, o por otro título que produzca obligación de entregarlos o devolverlos, o negaren haberlos recibido.

La doctrina de este Tribunal Supremo (SSTS 513/2007, de 19 de junio, 228/2012, de 28 de marzo y 664/2012, de 12 de julio, entre otras muchas) ha resumido la interpretación jurisprudencial de este delito diciendo que el artículo 252 del vigente Código Penal sanciona dos modalidades distintas de apropiación indebida: la clásica de apropiación indebida de cosas muebles ajenas que comete el poseedor legítimo que las incorpora su patrimonio con ánimo de lucro, o niega haberlas recibido y la distracción de dinero cuya disposición tiene el acusado a su alcance, pero que ha recibido con la obligación de darle un destino específico.

Esta consideración de la apropiación indebida del artículo 252 del Código Penal parte de la distinción establecida en los verbos nucleares de tipo penal, se apropiaren y distrajeren y se conforma sobre un distinto bien jurídico, respectivamente, contra la propiedad y contra el patrimonio».

Señala, además, nuestro Alto Tribunal que la apropiación indebida tiene una doble dimensión, entendiendo la misma como una «clarificación sobre las apropiaciones de dinero, que el tipo penal prevé como objeto de apropiación, toda vez que la extremada fungibilidad del dinero hace que su entrega suponga la de la propiedad, recibiendo el transmitente, en los supuestos de obligación de devolver o el destinatario final del dinero, en los supuestos de obligación de entregar, un derecho a recibir otro tanto, construcción difícil de explicar desde la clásica concepción de la apropiación indebida».

Concluyendo:

«En definitiva, apropiarse significa incorporar al propio patrimonio la cosa que se recibió en posesión con la obligación de entregarla o devolverla. Distraer es dar a lo recibido un destino distinto del pactado. Si la apropiación en sentido estricto recae siempre sobre cosas no fungibles, la distracción tiene como objeto cosas fungibles y especialmente dinero. La apropiación indebida de dinero es normalmente distracción, empleo del mismo en atenciones ajenas al pacto en cuya virtud el dinero se recibió, que redundan generalmente en ilícito enriquecimiento del detractor.

Por ello, cuando se trata de dinero u otras cosas fungibles, el delito de apropiación indebida requiere como elementos de tipo objetivo: a) que el autor lo reciba en virtud de depósito, comisión, administración o cualquier otro título que produzca la obligación de entregar o devolver otro tanto de la misma especie y calidad; b) que el autor ejecute un acto de disposición sobre el objeto o el dinero recibidos que resulta ilegítimo en cuanto que excede de las facultades conferidas por el título de recepción, dándole en su virtud un destino definitivo distinto del acordado, impuesto o autorizado; c) que como consecuencia de ese acto se cause un perjuicio en el sujeto pasivo, lo cual ordinariamente supondrá una imposibilidad, al menos transitoria, de recuperación.

Ahora bien, esta doble modalidad que la jurisprudencia aprecia en el tipo de apropiación indebida no vacía de contenido la rúbrica del tipo (apropiación indebida) y no convierte las modalidades de 'distracción' en una mera administración desleal según el modelo germánico, que tantos problemas de taxatividad está planteando en dicho país, porque en todo caso la doctrina jurisprudencial requiere que se emplee o gaste el dinero administrado dándole de modo definitivo un destino distinto del acordado.

Por ello la doctrina jurisprudencial exige para apreciar el delito de apropiación indebida, en su modalidad de distracción, que se haya superado lo que se denomina el "punto sin retorno", que distingue el mero uso indebido, una modalidad de apropiación de uso no delictiva, de la apropiación indebida en sentido propio (STS 228/2012, de 28 de marzo).

Como señala la STS 374/2008, de 24 de junio para entender que se ha consumado el delito de apropiación indebida en la modalidad de distracción de dinero "hace falta que se impida de forma definitiva la posibilidad de entregarlo o devolverlo, llegando la conducta ilícita a un punto sin retorno, hasta cuya llegada el sujeto podría devolver la cosa sin consecuencias penales". En el mismo sentido, la STS 513/2007 de 19 de junio, o la STS 938/98, de 8 de julio.

No basta pues, con la distracción orientada a un uso temporal o el ejercicio erróneo, o incluso ilícito, de las facultades conferidas, sino que es necesaria la atribución al dinero de un destino distinto del obligado, con vocación de permanencia (STS. 11 de julio de 2005). La naturaleza de la sanción penal como "ultima ratio", y el respeto al principio de tipicidad, impiden considerar que cualquier ilicitud civil cometida por el administrador no societario constituye, en nuestro derecho penal vigente, un delito de apropiación indebida.

"Las conductas descritas que reflejen actos de carácter abusivo de los bienes ajenos pero que no impliquen necesariamente apropiación, es decir, ejecutadas sin incumplimiento definitivo de la obligación de entregar o devolver, pueden ser constitutivas de administración desleal, que en nuestro ordenamiento solo está tipificado como delito societario, pero no de apropiación indebida, ni en su modalidad propia ni en la de distracción, pues ambas requieren lo que define el tipo: la apropiación, es decir una vocación de permanencia en la privación de la disponibilidad del titular"».

Caso práctico | ¿Un acuerdo societario nulo en vía mercantil podrá constituir un delito tipificado en el art. 291 del CP?

CUESTIÓN

El 4 de abril de 2000 se constituyó la mercantil «X, S.L.» modificándose la denominación social por «Z, S.L.».

En octubre de 2005, el 44.9988% del capital social de la mercantil «X, S.L.» y pertenecía a la sociedad «A, S.A.».

El 19 de octubre de 2005 se convocó junta general de accionistas de «A, S.A.», a celebrar el día 21 de noviembre de ese mismo año, en el domicilio social de la misma. El punto cuarto del orden del día se refería a la «aprobación de la retribución correspondiente a la dirección de las obras de construcción llevadas a cabo por la sociedad», por el que «A, S.A.» se obligaba satisfacer a «X, S.L.» la cantidad de 2.904.095 euros, en concepto de dirección, supervisión y gestión de las obras realizadas por ésta última entidad.

La exigibilidad de dicha cantidad, al tiempo en que se acordó, hubiera supuesto que la entidad «A, S.A.» hubiera entrado en situación de insolvencia técnica.

Se solicita por parte de una tercera sociedad que, los administradores de la sociedad «X, S.L.» y «A, S.A.» sean condenados como responsables en concepto de autores, de un delito societario, tipificado en el artículo 291 del CP.

Cabe advertir que el acuerdo adoptado ha sido declarado nulo en la vía mercantil.

¿Podrán ser los administradores condenados por un delito del art. 291 del Código Penal por el acuerdo adoptado en la junta general?

RESPUESTA

Para resolver el presente caso práctico vamos a basarnos en lo resuelto por la **sentencia de la Audiencia Provincial de Valencia n.º 658/2013, de 31 de julio, ECLI:ES:APV:2013:3408.**

En primer lugar, la **sentencia del Tribunal Supremo n.º 654/2002, de 17 de abril, ECLI:ES:TS:2002:2724**, señala con respecto al **artículo 291 del CP** lo siguiente:

> (...) el delito del artículo 291 se caracteriza por constituir una criminalización de determinadas conductas societarias cuando los que, prevaliéndose de su situación mayoritaria en la Junta de accionistas o el órgano de administración de cualquier sociedad constituida o en formación, impusieran acuerdos abusivos, con ánimo de lucro propio o ajeno, en perjuicio de los demás socios, y sin que reporten beneficios a la sociedad, lo que equivale a sancionar penalmente determinadas conductas incardinables en el ejercicio abusivo de los derechos (...)».

Si bien, que **por el hecho de haber sido declarado nulo el acuerdo en cuestión en la vía mercantil**, deba de prosperar la acción penal entablada, pues aquella jurisdic-

ción se rige por unos principios diferentes a la penal y, en ésta, como se ha dicho, es esencial el elemento subjetivo del tipo.

En definitiva, para que prospere la acción penal en este caso, aunque el acuerdo sea nulo en la vía mercantil, deberá atenderse a las declaraciones prestadas y la prueba documental del juicio.

ANEXO II.
FORMULARIOS

Querella por delitos societarios

AL JUZGADO DE INSTRUCCIÓN DE [LOCALIDAD]

Don/Doña [NOMBRE_PROCURADOR_CLIENTE], procurador/a de los tribunales con número de colegiado/a [NÚMERO_COLEGIADO_PROCURADOR_CLIENTE], en nombre y representación de Don/Doña [NOMBRE_CLIENTE], con domicilio en esta ciudad [DOMICILIO_CLIENTE], y provisto de DNI número [NÚMERO] lo que acredito mediante escritura de poder especial para la presentación de la presente y otros actos procesales, para su unión a los autos por copia testimoniada con devolución de aquélla, previo testimonio en autos, con la asistencia del/de la Letrado/a Don/Doña [NOMBRE_ABOGADO_CLIENTE], con núm. de colegiado/a [NÚMERO_COLEGIADO_ABOGADO_CLIENTE] como más procedente sea en derecho ante el juzgado comparezco y

DIGO

Que basándome en la acreditada representación interpongo **QUERELLA** por los siguientes delitos societarios:

- Delito de **falseo de cuentas** del **artículo 290** del Código Penal.

- Delito de **impedimento del derecho de información a los socios** del **artículo 293** del Código Penal.

- Delito de **administración desleal** recogido en el **artículo 252** del mismo Código.

Contra la persona que seguidamente se menciona y con base en los siguientes

HECHOS

PRIMERO.- Se presenta esta querella ante el Juzgado de Instrucción de [LOCALIDAD], como competente para conocer de la misma, conforme a lo dispuesto en los artículos 14 (1) y 272 de la Ley de Enjuiciamiento Criminal, al haberse cometido en su Partido Judicial los hechos que se relatarán.

SEGUNDO.- El querellante es mi mandante, Don/Doña [NOMBRE_CLIENTE], vecino/a de [LOCALIDAD], mayor de edad, con domicilio en esta ciudad [DOMICILIO_CLIENTE], y con de DNI número [DNI_CLIENTE/A].

TERCERO.- Se formula esta querella contra Don/Doña [NOMBRE_PARTE_CONTRARIA], vecino/a de [LOCALIDAD], mayor de edad, con domicilio en esta ciudad [DOMICILIO_PARTE_CONTRARIA], mayor de edad y provisto/a de DNI número [DNI_PARTE_CONTRARIA].

CUARTO.- Los hechos (2) que han motivado su interposición son los siguientes:

La sociedad [NOMBRE], de la que es administrador el querellado Don/Doña [NOMBRE_PARTE_CONTRARIA] se constituyó en fecha [FECHA] consistiendo su objeto social en [RAZÓN_SOCIAL].

Desde [FECHA] mi mandante comenzó a presenciar ciertas irregularidades que le hacen desconfiar de la correcta administración que el querellado está desarrollando frente a la sociedad.

1.º El día [DÍA] de [MES] de [AÑO] se presentaron las cuentas anuales, cuentas que ofrecían resultados ilógicos ya que [DESCRIPCIÓN].

2.º De la misma forma sucedió en fecha [FECHA] que [DESCRIPCIÓN].

3.º Asimismo, cualquier intento de acceder a Don/Doña [NOMBRE_PARTE_CONTRARIA] para pedir explicaciones sobre las cuentas e información sobre la sociedad ha sido en vano, debido a que [DESCRIPCIÓN].

QUINTO.- Los hechos descritos revisten los caracteres típicos de los delitos recogidos en el **artículo 290 del Código Penal**, delito de falseo de cuentas anuales, delito de impedimento del derecho de información a los socios del artículo 293 del Código Penal y delito de administración desleal, recogido en el **artículo 252** del mismo Código.

SEXTA.- En fecha [DÍA] de [MES] de [AÑO] se celebró Acto de Conciliación ante el Juzgado de Instrucción n.º [NÚMERO] de [LOCALIDAD], bajo el número de Conciliación [NÚMERO], por estos hechos, terminando al acto SIN AVENENCIA, si bien la querellada reconoció [DESCRIPCIÓN]. Acompañamos como Documento N.º [NÚMERO] copia del acta del acto de conciliación celebrado.

SÉPTIMA.- Para la comprobación de los hechos referidos, deberán practicarse las diligencias que a continuación se indican:

1.ª Declaración de la querellada Don/Doña [NOMBRE_PARTE_CONTRARIA].

2.ª Declaración testifical de Don/Doña [NOMBRE].

3.ª Documental consistente en se tengan por reproducidos los documentos que se acompañan junto con el escrito de interposición de querella, bajo los números [NÚMERO] a [NÚMERO], y que son los siguientes:

– [DESCRIPCIÓN].

– [DESCRIPCIÓN].

– [DESCRIPCIÓN].

OCTAVA.- Mis representados/as, como ofendidos por los delitos, se encuentran exentos de prestar fianza, conforme a lo dispuesto en el artículo 281 de la Ley de Enjuiciamiento Criminal.

Por lo expuesto y ejercitando, en nombre de mis representados, acciones penales y civiles que a los mismos correspondan como perjudicados por los hechos referidos,

SUPLICO AL JUZGADO:

Tenga por presentado este escrito, junto con los documentos que se adjuntan, y por interpuesta querella criminal contra Don/Doña [NOMBRE_PARTE_CONTRARIA], admitiéndose la personación de mis mandantes en concepto de Acusación Particular, dando traslado inmediato de la querella al querellado y siguiendo el procedimiento por sus trámites.

Por ser justicia en [LUGAR] a [FECHA].

Letrado/a   Procurador/a

[NOMBRE_LETRADO_CLIENTE]   [NOMBRE_PROCURADOR_CLIENTE]

PRIMER OTROSÍ DIGO: que al objeto de garantizar que el querellado no se sustraerá a la acción de la justicia, se interesa de ese juzgado, previa la citación del Ministerio Fiscal y de la querellada, la celebración de la comparecencia prevista en el artículo 505 de la Ley de Enjuiciamiento Criminal con el fin de reclamar la aplicación de medidas cautelares de carácter personal.

Asimismo, para satisfacer las responsabilidades pecuniarias de toda índole que pudieran corresponder al querellado, de conformidad con lo dispuesto en los artículos 589 y 764 de la Ley de Enjuiciamiento Criminal, se le requerirá para que preste fianza por importe de [CANTIDAD] euros, decretándose el embargo de bienes bastantes para cubrir esta responsabilidad pecuniaria si el querellado no prestare la fianza exigida.

En su virtud,

SUPLICO AL JUZGADO:

Ténganse en cuenta las anteriores manifestaciones a los efectos legales oportunos.

Por ser justicia, fecha y lugar *ut supra*.

Letrado/a	Procurador/a
[NOMBRE_LETRADO_CLIENTE]	[NOMBRE_PROCURADOR_CLIENTE]

SEGUNDO OTROSÍ DIGO: que los querellantes, habida cuenta su condición de ofendidos por el delito, están exentos de prestar la fianza a que se refiere el artículo 280 de la Ley de Enjuiciamiento Criminal.

Por ello,

SUPLICO AL JUZGADO:

Tenga en cuenta la anterior manifestación a los efectos legales oportunos.

Por ser justicia, fecha y lugar *ut supra*.

Letrado/a	Procurador/a
[NOMBRE_LETRADO_CLIENTE]	[NOMBRE_PROCURADOR_CLIENTE]

---

(1) Modificación del apdo. 3 del art. 14 LECrim, añadiendo un segundo párrafo: «No obstante, en los delitos comprendidos en el Título VIII del Libro II del Código Penal, a los solos efectos de determinar la competencia para el enjuiciamiento, se tendrán en cuenta únicamente las penas de prisión o de multa, correspondiendo al Juez de lo Penal de la circunscripción donde el delito fue cometido, o al Juez de lo Penal correspondiente a la circunscripción del Juzgado de Violencia sobre la Mujer, en su caso, el conocimiento y fallo de los delitos para los que la ley señale pena privativa de libertad de duración no superior a cinco años o pena de multa cualquiera que sea su cuantía». De aplicación tras la entrada en vigor de la Ley Orgánica 4/2023, de 27 de abril.

(2) Descripción de los hechos con la mayor exactitud posible y las demás circunstancias y pormenores de lo ocurrido.

Querella por apropiación indebida

AL JUZGADO DE INSTRUCCIÓN DE [LOCALIDAD]
QUE POR REPARTO CORRESPONDA

Don/Doña [NOMBRE_PROCURADOR_CLIENTE],procurador/a de los Tribunales, en nombre y representación de **Don/Doña** [NOMBRE_CLIENTE], con domicilio en esta ciudad [DOMICILIO_CLIENTE], y provisto de DNI número [NIF_CIF_DNI_CLIENTE] lo que acredito mediante escritura de poder general para pleitos, para su unión a los autos por copia testimoniada con devolución de aquélla, previo testimonio en autos, con la asistencia del/de la letrado/a Don/Doña [NOMBRE_ABOGADO_CLIENTE], con núm. de colegiado/a [NÚMERO_COLEGIADO_ABOGADO_CLIENTE], ante el juzgado comparezco y, como mejor proceda en derecho,

DIGO

Que por medio del presente escrito, y siguiendo expresas instrucciones de mi mandante, interpongo **QUERELLA** por el **delito de APROPIACIÓN INDEBIDA,** previsto en el Código Penal en sus **arts. 253** y **ss.,** de acuerdo con lo establecido en los **arts. 270 y ss.** de la Ley de Enjuiciamiento Criminal (LECrim), expongo los siguientes

HECHOS

PRIMERO.- COMPETENCIA

Se presenta esta querella ante el Juzgado de Instrucción [JUZGADO], como competente para conocer de la misma, conforme a lo dispuesto en los artículos 14 y 272 de la Ley de Enjuiciamiento Criminal, al haberse cometido en su Partido Judicial los hechos que se relatarán.

SEGUNDO.- QUERELLANTE

El querellante es mi mandante Don/Doña [NOMBRE_CLIENTE], mayor de edad, y vecino de [LOCALIDAD].

TERCERO.- QUERELLADO/A (1)

Se formula esta querella contra Don/Doña [NOMBRE_PARTE_CONTRARIA] mayor de edad y vecino/a de [LOCALIDAD]-, así como contra aquellas personas que en fase de instrucción del procedimiento aparezcan como coautoras, cómplices o encubridoras del delito.

CUARTO.- HECHOS

Los hechos que han motivado su interposición son:

   I. El [DÍA] de [MES] de [AÑO], a las [HORA] horas, [ESPECIFICAR_PERJUICIO], [ESPECIFICAR_MOTIVOS]

   II. El [DÍA] de [MES] de [AÑO], a las [HORA] horas, [ESPECIFICAR_PERJUICIO], [ESPECIFICAR_MOTIVOS]

   III. [DESCRIPCIÓN]

Hechos que se corresponden con el tipo penal expresado, y que tiene abrigo en los artículos 253 y ss. del CP.

Así, debemos entender lo que se expresa jurisprudencialmente, toda vez que, reiterado por la **sentencia de la Audiencia Provincial de Murcia n.º 240/2016, de 13 de julio, ECLI:ES:APMU:2016:1729**, entre otras:

> «Los hechos así considerados cumplen los requisitos del delito de apropiación indebida, tal como se señalan en el Auto del Tribunal Supremo de 10 de octubre de 2002 (ROJ: ATS 1872/2002) "La constante Jurisprudencia de esta Sala II exige como **elementos precisos para la consumación del delito** de apropiación indebida: a) **una previa posesión o tenencia de lo que sea su objeto** —dinero, efectos, valores o cualquier otra cosa mueble— **recibido por título que produzca obligación de entregarlo o devolverlo; b) un cambio del animus sustentador de la posesión**, que de ser en concepto distinto al de dueño, reconociendo el dominio en otra persona, pasa a convertirse en intención de hacer propia la cosa que es de otro; y, c) **un comportamiento material de apropiación por el ejercicio de hecho de facultades propias del dominio, sea gozando o sea disponiendo de la cosa como dueño** (STS de 28 de Septiembre del 2000". Y ello, por cuanto los acusados cogieron el dinero de la sociedad con el ánimo, declarado por ellos mismos de apropiárselo».

Por tanto, en el caso presente observamos que se dan tanto las circunstancias preceptivas del tipo penal querellado, como de lo expuesto jurisprudencialmente, por lo que entendemos que se debe proceder, ya no sólo a la instrucción de la presente causa, si no a la posterior condena del querellado por los hechos descritos en la presente.

QUINTO.- DILIGENCIAS DE COMPROBACIÓN DEL HECHO DELICTIVO

Para la comprobación de los hechos referidos, deberán practicarse las diligencias que a continuación se indican:

- Declaración [telemática/presencial] del querellado D./D.ª [NOMBRE_PARTE_CONTRARIA]
- Declaración [telemática/presencial] testifical de D./D.ª [NOMBRE]
- Documental, mediante lectura de la totalidad de la causa.
- Inspección ocular [DESCRIPCIÓN].
- Examen [telemático/presencial] de los testigos D./D.ª [NOMBRE], D./D.ª [NOMBRE] y D./D.ª [NOMBRE], sobre los hechos indicados.
- [DESCRIPCIÓN] (2).

Interesamos su práctica de conformidad con lo dispuesto en el art. 258 bis LECrim en relación con la celebración de los actos procesales mediante presencia telemática (5).

SEXTO.- FIANZA

Mi representado, como ofendido por el delito, se encuentra exento de prestar fianza, conforme a lo dispuesto en el artículo 281 de la LECrim (3).

Por lo expuesto y ejercitando, en nombre de mi representado, acciones penales y civiles que al mismo correspondan como perjudicado por los hechos referidos,

SUPLICO:

Tenga por presentada la presente querella, con sus copias y documentos adjuntos, las admita, les den la tramitación legal pertinente, me tenga por parte en la causa en la representación acreditada mediante poder especial aportado y acuerde:

- [DESCRIPCIÓN] (4)

    – Para garantizar las responsabilidades pecuniarias dimanadas de los hechos expuestos, se requerirá al querellado para que preste fianza por importe de [CANTIDAD] euros y, de no hacerlo así, se proceda al inmediato embargo de sus bienes en cantidad bastante a cubrir la referida suma.

Por ser justicia que pido en [LOCALIDAD] a [DÍA] de [MES] de [AÑO].

Letrado/a   Procurador/a

[NOMBRE_LETRADO_CLIENTE]   [NOMBRE_PROCURADOR_CLIENTE]

OTROSÍ DIGO: tenga por solicitadas las pruebas señaladas, para su práctica en el acto del juicio oral, dando a las diligencias el curso legal correspondiente:

    I. Declaración [telemática/presencial] de la parte querellada, D./D.ª [NOMBRE_PARTECONTRARIA]

    II. Declaración testifical [telemática/presencial] de D./D.ª [NOMBRE]

    III. Documental, mediante lectura de la totalidad de la causa.

    IV. Inspección ocular [DESCRIPCION].

    V. Examen [telemática/presencial] de los testigos D./D.ª [NOMBRE], D./D.ª [NOMBRE] y D./D.ª [NOMBRE], sobre los hechos indicados.

    VI. [DESCRIPCIÓN].

Ello de conformidad con lo dispuesto en el art. 258 bis de la LECrim en relación con la celebración de los actos procesales mediante presencia telemática (5).

SUPLICO:

Tenga por interesada la anterior prueba proceda a su práctica con todo lo demás que sea procedente en derecho.

Por ser justicia, fecha y lugar *ut supra*.

Letrado/a   Procurador/a

[NOMBRE_LETRADO_CLIENTE]   [NOMBRE_PROCURADOR_CLIENTE]

---

(1) En el caso de ignorarse estas circunstancias, se deberá hacer la designación del querellado por las señas que mejor pudieran darle a conocer.

(2) Indicar toda diligencia a realizar a los efectos de comprobación de los hechos querellados.

(3) Si tuvieran que prestar fianza: «Se consigna el compromiso de prestación de fianza conforme establece el 280de la LECrim».

(4) Se pueden solicitar desde que se disponga la apertura de la fase instructora, practicándose las diligencias solicitadas por esta parte, con advertencia de qué si los querellados no comparecieren sin causa legítima que se lo impida, la orden de comparecencia podrá convertirse en orden de detención hasta el procesamiento y detención y prisión del presunto culpable/o a exigirle la fianza de libertad provisional en la cuantía de [CANTIDAD] €.

(5) Tras la introducción en la LECrim del nuevo art. 258 bis a través del Real Decreto-ley 6/2023, de 19 de diciembre, las actuaciones procesales se realizarán preferentemente, salvo que el juez o jueza o tribunal, en atención a las circunstancias, disponga otra cosa, mediante presencia telemática, incluyendo las que se celebren ante los/las letrados/as de la Administración de Justicia o ante el Ministerio fiscal. En las citaciones se informará de la posibilidad de declarar de forma telemática en las condiciones establecidas en el citado precepto. Esta reforma ha entrado en vigor el 20 de marzo de 2024.

Denuncia por delito de administración desleal

AL JUZGADO DE INSTRUCCIÓN DE [LUGAR] QUE POR TURNO DE REPARTO CORRESPONDA

Don/Doña [NOMBRE_PROCURADOR_CLIENTE], en nombre y representación de Don/Doña [NOMBRE_CLIENTE], con DNI [NÚMERO] y con domicilio [DOMICILIO], según se acredita mediante poder que acompaño, bajo la dirección letrada de Don/Doña [NOMBRE_PROCURADOR_CLIENTE] ante este juzgado comparezco y, como mejor proceda en derecho,

DIGO

Que por medio del presente escrito presento **DENUNCIA** por presunto delito de apropiación indebida contra Don/Doña [NOMBRE_PARTE_CONTRARIA], mayor edad, con DNI [NIF_CIF_DNI_PARTE_CONTRARIA] y con domicilio [DOMICILIO_PARTE_CONTRARIA] con fundamento en los siguientes

HECHOS (1)

PRIMERO.- Don/Doña [NOMBRE_PARTE_CONTRARIA], era el administrador/a y gestor/a de los bienes de mi representado/a, acuerdo al que habían llegado desde el día [DÍA] de [MES] de [AÑO], ya que, mi representado/a tenía un patrimonio relativamente grande, por lo que solicitó su ayuda. Acordaron un sueldo a cambio de la gestión y administración de los negocios, que Don/Doña [NOMBRE_PARTE_CONTRARIA] debía ingresar en su cuenta de la de mi representado/a.

A dicho acuerdo llegaron en base a la confianza personal que mi representado/a tenía en Don/Doña [NOMBRE_PARTE_CONTRARIA].

Se adjunta el contrato privado suscrito por ambos como documento n.º [NÚMERO].

SEGUNDO.- En fecha [DÍA] de [MES] de [AÑO], mi representado/a contrató unas obras en su casa, para la reparación de la misma. Para poder pagar dicha obra necesitaba la cantidad de [CANTIDAD] euros, por lo que acudió a su cuenta corriente para sacar esa cifra y pagar. Cuando vio la cuenta corriente descubrió que solo aparecían [CANTIDAD] euros, por lo que se puso en contacto con Don/Doña [NOMBRE_PARTE_CONTRARIA], que era el/la encargado/a de administrar la cuenta. Don/Doña [NOMBRE_PARTE_CONTRARIA] había sacado el dinero de la cuenta, para cobrar su sueldo y aprovechando la situación, sacó más dinero del que le correspondía, ingresándolo en su cuenta corriente. De este modo abusó de su posición y de la confianza depositada, apropiándose de dinero que no le correspondía para su propio beneficio.

El perjuicio económico causado asciende a [NÚMERO] euros (2).

TERCERO.-Estos hechos, cometidos tras la entrada en vigor de la LO 1/2015 de reforma del Código Penal, y de la Ley Orgánica 14/2022, de 22 de diciembre, podrían ser constitutivos de un delito de administración desleal, tipificado en el artículo 252 del Código Penal (3).

Por todo ello,

SUPLICO AL JUZGADO:

Tenga por presentado este escrito de **DENUNCIA DE UN DELITO DE ADMINIS-TRACIÓN DESLEAL,** con los documentos que se acompañan, lo admita, proceda a la averiguación de los hechos y se llegue a procesar a la persona acusada.

En [LOCALIDAD] a [DÍA] de [MES] de [AÑO].

FIRMADO

---

(1) Descripción de los hechos con la mayor exactitud posible y las demás circunstancias y pormenores de lo ocurrido.

(2) Si el perjuicio no excede de 400 euros será delito leve.

(3) Es especialmente ilustrativa sobre la configuración legal actual del delito de administración desleal la **STS, n.º 278/2018, de 12 de junio, ECLI:ES:TS:2018:2405.**

Querella por delitos de administración desleal y estafa contra varios querellados y una sociedad (como responsable civil)

AL JUZGADO DE INSTRUCCION DE [LOCALIDAD] QUE POR TURNO CORRESPONDA

Don/Doña [NOMBRE PROCURADOR CLIENTE], procurador/a de los tribunales y de Don/Doña [NOMBRE CLIENTE 1], Don/Doña [NOMBRE CLIENTE 2] y Don/Doña [NOMBRE CLIENTE 3], según acredito a través de poder especial para la formulación de la presente querella (1) que se adjunta con la presente como documento n.º [NÚMERO], y bajo la dirección letrada de Don/Doña [NOMBRE ABOGADO CLIENTE], colegiado número [NÚMERO] del ICA de [LOCALIDAD], ante el juzgado comparezco y, como mejor proceda en derecho,

DIGO

Que, siguiendo las instrucciones de mis poderdantes, formulo **QUERELLA** en ejercicio del derecho reconocido en los **artículos 270** y siguientes de la Ley de Enjuiciamiento Criminal (LECrim) por los hechos y contra las personas que a lo largo de la instrucción pudieren resultar responsables de los hechos que se describen.

En cumplimiento del artículo **761.1** de la citada Ley hago constar que ejerzo cuantas acciones penales y civiles derivan del delito.

Dando cumplimiento a lo que determinan los **artículos 277** de la LECrim y concordantes de dicha ley,

EXPONGO

PRIMERO.- COMPETENCIA

Conforme al principio del *forum delicti commissi* se presenta ante el Juzgado de Instrucción de esta localidad que por turno de reparto corresponda por ser el competente para su instrucción, a tenor de los artículos **14 y 272** de la LECrim, al haber ocurrido los hechos dentro de este partido, concretamente en el término de [LOCALIDAD].

SEGUNDO.- IDENTIDAD DEL QUERELLANTE

Los querellantes en el presente procedimiento son:

- Don/Doña [NOMBRE_CLIENTE_1], con domicilio a efectos de notificaciones en [DOMICILIO], provisto de DNI número [NÚMERO_DNI].

- Don/Doña [NOMBRE_CLIENTE_2], con domicilio a efectos de notificaciones en [DOMICILIO], provisto de DNI número [NÚMERO_DNI].

- Don/Doña [NOMBRE_CLIENTE_3], con domicilio a efectos de notificaciones en [DOMICILIO], provisto de DNI número [NÚMERO_DNI].

TERCERO.- IDENTIDAD DE LOS QUERELLADOS

Sin perjuicio de que la investigación que se ponga en marcha con la presente querella afecte a todas las personas que pudieran resultar responsables de los hechos que se relatarán, se dirige esta querella, inicialmente, contra:

- Don/Doña [NOMBRE_PARTE_CONTRARIA_1], con domicilio en [DOMICILIO_ QUERELLADO] y DNI/CIF número [NÚMERO_DNI/CIF_QUERELLADO].

- Don/Doña [NOMBRE_PARTE_CONTRARIA_2], con domicilio en [DOMICILIO_ QUERELLADO] y DNI/CIF número [NÚMERO_DNI/CIF_QUERELLADO].

- Don/Doña [NOMBRE_PARTE_CONTRARIA_3], con domicilio en [DOMICILIO_ QUERELLADO] y DNI/CIF número [NÚMERO_DNI/CIF_QUERELLADO].

- Don/Doña [NOMBRE_PARTE_CONTRARIA_4], con domicilio en [DOMICILIO_ QUERELLADO] y DNI/CIF número [NÚMERO DNI/CIF_QUERELLADO].

- Don/Doña [NOMBRE_PARTE_CONTRARIA_5], con domicilio en [DOMICILIO_ QUERELLADO] y DNI/CIF número [NÚMERO DNI/CIF_QUERELLADO].

- Don/Doña [NOMBRE_PARTE_CONTRARIA_6], con domicilio en [DOMICILIO_ QUERELLADO] y DNI/CIF número [NÚMERO DNI/CIF_QUERELLADO].

CUARTO.- RELACIÓN CIRCUNSTANCIADA DE LOS HECHOS

Previo

I.- SOCIEDADES Y ADMINISTRADORES/ APODERADOS INVOLUCRADOS

En aras de una mayor claridad a la hora de exponer los hechos, de forma previa explicaremos de forma somera la composición de las empresas a través de las cuales se ejecutan las conductas delictuales:

- **La mercantil** [NOMBRE_EMPRESA_1], **S.A.** con CIF [CIF] y domicilio en [DO-MICILIO] fue constituida por tiempo indefinido con fecha [FECHA] en escritura autorizada por el notario Don/Doña [NOMBRE_NOTARIO] con el número [NÚMERO] de su protocolo, siendo su objeto social el siguiente:

[OBJETO SOCIAL] (2)

En el momento del relato fáctico esta sociedad está administrada y son apoderados de la misma los liquidadores mancomunados Don/Doña [NOMBRE_ PARTE_CONTRARIA_1], Don/Doña [NOMBRE_PARTE_CONTRARIA_2] y Don/ Doña [NOMBRE_PARTE_CONTRARIA_3].

A continuación, y de forma concisa, es necesario exponer las actuaciones realizadas por los querellados Don/Doña [NOMBRE_PARTE_CONTRARIA_1], Don/Doña [NOMBRE_PARTE_CONTRARIA_2] y Don/Doña [NOMBRE_PAR-TE_CONTRARIA_3], para nombrarse liquidadores mancomunados de la mercantil [NOMBRE_EMPRESA_1], S.A.:

- Los querellados, Don/Doña [NOMBRE_PARTE_CONTRARIA_1] y Don/Doña [NOMBRE_PARTE_CONTRARIA_2], fueron cesados de sus cargos y se les retiraron estas facultades de administración en las juntas generales ordinaria y extraordinaria de fecha [FECHA].

Se adjunta el acta de dicha junta como **documento n.º** [NÚMERO].

- Los mismos querellados, Don/Doña [NOMBRE_PARTE_CONTRARIA_1] y Don/Doña [NOMBRE_PARTE_CONTRARIA_2], teniendo conocimiento del cese de su cargo y funciones de administradores solidarios de [NOMBRE_ EMPRESA_1], S.A. conforme lo señalado en el punto antecedente, sin previo emplazamiento del Consejo de Administración, publican en el BORME de fecha [FECHA] y en el diario [NOMBRE], la convocatoria de la Junta General Extraordinaria, para su celebración en [DOMICILIO], en primera convocatoria, el día [FECHA], a las [HORA] horas y, en segunda convocatoria, en el mismo lugar, el día [FECHA], a las [HORA] horas.

Así, acuerdan, entre otros, anular los acuerdos adoptados en la junta general ordinaria y extraordinaria en la que fueron cesados de [FECHA], liquidar la empresa y nombrarse liquidadores mancomunados Don/Doña [NOMBRE_PARTE_CONTRARIA_1], don/doña [NOMBRE_PARTE_CONTRARIA_2] y Don/Doña [NOMBRE_PARTE_CONTRARIA_3].

Se adjunta como **documento n.º** [NÚMERO] copia simple de la escritura de [FECHA].

- La actuación llevada a cabo por los querellados, Don/Doña [NOMBRE_PARTE_CONTRARIA_1], Don/Doña [NOMBRE_PARTE_CONTRARIA_2] y Don/Doña [NOMBRE_PARTE_CONTRARIA_3], en la junta de fecha [FECHA], ha sido considerada delictiva según auto n.º [NÚMERO], de [FECHA], de la Audiencia Provincial de [LOCALIDAD], Sala de lo Penal, Sección [NÚMERO], que se adjunta como documento n.º [NÚMERO], que entiende indiciariamente delictuales las actuaciones desarrolladas por los aquí querellados, pudiendo entroncarse sus comportamientos en diferentes delitos societarios contenidos en el capítulo XIII del título XIII, —de los delitos contra el patrimonio y contra el orden socioeconómico—, del Código Penal.

- El Ministerio Fiscal con fecha [FECHA] ha formulado acusación en la causa diligencias previas procedimiento abreviado [NÚMERO], seguida ante el Juzgado de Instrucción número [NÚMERO] de [LOCALIDAD], que se adjunta como documento n.º [NÚMERO]. En esta calificación efectuada por el Ministerio Público, se considera delictual la conducta de los liquidadores mancomunados solicitándose, entre otras, la pena de prisión durante 2 años y seis meses, amén de una responsabilidad civil en concepto de indemnización a la mercantil [NOMBRE_EMPRESA_1], S.A. de [CANTIDAD], a la mercantil [NOMBRE], S.L. de [CANTIDAD] y a Don/Doña [NOMBRE], Don/Doña [NOMBRE] y Don/Doña [NOMBRE], en la cantidad de [CANTIDAD] euros.

- A la vista de dicha Acusación, el día [FECHA] se decreta auto de apertura de juicio oral contra las personas y por los delitos señalados, requiriéndose fianza de [CANTIDAD] euros, se adjunta mencionado auto como documento n.º [NÚMERO].

Por lo tanto, el nombramiento y actuación de los actuales liquidadores mancomunados de la mercantil [NOMBRE_EMPRESA_1], S.A. los querellados Don/Doña [NOMBRE_PARTE_CONTRARIA_1], Don/Doña [NOMBRE_PARTE_CONTRARIA_3] y Don/Doña [NOMBRE_PARTE_CONTRARIA_2] está siendo cuestionado en sede judicial por el Juzgado de Instrucción n.º [NÚMERO] de [LOCALIDAD].

- **La mercantil** [NOMBRE_EMPRESA_2], **S.L.**, con CIF [CIF] y domicilio social en [DOMICILIO], se constituyó con fecha [FECHA] en virtud de escritura autorizada ante el notario del Ilustre Colegio de [LOCALIDAD], Don/Doña [NOMBRE_NOTARIO], bajo número [NÚMERO] de su orden de Protocolo de dicho año, con un capital social inicial de [CANTIDAD] euros.

Mercantil cuyos administradores solidarios eran, en un principio, Don/Doña [NOMBRE CLIENTE 1] —mi representado— y Don/Doña [NOMBRE]. Con fecha [FECHA], se produce una ampliación de capital en virtud de la cual el capital social quedaba fijado en la cuantía de [CANTIDAD] euros, aumento resultado de la creación de [NÚMERO] participaciones sociales, siendo suscritas por Don/Doña [NOMBRE] y don/doña [NOMBRE], por mitad, es decir, cada uno de ellos en [NÚMERO] participaciones sociales. Sucesivamente se amplían otras [NÚMERO] participaciones sociales, suscritas por la mercantil [NOMBRE_EMPRESA_3], y por último se aprueba otra ampliación de capital mediante la aportación dineraria por importe de [CANTIDAD], también a favor de la mercantil [NOMBRE_EMPRESA_3].

Inmediatamente después de la entrada en el capital de [NOMBRE_EMPRESA_2] de la mercantil [NOMBRE_EMPRESA_3], —**representada, como administradora única, por Don/Doña** [NOMBRE_PARTE_CONTRARIA_4], **cuñado de Don/Doña** [NOMBRE_PARTE_CONTRARIA_5]—, mi mandante, Don/Doña [NOMBRE_CLIENTE_1], de buena fe, pero que vistos los hechos acaecidos posteriormente se tornó condenatoria para los intereses societarios de esta, con fecha [FECHA] **otorgó escritura de apoderamiento ante notario, a favor de Don/Doña** [NOMBRE_PARTE_CONTRARIA_5], que se adjunta como **documento n.º** [NÚMERO].

Mediante junta general extraordinaria y universal celebrada a [FECHA] se cesa en sus cargos de administradores solidarios a Don/Doña [NOMBRE] y Don/Doña [NOMBRE_CLIENTE_1]; y se pasa a nombrar por tiempo indefinido y de forma mancomunada a los tres administradores: Don/Doña [NOMBRE], Don/Doña [NOMBRE CLIENTE 1] y la mercantil [NOMBRE_EMPRESA_3] **a través de su representante persona física don/doña** [NOMBRE_PARTE_ CONTRARIA_4]. Con fecha [FECHA] otorgaron escritura de elevación a público de acuerdos sociales, relativos a estos cambios, que se adjunta como **documento n.º** [NÚMERO].

Mediante junta general extraordinaria universal el [FECHA], Don/Doña [NOMBRE_PARTE_CONTRARIA_4] dimite de la representación de la mercantil [NOMBRE_EMPRESA_3], S.L., asumiendo en dicho acto la administración y representación de la mercantil Don/Doña [NOMBRE_PARTE_CONTRARIA_5].

Es decir, en el momento del relato fáctico **está administrada y son apoderados de la mercantil: Don/Doña** [NOMBRE], **Don/Doña** [NOMBRE_CLIENTE_1], **Don/Doña** [NOMBRE_PARTE_CONTRARIA_4] —**a través de la mercantil** [NOMBRE_EMPRESA_3], **S.L.—** y **Don/Doña** [NOMBRE_PARTE_CONTRARIA_5].

– **La mercantil** [NOMBRE_EMPRESA_4], constituida el día [FECHA], con domicilio social en [DOMICILIO] y cuyo objeto social es:

[OBJETO SOCIAL] (3)

En el momento del relato fáctico **está administrada únicamente por** [NOMBRE_PARTE_CONTRARIA_5]. Se adjunta como **documento n.º** [NÚMERO] nota registral de la referida mercantil.

II.- Corresponde ahora, conforme a lo dispuesto en el **artículo 277.4.º** de la LECrim, «la relación circunstanciada del hecho, con expresión del lugar, año, mes, día y hora en que se ejecutó, si se supieren».

Detallar los indicios de la realización de posibles hechos delictivos cuya concurrencia cabe afirmar en relación con el desempeño profesional de Don/Doña [NOMBRE_ PARTE_CONTRARIA_1], Don/Doña [NOMBRE_PARTE_CONTRARIA_2], Don/Doña [NOMBRE_PARTE_CONTRARIA_3], Don/Doña [NOMBRE_PARTE_CONTRARIA_4] y Don/Doña [NOMBRE_PARTE_CONTRARIA_5], quienes ocuparon la presidencia y administración de las empresas a través de las cuales se ejecutaron las diferentes conductas delictivas. Asimismo, debe dirimirse el alcance en la participación de Don/ Doña [NOMBRE_PARTE_CONTRARIA_6].

Primero.- Con fecha [FECHA] la mercantil [NOMBRE EMPRESA_2], S.L. suscribió con la mercantil [NOMBRE_EMPRESA_1], S.A. un contrato de arrendamiento para uso distinto de vivienda con opción a compra del centro [NOMBRE], sobre las naves n.º 2 (Planta Primera), 3,4 y 5, sitas en [DOMICILIO]. Se acompaña con la presente el contrato al que se hace referencia como **documento n.º** [NÚMERO].

Este contrato de arrendamiento, en virtud de sus estipulaciones, tenía una duración inicialmente prevista de [NÚMERO] años, es decir, desde el [FECHA] hasta el [FECHA]; fijándose una renta mensual de [CANTIDAD] mil euros / mes para su primer año de vigencia, comenzando el primer pago en la mensualidad de [MES] de [AÑO] al establecer un periodo de carencia de sus efectos económicos de [NÚMERO] mensualidades. Asimismo, se establece en su estipulación [NÚMERO], la adaptación o actualización progresiva de dicha renta para cada anualidad sucesiva y, por último, se contempla, en su estipulación [NÚMERO], las condiciones para ejercitar una opción a compra a favor de la parte arrendataria.

Con fecha [FECHA], ambas partes arrendaticias amplían el objeto del arrendamiento con inclusión de la nave n.º 2 de forma completa, con ampliación del plazo de duración previsto a [NÚMERO] años, es decir, desde el [FECHA] al [FECHA]; con elevación de la renta de alquiler prevista, a [CANTIDAD] euros mensuales; y ampliación del plazo para ejercitar la opción a compra, a [NÚMERO] años, es decir, hasta el [FECHA]. Se adjunta este contrato como **documento n.º** [NÚMERO].

Por último, con fecha [FECHA], los contratantes amplían de nuevo el objeto del arrendamiento con la inclusión también de la nave n.º 1 de forma completa; elevación de la renta de alquiler a [CANTIDAD] euros mensuales, con modificación de su adaptación o actualización; así como de la opción de compra. Se adjunta como **documento n.º** [NÚMERO].

Señalar que este inmueble constituía el único centro empresarial y de explotación económica de la mercantil arrendataria [NOMBRE_EMPRESA_2], S.L.

Segundo.- Dos años después de haber suscrito el primer contrato de arrendamiento, el día [FECHA], la mercantil arrendadora [NOMBRE EMPRESA_1], S.A. interpuso, a través de sus liquidadores, Don/Doña [NOMBRE_PARTE_CONTRARIA_1], Don/Doña [NOMBRE_PARTE_CONTRARIA_2] y Don/Doña [NOMBRE_PARTE_CONTRARIA_3], **demanda ejercitando acción declarativa de desahucio por falta de pago acumulada a la de reclamación de cantidad por rentas de arrendamiento impagadas** contra la mercantil [NOMBRE EMPRESA_2], S.L., sobre los inmuebles referidos sitos en [DOMICILIO]. Así, se inicia el procedimiento [ESPECIFICAR], tramitados ante el Juzgado de Primera Instancia n.º [NÚMERO] de [LOCALIDAD].

Con fecha [FECHA] fue notificado a Don/Doña [NOMBRE_CLIENTE_1] en el domicilio social de la mercantil [NOMBRE_EMPRESA_2], —sito en [DOMICILIO]—, decreto del Juzgado de Primera Instancia n.º [NÚMERO] de [LOCALIDAD] de fecha [FECHA], en cuya parte dispositiva se recogía:

«2.- Dar traslado de la demanda a la parte demandada y citar a las partes para la celebración de la vista, que se señala para el próximo 9/9/2015 a las 10:00 (); 3.- **Si el demandado no atendiere el requerimiento de pago en el plazo de diez días, el secretario judicial dictara decreto dando por terminado el juicio de desahucio y se procederá al lanzamiento en la fecha fijada.;** 4.- Señalar para que tenga lugar el lanzamiento solicitado en la demanda, el próximo día 19/10/15 a las 9:30 horas, **advirtiéndose a la parte demandada que, en caso de que la sentencia sea condenatoria y no se recurra, se procederá al lanzamiento en la fecha fijada si lo solicitase el demandante ().;** 5.- Hágase saber a la parte demandada, si presenta oposición (plazo de diez días), deberá verificarse por medio de procurador legalmente habilitado para actuar en este tribunal y con asistencia de abogado () Modo de impugnación: recurso de reposición en el plazo de cinco días ante el Secretario que lo dicta.

Si bien en virtud del artículo 440 de la Ley de Enjuiciamiento Civil, como entre la fecha de notificación (03/09/2015) y la fecha de señalamiento para la celebración de la vista (09/09/2015), mediaron tan solo cuatro días hábiles, y no los diez días hábiles exigidos normativamente, fue objeto de suspensión para nueva resolución, con práctica de nuevo señalamiento y disposiciones procesales inherentes».

Tercero.- Mi representado fue contactado por la Fundación [NOMBRE] perteneciente al Colegio Notarial de [LOCALIDAD], a fin de aceptar su intervención como entidad mediadora para la resolución de la controversia por el contrato de arrendamiento entre ambas mercantiles, celebrándose en su sede sendas reuniones con fechas [FECHA] y [FECHA], con la asistencia, por un lado, de la dirección letrada y representación de la mercantil [NOMBRE_EMPRESA_1], S.A. y por otra parte, de mi mandante y don/doña [NOMBRE_PARTE_CONTRARIA 4], en nombre y representación de la mercantil [NOMBRE_EMPRESA_2], S.L.

Tales reuniones fueron infructuosas, y ello a pesar del esfuerzo del personal de dicha Fundación y de Don/Doña [NOMBRE CLIENTE 1] en realizar reiteradas propuestas a fin de regularizar la situación económica y mantener la vigencia de la relación arrendaticia entre ambas mercantiles evitando su resolución, extinción y desahucio. Así, nos encontramos con la **oposición de la representación de la mercantil** [NOMBRE_EMPRESA_1]**, S.A. a aceptar cualquier acuerdo, manifestando haber mantenido conversaciones al respecto, y fuera del ámbito de tales reuniones, con don/doña** [NOMBRE_PARTE_CONTRARIA_5]**.**

Resaltaremos aquí, estas reuniones, podríamos decir que secretas, entre Don/Doña [NOMBRE_PARTE_CONTRARIA_5] y los liquidadores de [NOMBRE_EMPRESA_1], S.A., -don/doña [NOMBRE_PARTE_CONTRARIA_1], Don/Doña [NOMBRE_PARTE_CONTRARIA_2] y Don/Doña [NOMBRE_PARTE_CONTRARIA_3], ya que, **ni mi mandante, ni los propios socios de** [NOMBRE_EMPRESA_1]**, S.A., aquí querellantes Don/Doña** [NOMBRE_CLIENTE_2] **y Don/Doña** [NOMBRE_CLIENTE_3] **habían sido informado de estas negociaciones paralelas y extraoficiales.**

Este punto deviene importante, ya que, como veremos más adelante, se observa un plan **preconcebido** por parte de don/doña [NOMBRE_PARTE_CONTRARIA_5] en connivencia con los liquidadores de [NOMBRE_EMPRESA_1], S.A., **para apartar a la mercantil** [NOMBRE_EMPRESA_2]**, S.L. del contrato de arrendamiento.**

Cuarto.- Paralelamente, dándose impulso procesal al procedimiento de desahucio y reclamación de cantidad referenciado, se señala nueva vista para resolverlo el día [FECHA] y el lanzamiento el día [FECHA], **siendo recepcionado este emplazamiento a** [NOMBRE_EMPRESA_2]**, S.L. por su apoderado Don/Doña** [NOMBRE_PARTE_CONTRARIA_5]. Como resultado de estas reuniones con los liquidadores Don/Doña [NOMBRE_PARTE_CONTRARIA_1], Don/Doña [NOMBRE_PARTE_CONTRARIA_2] y Don/Doña [NOMBRE_PARTE_CONTRARIA_3] y de estas negociaciones extraoficiales, Don/Doña [NOMBRE_PARTE_CONTRARIA_5] **ni dio traslado a esta parte de dicho emplazamiento, ni a los partícipes de la Sociedad y, cosa más grave todavía, no ejercitó acción alguna que pudiera asistirle en defensa de los derechos societarios de** [NOMBRE_EMPRESA_2]**, S.L. como parte arrendataria.**

Así, permitiendo que precluyera tal acto procesal, **ha privado a la mercantil arrendataria de cualquier posibilidad de enervar o evitar la extinción de la relación arrendaticia y, por ende, la continuación de la vida societaria y su actividad económica, al constituir tal centro el único en el que se desarrollaba su actividad social.**

Don/Doña [NOMBRE_PARTE_CONTRARIA_5], **en beneficio propio,** pues como veremos más adelante, se acordó de consumar esta extinción de relación arrendaticia, para constituir una similar en beneficio de otra mercantil [NOMBRE_EMPRESA_4] S.L. de la que es el administrador único, **no ejecuta ninguna acción procesal en nombre de la mercantil** [NOMBRE_EMPRESA_2]**, S.L.,** en perjuicio de esta última y en beneficio de la mercantil [NOMBRE_EMPRESA_4] S.L.

Reseñar, que Don/Doña [NOMBRE_PARTE_CONTRARIA_5], conocía que en sede judicial se estaba discutiendo el nombramiento de los liquidadores mancomunados de la mercantil [NOMBRE_EMPRESA_1], S.A., pues así le había sido comunicado por el letrado que suscribe la presente querella, Don/Doña [NOMBRE_ABOGADO_CLIENTE], como consta en el burofax de fecha [FECHA] que se adjunta como **documento n.º** [NÚMERO].

Es decir, anterior y coetáneamente a los hechos aquí descritos, Don/Doña [NOMBRE_PARTE_CONTRARIA_5], apoderado de la mercantil [NOMBRE_EMPRESA_2], S.L. y administrador único de la mercantil [NOMBRE_EMPRESA_4], S.L., ya tenía este conocimiento de que existía un procedimiento penal contra los liquidadores: diligencias previas de procedimiento abreviado [NÚMERO], ante el Juzgado de Instrucción n.º [NÚMERO] de [LOCALIDAD], seguidas contra don/doña [NOMBRE_PARTE_CONTRARIA_1], Don/Doña [NOMBRE_PARTE_CONTRARIA_2] y Don/Doña [NOMBRE_PARTE_CONTRARIA_3], que dimanaba de la actuación societaria irregular que condujo a su nombramiento.

Tal incomprensible y lesiva actuación societaria de Don/Doña [NOMBRE_PARTE_CONTRARIA_5] obedecía a una premeditada línea de estrategia mercantil, destinada a apartar a la mercantil [NOMBRE_EMPRESA_2], S.L. de la explotación de negocio y de los inmuebles arrendados en [DOMICILIO], con quien mantenía conflicto en cuanto a su administración y gestión con esta parte, y **asumir en solitario**, a través de su entorno empresarial, en concreto **a través de otra empresa de la que es administrador único:** [NOMBRE_EMPRESA_4], **SL, dicha explotación y actividad económica, con la connivencia de Don/Doña** [NOMBRE_PARTE_CONTRARIA_1], **Don/Doña** [NOMBRE_PARTE_CONTRARIA_2] **y Don/Doña** [NOMBRE_PARTE_CONTRARIA_3], liquidadores de la mercantil [NOMBRE_EMPRESA_1], S.A., aquí querellados.

Quinto.- La inexplicable actuación societaria descrita en el punto antecedente cobra sentido si lo relacionamos con lo realizado por Don/Doña [NOMBRE_PARTE_CONTRARIA_5] inmediatamente antes de la omisión procesal descrita.

Este, como apoderado de la mercantil [NOMBRE_EMPRESA_4], S.L., con fecha [FECHA] realizó un ingreso de [CANTIDAD] euros a la mercantil [NOMBRE_EMPRESA_1], S.A., por transferencia bancaria a la entidad financiera [NOMBRE], [NÚMERO] días antes de la suscripción de un nuevo contrato de arrendamiento entre estas dos mercantiles, de fecha [FECHA], equivalente al importe de 6 mensualidades de renta.

Este pago se realizó del siguiente modo: En virtud de embargo a favor de la Tesorería General de la Seguridad Social (TGSS) que pese sobre [NOMBRE_EMPRESA_1], S.A., expediente n.º [NÚMERO], seguido ante la Unidad de Recaudación Ejecutiva [NÚMERO] de la localidad de [LOCALIDAD], el abono se efectuó en la cuenta de dicho organismo por una cantidad de [CANTIDAD], —equivalente a seis mensualidades de renta futura, como veremos—. **Documento n.º** [NÚMERO].

Es decir, pese a que el inmueble en tal fecha se encontraba aún arrendado y explotado por la mercantil [NOMBRE_EMPRESA_2], S.L., de la cual también era apoderado Don/Doña [NOMBRE_PARTE_CONTRARIA_5], este como administrador único de la mercantil [NOMBRE_EMPRESA_2], S.L. realiza un ingreso a la mercantil [NOMBRE_EMPRESA_1], S.A. por importe de [CANTIDAD] euros, por un contrato de arrendamiento inexistente, firmado [NÚMERO] días después con palmarias irregularidades, a saber:

1. La irregularidad temporal en el pago ([NÚMERO] días antes de la firma del contrato de arrendamiento de [FECHA], que se dice que corresponde a 6 mensualidades de renta, habiendo pactado varios meses de carencia, entrando el contrato en vigor el [FECHA]).

2. La falta de veracidad de lo señalado en el contrato de arrendamiento de local de FECHA], por los que dicen actuar como representantes de la mercantil [NOMBRE_EMPRESA_1], S.A., como liquidadores mancomunados, afirmando que se hace entrega en el acto de la firma del contrato la cantidad de [CANTIDAD] euros (vid. Cláusula Tercera-Renta documento n.º [NÚMERO] aportado con este escrito).

3. La cantidad abonada está exenta de impuestos, no parece que se aplique el IVA ni las retenciones de IRPF (vid. último párrafo Cláusula Tercera-Renta documento n.º [NÚMERO] aportado con este escrito).

4. La cantidad que abona corresponde al futuro contrato de alquiler, formalizado después del pago, el [FECHA], en el que la parte arrendataria es la mercantil [NOMBRE_EMPRESA_4], S.L., cuyo administrador único es Don/ Doña [NOMBRE_PARTE_CONTRARIA_5], y NO lo destina como apoderado de empresa desahuciada y allanada con la entrega de llaves [NOMBRE_EMPRESA_2], S.L. a la reducción de renta pendiente de pago, motivo por el que se inicia el desahucio.

La consecuencia de todo lo anterior es que se promueve un aparente desahucio en connivencia con [NOMBRE_PARTE_CONTRARIA_5], que primero actúa representando a la arrendataria allanándose y, en paralelo, concierta como administrador único un nuevo contrato con [NOMBRE_EMPRESA_1], S.A., cuyo representante ni siquiera pueden serlo según el propio contrato que se aporta. En el desahucio se allana y no paga cantidad alguna y en el nuevo contrato se conciertan condiciones perjudiciales para [NOMBRE_EMPRESA_1], S.A., todo ello por cinco años, aunque se suponga que los representantes de [NOMBRE_EMPRESA_1], S.A. actúan como liquidadores.

Se infiere sin ninguna dificultad **un evidente conflicto de intereses, al ser administrador y apoderado de ambas mercantiles, resuelto a favor de la primera,** [NOMBRE_EMPRESA_4], S.L. **y en evidente y desleal perjuicio de la última,** [NOMBRE_EMPRESA_2], S.L.

En resumen, resaltar la deficiente administración de Don/Doña [NOMBRE_PARTE_CONTRARIA_5], que el día [FECHA] realiza esta transferencia por 6 mensualidades de renta de un contrato de alquiler inexistente y habiendo realizado este pago y **asegurándose estos alquileres para la mercantil** [NOMBRE_EMPRESA_4], **S.L., no realiza ninguna acción para oponerse al proceso de desahucio seguido contra** [NOMBRE_EMPRESA_2], **S.L.**

Sexto.- Esta intolerable actitud, produjo en fecha [FECHA], que la mercantil [NOMBRE_EMPRESA_2], S.L. convocara junta general extraordinaria universal, cuyo objetivo, promovido por esta parte, era tomar decisiones para perpetuar la vida social de la misma, resaltando el punto 3: propuesta de modificación en el modo de organizar la administración y en el nombramiento, aceptación y prohibición de competencias y el punto 4 revocación de poderes otorgados a [NOMBRE_PARTE_CONTRARIA_5]. Se adjunta como **documento n.º** [NÚMERO] la convocatoria realizada.

Por el contrario, don/doña [NOMBRE_PARTE_CONTRARIA 4], en nombre y representación de la mercantil [NOMBRE_EMPRESA_3], S.L., y tras su dimisión en dicho acto, [NOMBRE_PARTE_CONTRARIA_5], que **asumió su administración y representación**, se opusieron a la adopción de tales medidas, promoviendo como único apartado del orden del día:5. Liquidación de la sociedad. Nombramiento de liquidador.

Reseñable es que, con evidente mala fe, Don/Doña [NOMBRE_PARTE_CONTRARIA_5] manifiesta en dicha junta que **va a reunirse con los propietarios de los inmuebles,** [NOMBRE_EMPRESA_1], S.A., **para rescindir el contrato de arrendamiento** y proceder a la entrega de llaves del local y que devolverá las llaves del local a su legítimo propietario de forma inminente. Es palmaria la actitud dolosa al **haberse reunido ya con anterioridad** con dichos representantes, acordando un contrato de arrendamiento sobre esos inmuebles donde realizaba la actividad [NOMBRE_EMPRESA_2], S.L., **y habiendo entregado ya los** [CANTIDAD] **equivalentes a 6 mensualidades de renta.**

Séptimo.- Pero es que no siendo suficiente con ello, el día [FECHA], al día siguiente de esta junta general de [NOMBRE_EMPRESA_2], S.L., en la que Don/Doña [NOMBRA_PARTE_CONTRARIA 5] se hizo administrador mancomunado, **y aún vigente la relación arrendaticia** de esta con [NOMBRE_EMPRESA_1], S.A., el mismo Don/Doña [NOMBRE_PARTE_CONTRARIA_5], como representante también de [NOMBRE_EMPRESA_4], S.L, **con el desconocimiento de todos los socios y participes** de [NOMBRE_EMPRESA_2], S.L., **formaliza** con los que dicen ser en el contrato de arrendamiento liquidadores aquí querellados, Don/Doña [NOMBRE_PARTE_CONTRARIA_1], Don/Doña [NOMBRE_PARTE_CONTRARIA_2] y Don/Doña [NOMBRE_PARTE_CONTRARIA_3], un contrato de arrendamiento para uso distinto de vivienda **sobre los mismos inmuebles.** Este nuevo arrendamiento estipulaba una renta mensual de alquiler de [CANTIDAD] contemplando el abono de un plazo de [CANTIDAD] equivalente a 6 mensualidades de renta, **que declaran recibir en el acto**, otorgando carta de pago al respecto, **si bien tal cantidad**, como ha sido descrito en párrafos precedentes, **ya fue hecha efectiva con anterioridad en el modo descrito. Documento n.º** [NÚMERO].

Es otro indicio más de esta maquinación engañosa perpetuada por Don/Doña [NOMBRE_PARTE_CONTRARIA_5] y los liquidadores, con el objetivo precisamente de formalizar esta relación arrendaticia con [NOMBRE_EMPRESA_4], S.L, en perjuicio de la relación arrendaticia que ya mantenían con [NOMBRE_EMPRESA_2], S.L, pues este pago de [CANTIDAD] ya se había realizado el día [FECHA], es decir, **con anterioridad a la junta general arriba referida.**

Subrayar, en este punto, de nuevo, que **quien firma el contrato de arrendamiento de local de fecha** [FECHA] **no es la representación legal de** [NOMBRE_EMPRESA_1], S.A, son tres los liquidadores nombrados que deben actuar de forma mancomunada (Don/Doña [NOMBRE_PARTE_CONTRARIA_1], Don/Doña [NOMBRE_PARTE_CONTRARIA_2] y Don/Doña [NOMBRE_PARTE_CONTRARIA_3], y consta en el contrato de arrendamiento de fecha [FECHA], Don/Doña [NOMBRE_PARTE_CONTRARIA_6]] como liquidador mancomunado de [NOMBRE_EMPRESA_1], S.A,, no siendo este liquidador mancomunado de la mercantil [NOMBRE_EMPRESA_1], S.A,, ni ostentando ningún poder que le legitime para intervenir en dicho negocio jurídico.

Consciente de ello, el contrato de arrendamiento de fecha [FECHA], es firmado por dos de los tres liquidadores mancomunados de la mercantil [NOMBRE_EMPRESA_1], S.A. (Don/Doña [NOMBRE_PARTE_CONTRARIA_2] y Don/Doña [NOMBRE_PARTE_CONTRARIA_3]), y no consta la firma de quien en el encabezamiento dice ser liquidador mancomunado de [NOMBRE_EMPRESA_1], S.A., Don/Doña [NOMBRE_PARTE_CONTRARIA_1].

(Como es sabido, si es mancomunado tienen que firmar todos, en este caso los tres liquidadores mancomunados)

Octavo.- De la actuación societaria en estos puntos relatada, se desprende **el objetivo de Don/Doña** [NOMBRE_PARTE_CONTRARIA_5] **de efectuar, de forma fraudulenta y dolosa en connivencia con los liquidadores de** [NOMBRE_EMPRESA_1], **S.A., un traspaso de la actividad social y los contratos de arrendamiento de** [NOMBRE_EMPRESA_2], **S.L hacia** [NOMBRE_EMPRESA_4], **S.L.**

Pero esta fraudulenta estrategia no podía cometerse en un solo acto, por ello, a pesar de constar en el contrato de arrendamiento que formaliza [NOMBRE_EMPRESA_4], S.L, que inicia el [FECHA] y por tanto esto llevaría a la extinción de la actividad de [NOMBRE_EMPRESA_2], S.L —al ser este el único centro de explotación—, durante el primer semestre de esta anualidad no se produce dicha extinción sino que, sin solución de continuidad **ha continuado prestando sus servicios en el referido centro de trabajo**.

Así, la sociedad [NOMBRE_EMPRESA_2], **S.L.** ha realizado recaudación de fondos por servicios vinculados con la actividad social, y ha satisfecho facturación y gastos relacionados con el desarrollo de dicha actividad, **que debieran haber sido asumidos en exclusiva por la mercantil arrendataria titular** [NOMBRE_EMPRE-SA_4], **S.L.**

Esta estrategia de ir **vaciando de actividad paulatinamente a la mercantil** [NOMBRE_EMPRESA_2], **S.L**, responde a la necesidad de Don/Doña [NOMBRE_PARTE_CONTRARIA_5] de no levantar sospechas de cómo había ido ejecutando en los meses anteriores todos estos **actos de administración desleal en beneficio de la mercantil** [NOMBRE_EMPRESA_4], **S.L**, así como que el resto de socios de [NOMBRE_EMPRE-SA_2], **S.L no tuviesen conocimiento de los contratos de arrendamientos extintos y los nuevos que se formalizaron sobre los mismos inmuebles, habida cuenta de que tenía conocimiento de lo irregular de estos contratos, tanto por la forma en que se adoptaron, como por la falta de legitimación y capacidad para contratar** que tenían Don/Doña [NOMBRE_PARTE_CONTRARIA_1], Don/Doña [NOMBRE_PARTE_CONTRARIA_2], Don/Doña [NOMBRE_PARTE_CONTRARIA_3] y Don/Doña [NOMBRE_PARTE_CONTRARIA 6].

Se observa por lo tanto que la **finalidad** o, al menos, parte de esta, del ya famoso nuevo contrato de arrendamiento, no era solo el fin lícito de una actividad comercial normal, habida cuenta de que debería haber empezado con su actividad en los inmuebles arrendados el día [FECHA], nótese que se alcanzó un acuerdo en el citado procedimiento de desahucio falta de pago n.º [NUM_PROCEDIMIENTO], y no se llevó a cabo el lanzamiento previsto para el [FECHA], sino que también **se constituye como un medio para la estrategia societaria dirigida a vaciar de actividad** [NOMBRE_EMPRESA_2], **S.L. y redirigir esa actividad a empresas del control de don/doña** [NOMBRE_PARTE_CONTRARIA_5].

Noveno.- La actuación descrita **causó un gravísimo perjuicio a los derechos de la mercantil** [NOMBRE_EMPRESA_2], **S.L.**, en cuanto a la **pérdida de los derechos arrendaticios sobre los inmuebles que tenían alquilados y la pérdida de los derechos de opción a compra de los mismos**, teniendo en cuenta que tales inmuebles constituían **el único centro empresarial y actividad económica de dicha mercantil, cuya extinción supone el cese de toda actividad mercantil**.

Daño y perjuicio **objetivable y cuantificable** mediante **la capitalización de las rentas arrendaticias pendientes de devengo** durante la vigencia inicialmente prevista de la relación arrendaticia hasta su término, así como el valor asignado contractualmente al derecho de opción a compra, en el modo descrito a continuación:

1. **Capitalización de rentas.** Teniendo en cuenta la duración inicialmente prevista del vínculo contractual arrendaticio hasta el [FECHA] y la estabilización o actualización de renta fija determinada en el mismo, supondría una cuantía total en tal concepto de [CANTIDAD] euros.

2. **Valor del derecho de opción de compra.** Contemplado y referenciado con anterioridad en el clausulado del vínculo contractual arrendaticio y determinado en la cantidad de [CANTIDAD].

Por lo que el daño y perjuicio económico causado a la mercantil [NOMBRE_EMPRESA_2], S.L., por tal concepto ha de ser determinado en la cuantía de [CANTIDAD] euros.

QUINTO.- TIPIFICACIÓN DE LOS HECHOS DELICTIVOS

V.I) Delito de administración desleal *ex* art. 252 del CP.

El injusto del delito de administración desleal reside en la lesión del patrimonio cuya gestión ha sido encomendada al autor mediante la infracción de las facultades que dicho sujeto ostenta sobre el patrimonio gestionado.

Así, dicho desvalor se apoya en la inobservancia del deber de velar por el acervo cuya administración ha sido confiada al ejecutor, contravención que ha de ser idónea para generar un perjuicio patrimonial.

Estos deberes, obviamente, los tienen los apoderados y aquellas personas que ostentan el control fáctico de una sociedad, es decir, los conocidos como administradores de hecho y de derecho.

Don/Doña [NOMBRE_PARTE_CONTRARIA_5], como ha quedado acreditado, **era administrador mancomunado** de la sociedad [NOMBRE_EMPRESA_2], S.L. y **administrador único** de [NOMBRE_EMPRESA_4], S.L.

El artículo 252 del Código Penal permite **castigar como deslealtad los casos de omisión, como, por ejemplo, la decisión del administrador de no ejercitar un derecho titularidad del patrimonio administrado contra un tercero.** Es complejo determinar en qué momento se produce la comisión por omisión del delito, si bien, doctrina y jurisprudencia, en buena lógica, señalan que al autor le está permitido omitir hasta el momento en el que, **bien por la prescripción del derecho,** bien por la amenaza de pérdida de valor del mismo, **el menoscabo económico ya es perjuicio.**

Del relato fático se desprende sin ninguna dificultad que, con su actuación, don/doña [NOMBRE_PARTE_CONTRARIA_5] deja, consciente y de mala fe, **prescribir el derecho que legítimamente tenía la mercantil** [NOMBRE_EMPRESA_2], **S.L.** a oponerse en el procedimiento de desahucio y, por ende, no sufrir el perjuicio patrimonial efectivamente padecido.

Reiterar los tres requisitos para definir una conducta de un administrador o gestor de una sociedad como típica de acuerdo con dicho artículo 252:

En primer lugar, una **infracción del deber del administrador** para la salvaguarda del patrimonio administrado. Se cumple, conforme a lo explicado arriba, pues es obvio que se ha extralimitado en ese deber y que ostentaba la condición de administrador —cumpliéndose el requisito subjetivo de persona con poderes de administración que requiere este tipo especial—.

En segundo lugar, que el destino con **vocación definitiva dé lugar a un perjuicio patrimonial** derivado de la infracción del deber de fidelidad que obligaba a anteponer los intereses de la sociedad a los propios. Igualmente se satisface este requisito, pues conforme a lo señalado en el punto noveno de la relación circunstanciada de hechos, se ha producido **un perjuicio para la mercantil de** [CANTIDAD] **euros.**

En tercer lugar, como elemento subjetivo la **existencia de un dolo** que consiste exclusivamente en la representación de que no se está favoreciendo los intereses de la sociedad. Como es sabido, la prueba del dolo se ha de hacer a través de indicios, es decir a través de inferencias subjetivas a partir de las cuales se constata este *propositum malus*. En nuestro caso, tenemos múltiples indicios, como botón de muestra:

1. Don/Doña [NOMBRE_PARTE_CONTRARIA_5] era administrador de dos sociedades [NOMBRE_EMPRESA_2], S.L. y [NOMBRE_EMPRESA_4], S.L.

2. La existencia de reuniones secretas y paralelas con la representación de la mercantil [NOMBRE_EMPRESA_1], S.A.

3. No informar a los socios de ambas mercantiles de la existencia de estas reuniones.

4. No informar a los socios del emplazamiento para impugnar el proceso de desahucio, así como no ejercer ninguna acción procesal contra dicho emplazamiento en defensa de los intereses societarios de [NOMBRE_EMPRESA_2], S.L.

5. Conocimiento de Don/Doña [NOMBRE_PARTE_CONTRARIA_5] de la falta de legitimación de los liquidadores mancomunados de [NOMBRE_EMPRESA_1], S.A. en el proceso de desahucio referenciado.

6. Ingreso de [CANTIDAD] efectuado el día [FECHA] a favor de [NOMBRE_EMPRESA_1], S.A. desde el [NOMBRE_EMPRESA_4], S. L. pesar de que los inmuebles estaban arrendados a [NOMBRE_EMPRESA_2], S.L.

7. Manifestaciones inveraces de Don/Doña [NOMBRE_PARTE_CONTRARIA_5] en la junta general de mercantil [NOMBRE_EMPRESA_2], S.L. celebrada el día [FECHA], donde señala que va a reunirse en un futuro para rescindir el contrato de arrendamiento, habiéndose reunido ya con estos de forma efectiva, y asegurado el alquiler para otra empresa de su propiedad.

Habida cuenta de que se cumplen todas estas exigencias, observamos sin ninguna duda que el relato fáctico expresado **se incardina a la perfección en el tipo de la administración desleal** penado en el artículo 252 de nuestro Código Penal.

Cabe hacer mención del denominado riesgo permitido, y es que, no cabe apreciar delito cuando la actuación societaria entra dentro de dicho riesgo. Así, no todo menoscabo del patrimonio administrado reconducible a un acto del administrador será típico, sino que existirá un riesgo permitido **cuando la decisión u omisión tenga un sentido económico**. Reiterar que esta omisión llevó al desahucio de la mercantil [NOMBRE_EMPRESA_2], S.L. de los inmuebles donde tenía su único centro de actividad, y como corolario, a la finalización de su actividad social, así ¿qué sentido económico o beneficio tiene una acción que conlleva la extinción de una mercantil?

Estos hechos son constitutivos de un delito de administración desleal del que responderá como autor en sentido estricto Don/Doña [NOMBRE_PARTE_CONTRARIA_5], y como **cooperadores necesarios** los liquidadores mancomunados de [NOMBRE_EMPRESA_1], S.A., —Don/Doña [NOMBRE_PARTE_CONTRARIA_1], Don/Doña [NOMBRE_PARTE_CONTRARIA_2] y Don/Doña [NOMBRE_PARTE_CONTRARIA_3]—, en virtud del artículo 28 del Código Penal ya que **sin su intervención no hubiese devenido posible la realización del hecho.**

Así, no se puede incardinar la actuación de los liquidadores mancomunados de [NOMBRE_EMPRESA_1], S.A. en ningún comportamiento empresarial lícito ya que vienen manteniendo reuniones secretas con Don/Doña [NOMBRE_PARTE_CONTRARIA_5] **siendo conscientes de que el mismo ostenta la representación y apoderamiento de ambas mercantiles** y del conflicto de intereses existente, **así como de todas las actuaciones societarias irregulares cometidas por el mismo.**

No bastando con esto, **reciben, sin tener poder de representación ni administración,** un pago de [CANTIDAD] euros, el día [FECHA], en nombre de [NOMBRE_EMPRESA_1], S.A., formalizando un contrato de arrendamiento a día [FECHA], siendo esta formalización una ficción jurídica, —**dicho arrendamiento**, está, ya un día después de la junta general, **formalizado de facto al haberse hecho el pago de las 6 primeras mensualidades más de 1 semana antes**—.

Su cooperación es necesaria en cuanto es [NOMBRE_EMPRESA_1], **S.A. quien tiene los contratos de alquiler con** [NOMBRE_EMPRESA_2], **S.L., y sin la actividad de los liquidadores como administradores de hecho de la primera, nunca se hubiera podido llevar a cabo la maquinación descrita.**

V.II) Delito de estafa procesal *ex* **artículo 250.1.7.º del CP**

En un primer momento, a la espera de la práctica de diligencias probatorias, estos hechos podrían ser, igualmente, constitutivos de un delito de estafa procesal.

La actuación realizada por parte de Don/Doña [NOMBRE_PARTE_CONTRARIA_5] y los liquidadores mancomunados de [NOMBRE_EMPRESA_1], S.A. podría incardinarse en el tipo del artículo 250.1.7.º del CP debido a que existía un **acuerdo previo entre Don/Doña** [NOMBRE_PARTE_CONTRARIA_5] **y los liquidadores** mencionados con la única intención de utilizar un procedimiento judicial para favorecer a estos y crear un perjuicio a la sociedad [NOMBRE_EMPRESA_2], S.L.

El art. 250.1.7.º del Código Penal castiga con una pena hasta seis años de prisión y multa cuando se cometa estafa procesal. Incurren en la misma los que, en un procedimiento judicial de cualquier clase, manipularen las pruebas en que pretendieran fundar sus alegaciones o emplearen otro fraude procesal análogo, provocando error en el juez o tribunal y llevándole a dictar una resolución que perjudique los intereses económicos de la otra parte o de un tercero.

Como se deduce del relato fáctico recogido en el punto cuarto, el plan concebido entre los sujetos mencionados persigue como fin desvirtuar el proceso, logrando, a través de la inactividad de Don/Doña [NOMBRE_PARTE_CONTRARIA_5] impedir cualquier tipo de defensa de la sociedad [NOMBRE_EMPRESA_2], S.L.

Así, **no dando traslado a esta parte del emplazamiento recepcionado por él y no habiendo ejercitado acción alguna dirigida a proteger los intereses de la sociedad** [NOMBRE_EMPRESA_2], **S.L.** queda patente que se ha realizado una estratagema encaminada a generar un agravio sobre ésta, con la intención de perjudicarla y de favorecerse únicamente a sí mismo.

Esta conducta supone un fraude procesal que ha producido una resolución injusta, pues se ha privado a una de las partes de ejercitar sus derechos, generando así un engaño en el juez, que, desconociendo la pérfida actitud no pudo más que caer en el error, tras el impulso procesal realizado de común acuerdo entre las partes del proceso de desahucio por falta de pago.

Igualmente, indicio de la existencia de este delito, y de la utilización, no de pruebas falsas, sino de lo conocido como otro fraude procesal análogo, es la **falta de legitimación activa para incoar el procedimiento civil de desahucio de la que adolecen los liquidadores mancomunados** de [NOMBRE_EMPRESA_1], S.A. —falta de capacidad, que, recordemos, conocía perfectamente Don/Doña [NOMBRE_PARTE_CONTRARIA_5]—.

Ateniéndonos a la normativa civil, señala el artículo 7 de la Ley de Enjuiciamiento Civil que las personas jurídicas comparecerán en juicio por quienes legalmente las representen y se dispone en el artículo 9 del mismo texto legal que la falta de capacidad para ser parte y de capacidad procesal podrá ser apreciada de oficio por el tribunal en cualquier momento del proceso.

En otras palabras, el **sujeto activo** —los querellados—, **movido por la obtención de un lucro** —traspaso de la actividad social y de los contratos de arrendamiento al [NOMBRE_EMPRESA_4], S.L.—, **en perjuicio de un tercero** — [NOMBRE_EMPRESA_2], S.L. y sus socios—, **se vale de un procedimiento judicial** —procedimiento verbal desahucio falta pago n.º [NÚMERO]— y de **medios engañosos** —falta de capacidad de los liquidadores, falta de legitimación y omisiones procesales—, con el objeto de **provocar una resolución** —decreto que señala el fin del proceso y el lanzamiento— que sabe **que no es acorde a derecho ni a la buena fe.**

Tal conducta podría quedar encuadrada en la estafa procesal contenida en el artículo 250.1.7.º del Código Penal.

SEXTO.- RESPONSABILIDAD CIVIL

En virtud del artículo 116 del Código Penal, toda persona responsable criminalmente de un delito lo es también civilmente. Dicha responsabilidad civil deberá comprender según los artículos 110 y ss. del mismo cuerpo legal la restitución, reparación e indemnización de perjuicios.

Junto a estas formas de reparar la responsabilidad civil, doctrina y jurisprudencia, utilizando de forma analógica la legislación civil, acepta, como método reparativo de la responsabilidad pecuniaria *ex delicto* la declaración de invalidez o de ineficacia de actos y negocios jurídicos.

Esto no constituye ni una forma de restitución, ni una obligación reparadora ni de dar, ni de hacer ni de no hacer —art. 112 del CP— ni aún menos puede caracterizarse como un remedio indemnizatorio.

La declaración de invalidez o ineficacia de actos y negocios —o restauración del orden jurídico alterado por el delito o falta, como la denomina en ocasiones la jurisprudencia del Tribunal Supremo, como la **sentencia del Tribunal Supremo n.º 652/2006, de 15 de junio, ECLI:ES:TS:2006:4117**—, puede ser, de manera no infrecuente, un elemento necesario de la reparación del perjudicado, pues sin tal invalidez o, más en general, ineficacia, los títulos jurídicos sobre bienes y derechos de quien fue privado ilegítimamente de estos, o que fueron objeto de disposición no quedarían plenamente garantizados y reconocidos.

Por ello, esta parte solicita la declaración de invalidez del contrato de arrendamiento firmado entre [NOMBRE_EMPRESA_1], S.A. y [NOMBRE_EMPRESA_4], S.A. en relación con las naves n.º 1, 2, 3, 4 y 5, sitas en [DOMICILIO].

De no ser posible esta restauración a la situación en la que se encontraba la mercantil [NOMBRE_EMPRESA_2], S.L. en el momento de comisión del ilícito es preceptiva la indemnización:

En el momento actual, de manera provisional, como deriva de lo aquí expuesto hasta ahora, el perjuicio producido a [NOMBRE_EMPRESA_2], S.L. alcanza la suma de [CANTIDAD] euros —capitalización de rentas—, y [CANTIDAD] euros, —valor del derecho de opción de compra—, por lo que **el daño y perjuicio económico causado a la mercantil** [NOMBRE_EMPRESA_2], S.L., por tal concepto **ha de ser determinado en la cuantía de** [CANTIDAD] **euros.**

Esta responsabilidad civil, en los casos donde existe más de un condenado criminalmente, en una o en ambas categorías —autores y partícipes—, ha de ser compartida por todos y en la sentencia que los condene debe fijar la cuota que corresponde a cada uno. Por ello, han de **compartirla todos los querellados.**

Igualmente, ha de extenderse la responsabilidad civil a la mercantil [NOMBRE_EMPRESA_4], S.L. aplicando lo dispuesto en el **artículo 120.4 del Código Penal** donde señala «Las personas naturales o jurídicas dedicadas a cualquier género de industria o de comercio, por los delitos que hayan cometido sus empleados o dependientes, representantes o gestores en el desempeño de sus obligaciones o servicios».

Esta extensión de responsabilidad a mercantil citada se hace en virtud del principio *ubi commodum, ibi incommodum* o lo que es lo mismo, **la situación en la que uno encuentra una ventaja** —comisión del hecho como administrador de [NOMBRE_EMPRESA_4], S.L.—, **justifica también que deba de hacer frente a los perjuicios que se derivan de aquélla.**

En definitiva, se trata de una responsabilidad vicarial en la que se prescinde de toda referencia a la negligencia del principal en la elección de sus dependientes, bastando solo la realidad de la situación de dependencia, como expresamente es confirmado por la jurisprudencia de la **Sala 2.ª del Tribunal Supremo, como la sentencia n.º 413/2015, de 30 de junio, ECLI:ES:TS:2015:3177.**

SÉPTIMO.- DILIGENCIAS A PRACTICAR

Para la comprobación de los hechos referidos, deberán practicarse las diligencias que a continuación se indican:

1.ª **Declaración de los querellantes**

2.ª **Declaración de los querellados**

3.ª **Declaración de testigos.** A estos efectos, se interesan que sean citados en los domicilios a efectos de notificaciones en aquellos que se tiene conocimiento y señalan, y en aquellos que se desconoce sean objeto de averiguación por el presente juzgado a través de los datos obrantes en las bases de datos del padrón y policiales:

a) Don/Doña [NOMBRE_TESTIGO], con DNI [NÚMERO_DNI_TESTIGO]: Ex administrador de la mercantil [NOMBRE_EMPRESA_1], S.A., para ser citado en el siguiente domicilio: [DOMICILIO_TESTIGO]

b) Don/Doña [NOMBRE_TESTIGO], con DNI [DNI_TESTIGO]: Exadministrador solidario de la mercantil [NOMBRE_EMPRESA_2], S.L., para ser citado en el siguiente domicilio: [DOMICILIO_TESTIGO]

c) Don/Doña [NOMBRE_TESTIGO], con DNI [DNI_TESTIGO]: Se encontraba en la Junta de ampliación de capital de [NOMBRE_EMPRESA_2], S.L., para ser citado en el siguiente domicilio: [DOMICILIO_TESTIGO].

4.ª **Documental.** Únase a las presentes diligencias los documentos adjuntados en el presente escrito.

5.ª **Más Documental.**

A los efectos de proceder a acreditar y/o certificar los pagos realizados por la mercantil [NOMBRE_EMPRESA_1], CIF n.º [NÚMERO], domiciliada en [DOMICILIO], líbrense los preceptivos oficios a:

a) Tesorería General de la Seguridad Social, con domicilio en [DOMICILIO], para que certifique los importes y la fecha de los pagos realizados por la mercantil [NOMBRE_EMPRESA_1], S.A., a la Tesorería General de la Seguridad Social.

b) Agencia Estatal de la Administración Tributaria, con domicilio en [DOMICILIO], para que certifique los importes y la fecha de los pagos realizados por la mercantil [NOMBRE_EMPRESA_1], S.A., a la Agencia Estatal de la Administración Tributaria.

6.ª **Que se requiera a los liquidadores querellados,** Don/Doña [NOMBRE PARTE CONTRARIA 1], Don/Doña [NOMBRE_PARTE_CONTRARIA_2] y Don/Doña [NOMBRE_PARTE_CONTRARIA_3] para que aporten la documentación justificativa del arrendamiento de los inmuebles, importes obtenidos por la venta de las instalaciones y el destino de los ingresos obtenidos por dicho arrendamiento.

7.ª **Que se requiera a los propios acusados, y se libre oficio a los siguientes organismos y sociedades,** en orden a la localización y averiguación de los bienes de los mismos.

– Oficina de Averiguación Patrimonial.

– Tesorería General de la Seguridad Social.

– Agencia Estatal de Administración Tributaria.

8.ª **Cuantas diligencias complementarias sean convenientes para la adecuada averiguación de los hechos.**

OCTAVO.- MEDIDAS CAUTELARES

En líneas generales, resulta sabido que las medidas cautelares, tanto las personales como las reales, van encaminadas al aseguramiento del juicio y a la efectividad de la sentencia que se dicte, siendo en principio, sus rudimentos rectores:

– La instrumentalidad, que no constituyan un fin en sí mismas, sino que estén vinculadas a la sentencia que en su día pueda dictarse.

– La provisionalidad, que no sean definitivas, pudiéndose modificar en función del resultado del proceso o si se alteran los presupuestos que llevaron a adoptarlas.

– La homogeneidad, que sean semejantes o parecidas a la medida ejecutiva que en su día deba acordarse para la efectividad de la sentencia.

Asimismo, debe respetar los cánones constitucionales de proporcionalidad y necesidad en relación con los hechos investigados —su naturaleza delictiva y gravedad—, así como la existencia de indicios y evidencias de su perpetración.

En virtud de las razones materiales expuestas, a la vista de la trascendencia económica de las conductas que han motivado las presentes diligencias y dado el peligro que hay de nuevos actos perjudiciales para los intereses societarios de las mercantiles, interesa que se solicite al juzgado de instrucción que proceda tras la práctica de las primeras diligencias —como medida cautelar—, a solicitar **fianza bastante**, o en su defecto al **embargo de las cuentas bancarias y de los bienes de todos los querellados por** [CANTIDAD] **euros**, suma correspondiente al valor de la responsabilidad civil derivada de delito que se ha podido cuantificar de acuerdo a lo antes expuesto.

Por lo anterior,

SOLICITO AL JUZGADO:

Que tenga por presentado este escrito junto con los documentos que se acompañan, se sirva admitirlos, y se tenga por interpuesta **QUERELLA** contra [EXPONER_NOMBRES_QUERELLADOS] y a esta representación como parte acusadora en el procedimiento que se incoe, se disponga la apertura de la fase instructora conforme a las normas del procedimiento abreviado regulado en el libro IV, título II de la Ley de Enjuiciamiento Criminal.

Una vez practicadas las diligencias solicitadas por las partes, acuerde el instructor la resolución que proceda conforme al artículo 779 de la LECrim, con advertencia de qué si los querellados no comparecieren sin causa legítima que se lo impida, la orden de comparecencia podrá convertirse en orden de detención, artículos 487 LECrim.

Asimismo, se solicita se me de traslado de las actuaciones, con intervención en las diligencias solicitadas y las que sucedan, con todo lo demás procedente en derecho.

Es justicia que pido en [LOCALIDAD], a [FECHA].

Letrado/a	Procurador/a
[NOMBRE_LETRADO_CLIENTE]	[NOMBRE_PROCURADOR_CLIENTE]

OTROSÍ DIGO: mis representados, como perjudicados por el delito, se encuentran exentos de prestar fianza, conforme a lo dispuesto en el artículo 281 de la Ley de Enjuiciamiento Criminal.

Por ello,

SOLICITO:

Que tenga por hecha la manifestación precedente a los efectos legales oportunos.

Por ser justicia, lugar y fecha *ut supra*.

Letrado/a   Procurador/a

[NOMBRE_LETRADO_CLIENTE]   [NOMBRE_PROCURADOR_CLIENTE]

SEGUNDO OTROSÍ DIGO: intereso se deduzca testimonio de lo actuado y se ponga en conocimiento de la Fiscalía, —para que se depuren responsabilidades por los presuntos delitos cometidos—, así como a la Seguridad Social y Agencia Tributaria, haciéndoseles el oportuno ofrecimiento de acciones.

Por ello,

SOLICITO:

Tenga por hecha la anterior manifestación y actúe en consecuencia.

Por ser justicia, lugar y fecha *ut supra*.

Letrado/a   Procurador/a

[NOMBRE_LETRADO_CLIENTE]   [NOMBRE_PROCURADOR_CLIENTE]

TERCER OTROSÍ DIGO: esta parte manifiesta su voluntad expresa de cumplir con todos y cada de los requisitos exigidos por la Ley para la validez de los actos procesales, y a tal efecto, se solicita en su caso la posibilidad de subsanación inmediata a los efectos de lo dispuesto en el artículo 243 de la Ley Orgánica del Poder Judicial.

En su virtud,

SOLICITO AL JUZGADO:

Tenga por realizada la anterior manifestación a los efectos legales oportunos.

Es justicia que reitero en lugar y fecha *ut supra*.

Letrado/a   Procurador/a

[NOMBRE_LETRADO_CLIENTE]   [NOMBRE_PROCURADOR_CLIENTE]

---

(1) El artículo 277 de la Ley de Enjuiciamiento Criminal (LECrim) exige, para la interposición de la querella, que el querellante se encuentre representado por procurador de los tribunales con poder bastante, y que la querella se encuentre a su vez suscrita por letrado.

(2) POR EJEMPLO: La ejecución de obras públicas y particulares de toda clase, así como la adquisición de terrenos, ordenación, construcción y transmisión de los mismos, y de la misma manera, la participación de empresas similares.

(3) POR EJEMPLO: La construcción, rehabilitación, promoción, arrendamiento, comercialización, compraventa, parcelación y gestión de inmuebles.

Querella por delito de apropiación indebida contra abogado o procurador

AL JUZGADO DE INSTRUCCIÓN DE [LOCALIDAD]
QUE POR TURNO CORRESPONDA

D./D.ª [NOMBRE_PROCURADOR_CLIENTE], procurador/a de los tribunales, actuando en nombre y representación de **D./D.ª** [NOMBRE_CLIENTE], mayor de edad, provisto de DNI [NÚMERO] y con domicilio en [DOMICILIO], según acredito a través de [DESIGNACIÓN APUD ACTA/COPIA_DE ESCRITURA_DE_PODER GENERAL_PARA_PLEITOS] para su unión a los autos por copia testimoniada con devolución de aquella, previo testimonio en autos, que se adjunta como documento n.º 1 (1), con la asistencia de D./D.ª [NOMBRE_ABOGADO_CLIENTE], colegiado n.º [NÚMERO] del Ilustre Colegio de Abogados de [LOCALIDAD], ante este juzgado comparezco y, como mejor proceda en derecho,

DIGO

Que en la representación que ostento, mediante este escrito y de conformidad con lo previsto en los artículos 270 y siguientes de la LECrim, formulo **querella en ejercicio de acciones civiles y penales por delito de apropiación indebida contra D./D.ª** [NOMBRE], provisto de DNI [DNI] y con domicilio en [DOMICILIO], con base en los siguientes,

HECHOS Y FUNDAMENTOS

PRIMERO.- COMPETENCIA

Se presenta esta querella ante el Juzgado de Instrucción de [LOCALIDAD], como competente para conocer de la misma, conforme a lo dispuesto en los artículos 14 y 272 de la LECrim, al haberse cometido en su partido judicial los hechos que se relatarán.

SEGUNDO.- QUERELLANTE

El/La querellante es mi mandante, D./D.ª [NOMBRE_CLIENTE], mayor de edad, provisto/a de DNI [DNI] y vecino/a de [DOMICILIO].

TERCERO.- QUERELLADOS (2)

Se formula esta querella contra D./D.ª [NOMBRE_PARTE_CONTRARIA], mayor de edad, provisto/a de DNI [DNI] y vecino/a de [DOMICILIO], así como contra aquellas personas que en fase de instrucción del procedimiento aparezcan como coautoras, cómplices o encubridoras del delito.

CUARTO.- HECHOS

Los hechos que motivan la interposición de esta querella son los siguientes:

[ESPECIFICAR_HECHOS] (3)

Entendemos que los hechos descritos constituyen un delito de apropiación indebida previsto en el artículo 253 del CP, castigado con una pena de prisión de seis meses a tres años, con concurrencia de la agravante de abuso de la credibilidad empresarial o profesional del querellado, lo cual supondría una pena de prisión de uno a seis años y multa de seis a doce meses.

Y, es que, el/la letrado/a contra el que se dirige esta querella percibió de mi mandante la suma de [CANTIDAD] euros en concepto de provisión de fondos, mediante la firma de la correspondiente hoja de encargo, que se acompaña como documento n.º 2. Dicha cantidad, según especifica la propia hoja de encargo, comprendía tanto una parte de suplidos, dirigida al pago de los honorarios de dos peritos y de formalización de escritura en notaría, como un anticipo de los propios honorarios del querellado. Aun así, este hizo suyos todos los importes percibidos, sin proceder al pago de los peritos ni de la notaría, y se niega a la devolución de ninguno de los importes.

Según reiterada jurisprudencia, tal proceder constituye un delito de apropiación indebida, según se desprende de la **sentencia del Tribunal Supremo, n.º 150/2018, de 27 de marzo, ECLI:ES:TS:2018:1124:**

> «La jurisprudencia de esta Sala ha considerado reiteradamente que la relación profesional entablada por un Letrado en ejercicio con su cliente se encuadra en el arrendamiento de servicios, título que no da lugar a la comisión de un delito de apropiación indebida cuando el profesional que ha recibido una cantidad en concepto de provisión de fondos como parte de sus honorarios no cumple el encargo recibido. Pues las cantidades recibidas en ese concepto lo han sido como pago anticipado de sus servicios, por lo que las hace legítimamente suyas aunque se produzca un incumplimiento contractual, que podría dar lugar, en su caso, a un delito de deslealtad profesional o a una obligación civil de reintegro.
>
> Por otro lado, en ocasiones, la entrega de cantidades en concepto de provisión de fondos puede tener como finalidad anticipar el pago de parte de los honorarios o bien atender a gastos concretos por gestiones encargadas al Letrado. En este segundo caso, se apreciará un delito de apropiación indebida si el Letrado, en lugar de destinarlas a la finalidad pactada las hace suyas. En este sentido, en la STS n.º 4/2009, de 23 de diciembre de 2008 se decía que "Lo que se recibe en concepto de pago de honorarios es precio o merced que en el marco del arrendamiento constituye la prestación debida por el servicio prestado, o que se ha de prestar. Por lo cual en principio su entrega lo es como pago y con transmisión del dominio del dinero. Si luego el servicio profesional convenido no se presta o se presta incorrectamente existirá en efecto un incumplimiento contractual sobrevenido en el marco de un negocio jurídico bilateral con obligaciones recíprocas; con la posibilidad de integrar una estafa, si el contrato se presenta como una mera apariencia engañosa que esconde desde el principio la decidida voluntad por el sujeto de no cumplir con el servicio prometido. Lo anterior sin embargo no excluye otras posibilidades. El cliente no siempre entrega dinero al Letrado como pago de sus honorarios. Puede hacerlo con ese título obligacional, pero también con otros tales como el del mandato, para la realización de gestiones que exijan desembolsos y gastos varios, para cuya cobertura se hace entrega dineraria. Entrega que no es para su adquisición dominical por el receptor, sino para su posesión con disponibilidad autorizada para un concreto fin al que necesariamente ha de destinar el dinero. En esos casos la desviación del fin que justifica su posesión, representa una apropiación indebida por parte del receptor que, abusando de su tenencia lo hace suyo sin aplicarlo al destino pactado".
>
> Por lo tanto, cuando el Letrado recibe cantidades como provisión de fondos no se aprecia el delito de apropiación indebida, aunque no cumpla lo contratado, si lo recibido es a cuenta de los honorarios. Por el contrario, **cuando se**

recibe la provisión de fondos con destino a gestiones concretas que el Abogado deba pagar a terceros, se comete el delito si, no dándoles el destino concertado, las hace suyas. Del mismo modo cuando aplica a sus honorarios lo que ha recibido de un órgano jurisdiccional o de terceros para entregarlo a su cliente. Pues, en estos casos es un gestor de dinero ajeno, mientras que en aquellos recibe un pago por sus servicios, de forma que lo hace legítimamente propio».

A mayor abundamiento, por ejemplo, el **auto del Tribunal Supremo, n.º 277/2023, de 2 de marzo, ECLI:ES:TS:2023:2943A**, reseñaba lo siguiente:

«Hemos manifestado en la STS 463/2022, de 12 de mayo, que "el delito de apropiación indebida se comete tan pronto como quien posee legítimamente por alguno de los títulos a los que se alude hoy en el artículo 253 del Código Penal, dinero o cualesquiera otras cosas muebles, se apropia de ellos, para sí o para un tercero. Existen, es verdad, supuestos en los que lo recibido se destina a una finalidad distinta de la acordada, dando lugar a situaciones de pendencia o cierta equivocidad acerca del propósito final del sujeto activo respecto al reintegro de lo legítimamente percibido. No es posible conocer en ese momento, si, a pesar de la distracción ciertamente efectuada, aquél va a tener lugar o si, definitivamente, se producirá la indebida apropiación. Asi, por todas, nuestra reciente sentencia número 1006/2021, de 17 de diciembre, recuerda que: 'De manera reiterada ha entendido este Tribunal de casación (SSTS 513/2007, de 19 de junio; 228/2012, de 28 de marzo; 664/2012, de 12 de julio; 370/2014, de 9 de mayo; 588/2014, de 25 de julio; 761/2014, de 12 de noviembre; 894/2014, de 22 de diciembre; o 41/2015, de 27 de enero), a partir de la distinción de los dos verbos nucleares que incorporaba el citado artículo 252 CP hasta la reforma operada en el mismo por la LO 1/2015, que el mismo sancionaba dos modalidades distintas de apropiación indebida: la clásica de apropiación indebida de cosas muebles ajenas que comete el poseedor legítimo que las incorpora a su patrimonio con ánimo de lucro, o niega haberlas recibido; y la distracción de dinero cuya disposición tiene el acusado a su alcance, pero que ha recibido con la obligación de darle un destino específico'.

Cuando se trata de dinero u otras cosas fungibles, como en este caso, el delito de apropiación indebida requiere como elementos de tipo objetivo: a) que el autor lo reciba en virtud de depósito, comisión, administración o cualquier otro título que produzca la obligación de entregar o devolver otro tanto de la misma especie y calidad; b) que el autor ejecute un acto de disposición sobre el objeto o el dinero recibidos que resulta ilegítimo en cuanto que excede de las facultades conferidas por el título de recepción, dándole en su virtud un destino definitivo distinto del acordado, impuesto o autorizado; c) que como consecuencia de ese acto se cause un perjuicio en el sujeto pasivo, lo cual ordinariamente supondrá una imposibilidad, al menos transitoria, de recuperación... Delito que quedó consumado cuando dispuso de ese dinero aplicándolo a fines distintos de los pactados. En ese momento alcanzó el punto de no retorno al que alude la jurisprudencia para diferenciar una modalidad de apropiación de uso no delictiva, de la apropiación indebida en sentido propio, que se consuma a partir de entonces (entre otras SSTS 374/2008, de 24 de junio; 228/2012, de 28 de marzo; 370/2014 de 9 de mayo). Se perfeccionó la apropiación desde que se materializó la disponibilidad ilícita que le permitió no darle el destino pactado (STS 97/20106 de 8 de febrero citada por la STS 414/2015, de 6 de julio), aun cuando éste no hubiera acabado engrosando el patrimonio del autor"».

QUINTO.- DILIGENCIAS DE COMPROBACIÓN DE LOS HECHOS DELICTIVOS

Para la comprobación de los hechos referidos, deberán practicarse las diligencias que a continuación se indican:

1. Declaración de la parte querellada, D./D.ª [NOMBRE_PARTECONTRARIA].
2. Que se recaben los antecedentes penales de la parte querellada.
3. Documental aportada con este escrito de querella.
4. Declaración testifical de D./D.ª [NOMBRE].
5. [DESCRIPCIÓN] (4).
6. Cuantas diligencias complementarias sean convenientes para la adecuada averiguación de los hechos.

Ello con arreglo a lo dispuesto en el art. 258 bis de la LECrim, relativo la celebración de los actos procesales mediante presencia telemática (5).

SEXTO.- RESPONSABILIDAD CIVIL

Conforme al artículo 116 del CP, toda persona criminalmente responsable de un delito también lo es civilmente si del hecho se derivasen daños o perjuicios, como sería este caso. Dicha responsabilidad civil tendrá que comprender la restitución, reparación del daño y la indemnización de los perjuicios sufridos, en los términos que reconocen los artículos 110 y siguientes del CP.

En virtud de todo lo expuesto y ejercitando en nombre de mi representado/a las acciones penales y civiles que le correspondan como perjudicado/a por los hechos referidos,

SUPLICO AL JUZGADO:

Que, teniendo por presentado este escrito junto con sus documentos y copias, admita uno y otros, les de la tramitación legal pertinente, se me tenga por parte en la causa en la representación acreditada a través del poder aportado, **se acuerde la incoación de diligencias para la averiguación de los hechos, se practiquen las diligencias solicitadas en este escrito y, previos los trámites legales pertinentes, se dicte en su día sentencia condenatoria del querellado D./D.ª**, imponiéndosele la pena que proceda y condenándosele, asimismo, al pago de la responsabilidad civil por los daños y perjuicios ocasionados a mi mandante.

Es justicia que pido en [LOCALIDAD], a [DÍA] de [MES] de [AÑO].

Letrado/a D./D.ª	Procurador/a D./D.ª
[NOMBRE_Y_FIRMA_LETRADO NÚMERO_COLEGIADO_ABOGADO_CLIENTE]	[NOMBRE_Y_FIRMA_PROCURADOR NÚMERO_COLEGIADO_PROCURADOR_CLIENTE]

PRIMER OTROSÍ DIGO: mi representado/a, como ofendido por el delito, se encuentra exento de prestar fianza, conforme a lo dispuesto en el artículo 281 de la LECrim (6).

En su virtud,

SUPLICO AL JUZGADO:

Que tenga por realizada la anterior manifestación a los efectos legales oportunos.

Es justicia que reitero en el lugar y fecha *ut supra*.

Letrado/a D./D.ª	Procurador/a D./D.ª
[NOMBRE_Y_FIRMA_LETRADO NÚMERO_COLEGIADO_ABOGADO_CLIENTE]	[NOMBRE_Y_FIRMA_PROCURADOR NÚMERO_COLEGIADO_PROCURADOR_CLIENTE]

SEGUNDO OTROSÍ DIGO: esta parte manifiesta su voluntad expresa de cumplir con todos y cada de los requisitos exigidos por la ley para la validez de los actos procesales, y a tal efecto, se solicita, en su caso, la posibilidad de subsanación inmediata a los efectos de lo dispuesto en el artículo 277 de la LECrim y en el artículo 243 de la LOPJ.

Por ello,

SUPLICO AL JUZGADO:

Que se tenga por realizada la anterior manifestación a los efectos legales oportunos.

Es justicia que reitero en el lugar y fecha *ut supra*.

Letrado/a D./D.ª   Procurador/a D./D.ª

[NOMBRE_Y_FIRMA_LETRADO NÚME-   [NOMBRE_Y_FIRMA_PROCURADOR
RO_COLEGIADO_ABOGADO_CLIENTE]   NÚMERO_COLEGIADO_PROCURA-
                                                 DOR_CLIENTE]

---

(1) Conforme al artículo 277 de la LECrim, la querella se presentará siempre por medio de procurador con poder bastante y suscrita por letrado.

(2) Si se desconocen los concretos datos identificativos del querellado, habrá que designarlo por las señas que mejor pudieran darle a conocer.

(3) Habrá que especificar la relación circunstanciada de los hechos, con expresión del tiempo en el que se hubiesen ejecutado, si se supieren.

(4) Se indicará toda diligencia a realizar a los efectos de comprobación de los hechos querellados.

(5) Tras la introducción en la LECrim del nuevo art. 258 bis a través del Real Decreto-ley 6/2023, de 19 de diciembre, las actuaciones procesales se realizarán preferentemente, salvo que el juez, jueza o tribunal, en atención a las circunstancias, disponga otra cosa, mediante presencia telemática, incluyendo las que se celebren ante los/las letrados/as de la Administración de Justicia o ante el Ministerio fiscal. En las citaciones se informará de la posibilidad de declarar de forma telemática en las condiciones establecidas en el citado precepto. Dicha reforma entró en vigor el 20 de marzo de 2024.

(6) En caso de que hubiese que prestar fianza, se haría referencia a ello, indicando lo siguiente: «**PRIMER OTROSÍ DIGO:** esta parte consigna el compromiso de prestación de fianza conforme establece el artículo 280 de la LECrim para responder de las resultas del juicio.
SUPLICO AL JUZGADO:
Que se tenga por hecha la anterior manifestación y se acuerde la fijación de fianza en la clase y cuantía que se estime adecuada, a los efectos de lo previsto en el artículo 280 de la LECrim».

Denuncia de administración desleal contra administrador de fincas

AL JUZGADO DE INSTRUCCIÓN DE [LOCALIDAD]

Don/Doña [NOMBRE_PROCURADOR_CLIENTE], en nombre y representación de Don/Doña [NOMBRE_CLIENTE], con DNI [NÚMERO] y con domicilio [DOMICILIO], según se acredita mediante poder que acompaño, actuando en representación de la Comunidad de Propietarios sita en [DESCRIPCION], bajo la dirección letrada de Don/Doña [NOMBRE_PROCURADOR_CLIENTE] ante este juzgado comparezco y, como mejor proceda en derecho,

DIGO

I.- Por medio del presente escrito presento **DENUNCIA** del delito de apropiación indebida contra Don/Doña [NOMBRE_PARTE_CONTRARIA], mayor edad, con DNI [NÚMERO] y con domicilio [DOMICILIO_PARTE_CONTRARIA].

II.- Los hechos en los que se basa esta demanda son:

HECHOS (1)

PRIMERO.- La presente denuncia se presenta en representación de la Comunidad de propietarios así como a título personal de la denunciante, a su vez, representante de la comunidad actuante.

(Se acompaña acta de junta de [FECHA], como **doc.** [NÚMERO] donde se faculta a la hoy actora para promover la presente denuncia)

SEGUNDO.- El hoy denunciado prestó los servicios de administrador de fincas de la comunidad de propietarios constituida en el edificio sito en [DESCRIPCION] desde el [FECHA].

(Se acompaña copia del acta de designación como administrador, como **doc.** [NÚMERO])

TERCERO.- En una de las últimas juntas, a la vista de la precariedad económica de las cuentas de la comunidad, las cuales no constituían capital suficiente para sufragar los impuestos locales, se decidió efectuar una derrama a los efectos de hacerse cargo de los mismos.

(Se acompaña copia del acta donde se concretó el pago y la cantidad, así como la finalidad, como **doc.** [NÚMERO])

CUARTO.- Sin embargo, por parte del administrador denunciado, no se procedió al pago de la cuantía en el plazo estipulado por lo que el recargo de la sanción ascendió a [CANTIDAD], cuantía extraordinaria que se tuvo que abonar tras realizar junta extraordinaria.

(Se acompaña como **doc.** [NÚMERO] **y doc.** [NÚMERO] certificado del ingreso a la administración, junto con el requerimiento de la misma de pago con recargo).

QUINTO.- El hoy denunciado intentó justificarse aun siendo conocedor de la importancia de realizar el pago a la administración y perjudicando a la comunidad.

SEXTO.- Entendemos, por tanto, que se ha procedido a incurrir en el tipo del **art. 252 del CP**, y ello sin perjuicio de ulterior calificación, que nos indica que:

«1. Serán castigados con las penas del artículo 248 o, en su caso, con las del artículo 250, los que teniendo facultades para administrar un patrimonio ajeno, emanadas de la ley, encomendadas por la autoridad o asumidas mediante un negocio jurídico, las infrinjan excediéndose en el ejercicio de las mismas y, de esa manera, causen un perjuicio al patrimonio administrado.

2. Si la cuantía del perjuicio patrimonial no excediere de 400 euros, se impondrá una pena de multa de uno a tres meses».

Nuestro **Tribunal Supremo** ha venido indicando, por ejemplo en **STS, n.º 163/2016, de 2 de marzo, ECLI:ES:TS:2016:826**: «la más reciente doctrina jurisprudencial que establece como criterio diferenciador entre el delito de apropiación indebida y el de administración desleal la disposición de los bienes con carácter definitivo en perjuicio de su titular (caso de la apropiación indebida) y el mero hecho abusivo de aquellos bienes en perjuicio de su titular pero sin pérdida definitiva de los mismos (caso de la administración desleal), por todas STS 476/2015, de 13 de julio (2)».

Por todo ello,

SUPLICO AL JUZGADO:

Tenga por presentado este escrito de **DENUNCIA DE UN DELITO DE ADMINISTRACIÓN DESLEAL, sin perjuicio de ulterior calificación,** con los documentos que se acompañan, lo admita, proceda a la averiguación de los hechos y se llegue a procesar a la persona acusada.

Por ser justicia en [LUGAR] a [FECHA]

Letrado/a   Procurador/a

[NOMBRE_LETRADO_CLIENTE]   [NOMBRE_PROCURADOR_CLIENTE]

---

(1) Descripción de los hechos con la mayor exactitud posible y las demás circunstancias y pormenores de lo ocurrido

(2) Sentencia del Tribunal Supremo n.º 476/2015, de 13 de julio, ECLI:ES:TS:2015:3484

Querella por delitos de estafa y falsedad documental

AL JUZGADO DE INSTRUCCIÓN DE [LOCALIDAD]

D./D.ª [NOMBRE_PROCURADOR_CLIENTE], procurador/a de los tribunales, en nombre y representación procesal de **D./D.ª** [NOMBRE_CLIENTE], y con domicilio en [DOMICILIO_CLIENTE], cuyo apoderamiento se acompaña al presente escrito como Documento n.º [NÚM_DOC], actuando bajo la dirección letrada de **D./D.ª** [NOMBRE_ABOGADO_CLIENTE], ante este juzgado comparezco y como mejor proceda en derecho,

DIGO

Que por medio del presente escrito **formulo QUERELLA** en la forma y a tenor de lo preceptuado en el artículo 277 de la LECrim, por presuntos delitos de **estafa y falsedad documental** de los artículos 248 y 390 del Código Penal, todo ello con base en los siguientes

HECHOS

I.- COMPETENCIA JUDICIAL

Esta querella se presenta ante el Juzgado de Instrucción de [LOCALIDAD], que por turno de reparto corresponda, ya que los hechos que constituyen el objeto del proceso penal se han producido en dicha jurisdicción, y así lo prevé y ordena el artículo 14.2 LECrim.

II.- QUERELLANTE

La presente querella se interpone por **D./D.ª** [NOMBRE_CLIENTE], mayor de edad, natural de [LOCALIDAD] vecina de [LOCALIDAD], persona perjudicada directamente por los hechos objeto de la presente querella. Es por ello que, con arreglo a los artículos 280 y 281 de la LECrim, esta parte queda exenta de la obligación de prestar fianza.

III.- QUERELLADOS

Esta querella se dirige contra las siguientes personas:

- **D./D.ª** [NOMBRE_PARTE_CONTRARIA], mayor de edad, con DNI [NÚM_DNI] y domicilio en [DOMICILIO].
- **D./D.ª** [NOMBRE_PARTE_CONTRARIA], mayor de edad, con DNI [NÚM_DNI] y domicilio en [DOMICILIO].

Así como todas aquellas que resulten criminalmente responsables como autores o partícipes de los hechos que resulten responsables a tenor de la instrucción que se practique.

IV.- RELACIÓN DE LOS HECHOS

[RELACIÓN_EXHAUSTIVA_HECHOS]

1. En el pasado mes de [MES] del presente año, mi mandante solicitó [ESPECIFICAR] en/a [QUERELLADO], en la ciudad/domicilio [LUGAR_SUCEDIERON_HECHOS].

2. (...)

V.- CALIFICACIÓN DE LOS HECHOS

Los hechos expuestos son constitutivos de un delito de estafa y un delito de falsedad documental, tipificados en los artículos 248 y 390 y siguientes del Código Penal.

Así, en la conducta de los querellados concurren todos los elementos de ambos tipos penales (1).

VI.- MEDIOS DE PRUEBA (2)

1. DECLARACIÓN [telemática/presencial] de los QUERELLADOS (3), que han sido enumerados en el punto tercero de este escrito.

2. DOCUMENTAL consistente en la unión a las actuaciones de los documentos número [NÚMERO], [NÚMERO] y [NÚMERO] que se adjuntan a la presente querella.

3. TESTIFICAL [telemática/presencial], consistente en la declaración de los testigos que pasamos a enumerar a continuación, que deberán ser citados, en el día y hora que a tal fin se señale para su declaración ante el Juez Instructor:

   – D./D.ª [NOMBRE], provista de DNI n.º [DNI], que indica que debe ser citada en [DESCRIPCIÓN], como [HECHOS_QUE_CONOCE].

   – D./D.ª [NOMBRE_CLIENTE], **como perjudicado/a** por el delito, quien deberá ser notificada por medio de su representante, procurador/a **D./D.ª** [NOMBRE_PROCURADOR_CLIENTE], que suscribe la presente.

En su virtud,

SUPLICO AL JUZGADO:

Tenga por presentado este escrito con sus copias, junto con los documentos que acompañan, **se tenga por formulada QUERELLA** por D./D.ª [NOMBRE_CLIENTE], en título de perjudicada, **contra D./D.ª** [NOMBRE_PARTE_CONTRARIA], y se sirva admitirla, solicitando se proceda a la incoación de las correspondientes Diligencias Previas.

Por ser justicia que pido en [LUGAR] a [DÍA] de [MES] de [AÑO]

Letrado/a	Procurador/a
[NOMBRE_LETRADO_CLIENTE]	[NOMBRE_PROCURADOR_CLIENTE]

OTROSÍ DIGO: el querellante, habida cuenta de su condición de ofendido por el delito, está exento de prestar la fianza a que se refiere el artículo 280 y 281 de la Ley de Enjuiciamiento Criminal.

Por lo expuesto,

SUPLICO AL JUZGADO:

Tenga por hecha esta manifestación disponiendo lo necesario para la citación de mi representado/a.

Mismo lugar y fecha,

Letrado/a	Procurador/a
[NOMBRE_LETRADO_CLIENTE]	[NOMBRE_PROCURADOR_CLIENTE]

(1) Detallar hecho con delito conforme al articulado del Código Penal.

(2) Tras la introducción en la LECrim del nuevo **art. 258 bis** a través del Real Decreto-ley 6/2023, de 19 de diciembre, las actuaciones procesales se realizarán preferentemente, salvo que el juez o jueza o tribunal, en atención a las circunstancias, disponga otra cosa, mediante presencia telemática, incluyendo las que se celebren ante los/las letrados/as de la Administración de Justicia o ante el Ministerio fiscal. En las citaciones se informará de la posibilidad de declarar de forma telemática en las condiciones establecidas en el citado precepto. Esta reforma ha entrado en vigor el **20 de marzo de 2024.**

(3) Debe notarse que, de acuerdo con el nuevo **art. 258 bis de la LECrim** «2. (...) será necesaria la presencia física del acusado en la sede del órgano judicial de enjuiciamiento en los juicios por delito grave y juicios de Tribunal de Jurado, sin perjuicio de lo previsto en los tratados internacionales en los que España sea parte, las normas de la Unión Europea y demás normativa aplicable a la cooperación con autoridades extranjeras para el desempeño de la función jurisdiccional.

En los juicios por delito menos grave, cuando la pena exceda de dos años de prisión o, si fuera de distinta naturaleza, cuando su duración no exceda de seis años, el acusado comparecerá físicamente ante la sede del órgano de enjuiciamiento si así lo solicita este o su letrado, o si el órgano judicial lo estima necesario. La decisión deberá adoptarse en auto motivado.

En el resto de juicios, cuando el acusado comparezca, lo hará físicamente ante la sede del órgano de enjuiciamiento si así lo solicita él o su letrado, o si el órgano judicial lo estima necesario. La decisión deberá adoptarse en auto motivado.

En todo caso, en los procesos y juicios, cuando el acusado resida en la misma demarcación del órgano judicial que conozca o deba conocer de la causa, su comparecencia en juicio deberá realizarse de manera física en la sede del órgano judicial o enjuiciamiento, salvo que concurran causas justificadas o de fuerza mayor.

Cuando se disponga la presencia física del investigado o acusado, será también necesaria la presencia física de su defensa letrada. Cuando se permita su declaración telemática, el abogado del investigado o acusado comparecerá junto con este o en la sede del órgano judicial.

Cuando el acusado decida no comparecer en la sede del órgano judicial, deberá notificarlo con, al menos, cinco días de antelación».

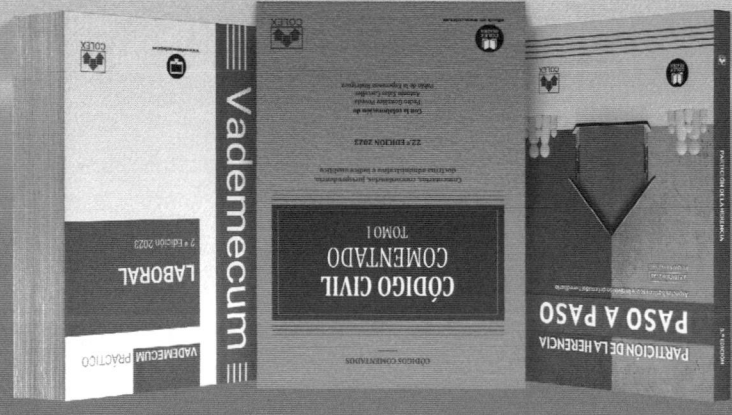